儿童和青少年体育教育指导

（第4版）

[英] 乔治·格雷厄姆（George Graham） 埃洛伊丝·艾略特（Eloise Elliott） 史蒂夫·帕尔默（Steve Palmer） 著

张旎 译

人民邮电出版社

北 京

图书在版编目（CIP）数据

儿童和青少年体育教育指导 ：第4版 / （英）乔治·
格雷厄姆（George Graham），（英）埃洛伊丝·艾略特
（Eloise Elliott），（英）史蒂夫·帕尔默
（Steve Palmer）著 ；张旎译. -- 北京 ：人民邮电出版
社，2020.4（2023.2重印）
ISBN 978-7-115-53108-7

Ⅰ. ①儿… Ⅱ. ①乔… ②埃… ③史… ④张… Ⅲ.
①体育课—学前教育—教学参考资料②体育课—中小学—
教学参考资料 Ⅳ. ①G613.7②G633.963

中国版本图书馆CIP数据核字(2020)第013702号

版权声明

免责声明

作者和出版商都已尽可能确保本书技术上的准确性以及合理性，并特别声明，不会承担由于使用本出版物中的材料而遭受的任何损伤所直接或间接产生的与个人或团体相关的一切责任、损失或风险。

内 容 提 要

　　本书是面向幼儿园至高中阶段体育教师的体育教育指导书。全书共 14 章，从不同维度讲解了成功的体育教师，尤其是一线体育教育工作者所使用的教育或教学力法，包括成功的体育教师需储备的知识、如何授课、怎样管理、制订学年教学计划、激励技巧以及课程反馈与评估等体育教学涉及的内容。更重要的是，本书着重介绍教学过程中用来增进课程效率的教学技能和方法，帮助体育教师成为该专业领域的佼佼者。

◆ 著　　　[英] 乔治·格雷厄姆（George Graham）
　　　　　　埃洛伊丝·艾略特（Eloise Elliott）
　　　　　　史蒂夫·帕尔默（Steve Palmer）

　　译　　　张　旎
　　责任编辑　寇佳音
　　责任印制　周昇亮

◆ 人民邮电出版社出版发行　　北京市丰台区成寿寺路 11 号
　　邮编　100164　电子邮件　315@ptpress.com.cn
　　网址　http://www.ptpress.com.cn
　　北京天宇星印刷厂印刷

◆ 开本：700×1000　1/16
　　印张：19.25　　　　　　　2020 年 4 月第 1 版
　　字数：371 千字　　　　　2023 年 2 月北京第 4 次印刷
　　　　著作权合同登记号　图字：01-2017-2581 号

定价：128.00 元
读者服务热线：**(010)81055296**　印装质量热线：**(010)81055316**
反盗版热线：**(010)81055315**
广告经营许可证：京东市监广登字 20170147 号

献给我的家人——特蕾莎（Teresa）、尼克（Nick）、汤米（Tommy）、杰基（Jackie）、弗兰达（Verenda）、奥斯丁（Austin）、卡特（Carter）、萨瓦纳（Savanna）、洛伊斯（Lois）和娜塔莉（Natalie）。我是个幸运的家伙！

——乔治

献给我的孙子——奎因·埃洛伊丝（Quinn Eloise）和斯宾塞·迈克尔（Spencer Michael），他们给我那么多的爱和温暖，看着他们每天享受几小时的体育活动，也给我带来巨大的快乐和灵感。

——埃洛伊丝

感谢詹妮（Jennie）对我的支持及我的儿子们——埃文（Evan）、斯科特（Scott）和特洛伊（Troy）给予我灵感。

——史蒂夫

目录

前言

如果你是一名体育教师或者准备成为一名体育教师，我们希望你能认真阅读这本书。如果你仅仅是希望找到一些有趣的游戏或活动、改善健康状况的方法，或者只是希望能在 30 分钟左右的课堂上保持学生们忙碌、快乐且良好的状态，那么你可能不会喜欢这本书。这本书是为那些希望他们的学生能够掌握运动和健身的概念、学习运动技能并且能够培养学生对体育运动的积极态度的教师而编写的。

本书的前 3 版专注于儿童的体育教育，是由乔治·格雷厄姆（George Graham）撰写的。第 4 版已经扩展到 K-12（美国基础教育，即从幼儿园到 12 年级的教育）的体育教育。幸运的是，在这一版中，以前的两个学生埃洛伊丝·艾略特（Eloise Elliott）和史蒂夫·帕尔默（Steve Palmer）也加入了作者的行列，在获得博士学位并进入大学任教之前，他们曾是公立学校的教师。他们一直专注于 K-12 的教学和研究。

众所周知，在生活中如果你不会抛球和接球，那么可能就不会喜欢那些需要这两项技能的运动（如垒球和篮球）。教学也是如此，如果不学习有效的教学技能，那么可能就无法享受教学的乐趣并在教学中获得成功。这本书讲述的不是关于该教什么的问题，而是关于该如何教的问题。在我们多年的研究以及与体育教师共事的过程中，遇到了无数的教师，他们一直在寻找那些学生会喜欢并乐意学习的完美游戏或活动。然而，他们无法找到所谓的完美游戏，因为学生听讲时的注意力无法保持太久，也不能完全理解游戏的玩法。因此，所谓的完美游戏常常会使人变得困惑、不确定，甚至导致混乱。这本书的不同之处在于，它只关注成功的体育教师所使用的教育或教学方法。

我们的教材是从教师的视角而不是大学教授的视角写的。我们这样做有几个原因。首先我们的职业生涯都倾注在体育教育上，尤其是那些从事一线体育教育工作的人，我们一直努力与 K-12 的学校和教师保持联系。在一所大学中，教授们常常记不清每天给几百名学生上过课，甚至几乎没有时间吃午餐和上厕所，这很容易使他们与真正的教师生活脱节。美国许多州已经实施了公共责任制的高风险测试。因此，除了基本的体育教育工作外，一些体育教育工作者必须比以往任何时候都更努力地对他们所研究的课题项目进行验证。虽然这不应该是他们基本教学工作中的内容，但是，随着进入 21 世纪，这也变成了体育教育工作中令人厌烦、耗费时间且令人沮丧的一部分内容。

我们正处于一种肥胖症全面流行的环境之中。专家们预测，这一代的孩子可能会比他们的父母寿命短。因此，除了高风险测试，许多学校也越来越关注儿童的健康问题。

在我们的职业生涯中一直幸运地受到众多优秀体育教师的关照，这些教师不仅激励了我们，而且他们在青少年体育教育的教学技能及产生的效果方面也给我们留下了深刻的印象。他们真的是教育孩子的天才！他们都是独一无二的。我们在致谢中列举了一些人的名字，因为我们从他们那里学到了很多。即使他们可能不知道，他们的教学理念及教学方式也会贯穿本书。

我们依然依赖过去 50 多年来的教学研究成果，并将其应用到体育教育中，使其对大学生和已经在从事教学工作的人员都有价值。你们会在本书中看到一些新的研究成果，而一些过去的研究成果之所以包括在内，是因为那些研究中的发现和见解仍然与如今的教学理念有关。

本书的独特之处在于，它专注于教学过程中那些教师使用过的，并且让他们的课程变得更有趣和更有效的教学技能和方法。未来的教师会发现本书对他们很有帮助，因为它描述和分析了许多资深教师使用过的教学技能和方法。对于新任教师来说，诸如增强学生学习的积极性、减少纪律问题、构建成功的学习环境等方面的内容都是特别有趣的。

相比之下，经验丰富的教师会发现，书中可能描述了他们使用过的一些技巧。我们希望资深教师也能接受新的挑战，开发一些新的教学技能来组织课程，以及根据个体情况来调整教学任务。在过去的 50 多年里，我们学到了很多关于教学的知识，相信一些资深教师也会发现这些信息是有用且有益的。

特点

我们无法将教学简化成一个简单的公式，始终会有一些事情需要快速而频繁地做出决定。学会做这些决定只能依靠自己，你可以看到教师是怎么做决定的，但除非真正地置身其中，否则你很难理解教师面对的各种选择的复杂性。在本书中，我们将通过不同的章节来解释决策的过程。实际上，书中每一章的部分内容都将用在每一节课上。为了帮助你更好地理解和整合这些概念，我们列出了几项功能以鼓励教师在课程中不断思考。

章节简介

每章开头都是一段简短的介绍，为后面的内容做好准备。这有助于将本章与下一章联系起来，也有助于理解本章所讨论的教学技能和方法。

章节目标

每一段简介都包含一系列的教学目标，以突出章节重点。有些教科书是以学生而不是教师的角度来写的。本书则是以教师而不是学生的角度来写的，因为对本书感兴趣的人，正是教师或者将来会成为教师的人。

小故事

本书是为有经验的教师和新教师准备的，书中贯穿了许多小故事和思考形式的实用案例。这一点使本书更具实用性，并强化了体育教育是一种需要亲自适应和思考的动态体验这一概念。换句话说，教学环境有时是混乱的，需要随时应对变化。这些小故事在书中突出显示，表明这是某一位在职体育教育工作者的真实体验。讲述者的姓名首字母包含在每个故事中，这样读者就能分辨出谁在讲述这个故事。

下面是一个小故事的示例：

神奇的提示

一种对体育运动的普遍误解就是认为存在某种神奇的提示，如果你能找到这个提示，那么学习者就会迅速提高成绩并熟练掌握技能。在现实中，我们知道某些提示可能是适当的，但仅仅一次尝试不足以让人们将某个提示变成一种习惯。第一次解释和演示某个提示时，它可不会自动就起到帮助作用。例如，当我（GG）学习下坡滑雪时，最初帮助我的提示是保持我的重心向前。但我第一次听到这个提示并严格遵守时，并没有奇迹般地滑下山坡而不摔倒。幸运的是，我的教练不断地重复它，最终，我把这个提示融入了我的运动模式中，于是摔倒的次数越来越少（Schmidt & Wrisberg, 2008）。

技术秘诀

第3版出版后，体育教育工作者又在工作中使用了大量的新技术。在这一版中，你会发现一些很好的例子来说明科技是如何优化体育教育工作的。米斯蒂·沃伊切霍夫斯基（Misti Wajciechowski）和马修·波默罗伊（Matthew Pomeroy）一直在使用这类方法，这两位教师不仅拥有技术专长，而且很愿意在这一版中与我们分享他们的想法。

下面是一个技术秘诀的示例：

技术秘诀 统筹安排工作计划

　　作为一名教师，要面对的一个挑战是，在按照年级水平计划整合每学年工作的同时，还要与所有其他的学校活动保持协调。可使用相关网站将整个资源保存起来，无论你在哪里都可以访问！

　　我们的技术集成专家提出了一些注意事项，目的是帮助我们将技术成功融入体育课中：

- 在体育课上不要为了使用技术而使用技术——使用技术的目的是改善学习体验（例如让内容更丰富、更令人兴奋，积极、快速、频繁地评价每个学生，为学生提供更高质量和更具体的反馈，得到总结性的评估经验，让学生发展个性并提供以学生为本的学习机会）。
- 使用技术来辅助教学（例如获得关于学生的更多信息，在课程结束后存储和访问这些信息，进一步了解每个学生的知识水平，从而更好地调整下次课的内容）。
- 如果使用智能设备或任何其他技术，要确保所有学生都能用到。如果允许学生使用他们自己的设备，但并不是每个学生都拥有这种设备，就应该让学生分组或成队进行活动。

　　注意，有些应用和创意是收费的，或者最初是免费的，之后需要付费升级。此外，编写本书的新版本时，所提及的应用都可以从 Google Play 或 iTunes 下载。不过，很有可能在你查找这些应用时，它们已经下线了，但你可能会发现一些当前可用的更新内容和更好的东西。我们的想法是找到一种方法来更有效地帮助学生进行学习。

国家标准和年级水平成果指标的链接

　　2014 年，美国健康和体育教育协会（SHAPE America）发布了修订版的国家体育标准以及年级水平成果指标。如前所述，本书介绍了教学的过程，而不是教什么（内容）。但是在本书中，我们会使用内容示例来解释教学过程。如在第 4 章和第 5 章介绍教学计划时，我们使用了年级水平成果指标来说明教师如何决定课程中应包含哪些内容。在所有这些例子中，我们都提供了相应的代码，以标识国家标准中的年级水平成果指标。例如在第 4 章中，我们讨论了课程目标的决定过程，使用的例子是教青少年用拍子击打一个物体（如羽毛球）。为了展示内容来自国家标准的哪个方面，我们列出了以下代码：S1.E24.2。这表明它的出处来自标准 1，范例 24，2 年级。所有标准和年级水平成果指标都可在 SHAPE America 网站上找到。

思考题

每章末尾都有一组思考题。因为我们无法将教学简化成一个精准的公式，所以这些问题可以帮助你思考教学过程以及为什么采用特定的教学方式，它们还会让你对过去的体育教育方式提出质疑——找到好的观点，改造那些可能会对孩子适得其反的做法。

好的教师会琢磨自己的教学。他们想知道采用的技术是否有效，如何让某件事变得更好，如果引入另一个元素会发生什么，为什么一种方法会比另一种好，是否有其他方法可以在更短的时间内完成某件事，以及如何激发更多学生的兴趣。我们希望这些思考题能提升教师对教学的求知欲。

章节总结和参考文献

每章末尾都有一个总结或结语，以及这一章引用的参考书目。

章节简介

在撰写一本有关教学过程的图书时，挑战之一是如何描述那些交织在一起的复杂的、非线性的过程。当拆分讲解各种教学技巧时，往往会过分简化技能的使用，因为是从动态的教学环境中剥离出来进行介绍的，但是实际上，书中是没有选择项的。书中的思考题会为你再现各种技能的情境感和复杂性，你可以用这些技能在课程中激励学生。此外，在前言内容之后，我们按不同的教学技巧和技能可能在课堂上使用的时间顺序来安排各章内容。

第 1 章讨论了现实环境中体育教育的目的、挑战和回报。本章最后描述了成功体育教师应具备的知识，以及将这些知识转化为实践时的样子。第 1 章提供的重要信息是：这本书是关于如何授课（也就是教学过程），而非描述教师指导青少年进行体育锻炼时使用的各种活动和游戏。

课堂纪律和防止学生开小差通常是教师的主要关注点。第 2 章描述了如何通过开发管理规范来减少学生的课堂纪律问题，避免学生在学年的第一天就开小差。

第 3 章介绍的长期规划和第 4 章描述的短期（课程）规划可能不是最受欢迎的主题，但却是必要的。这些章节提出了课程计划和活动顺序的想法，并可帮助你制订年度和日常计划，这些计划都是循序渐进的，强调要适应学生的发展，并能适合各种技能和知识水平的学生。

本书的前提之一是，优秀的教师会认识到青少年之间具有差异性，比如同样是 8 年级的学生，一个班不同于另一个班，而且在任何一个 8 年级班中，每个学生都拥有不同的能力和兴趣。这种以学生为本的教学方法要求你观察并理解青少年的运动，然后相应地调整课程内容。第 5 章描述了如何使用课程计划来教授体育课，提供了观察和分析青少年运动的策略。特别指出了应何时从一个任务切换到另一个任务，以及个人需要继续完成某项任务但却想做其他一些事情时教师应该做些什么。

良好的开端是一堂课有价值的前奏，第 6 章讨论了这方面的教学。第 7 章分析了如何提供指导并运用演示来帮助孩子们更好地理解和获得重要概念的方法。

在任何教师队伍中，一个值得讨论的题目就是激励学生。第 8 章提供了一些方法，并着重强调内在的而不是外在的激励技巧。

第 9 章关注何时以及如何提供反馈，这些反馈与课程的关注点保持一致。

尽管你有良好的意愿并且做好了准备工作，但有些孩子还是会开小差。第 10 章描述了成功的教师如何处理这些问题。

第 11 章介绍了提问和设定问题让学生来解答的教学技巧，强调了认知理解的重要性。

第 12 章关注情感领域，并提供建议和方法，帮助学生评价自我以及建立良好的体育活动态度。

第 13 章提供了评估（测试）学校学生的当代视角。

第 14 章是总结，阐述了教师在专业领域中继续学习和专业发展的重要性，以避免陷入停滞，与现实脱节。

致谢

自从 2010 年进入半退休状态后，我开始有机会思考自己的职业生涯。我最先就职于加利福尼亚州和俄勒冈州的公立学校。之后到佐治亚大学、南卡罗来纳大学、弗吉尼亚理工大学和宾夕法尼亚州立大学任教。在我的职业生涯中，我每学期都要花时间与教师共事，给孩子上课，这样就不会忽略 K-12 体育教育的现实问题。想到那些有幸共事多年的教师，他们有意地或无意地为我撰写文章做出了贡献，我就感觉有一种温暖的光辉照耀着我。

对我最有影响力的人是与我一直保持联系的小学教师，他们不断鼓舞和激励着我。尽管我现在与他们相隔千里，但还是想起了像利兹·约翰逊（Liz Johnson）、肖恩·福特纳（Sean Fortner）、约翰·波默罗伊（John Pomeroy）、罗莎·爱德华兹（Rosa Edwards）、拉里·萨切威尔（Larry Satchwell）和凯西·琼斯（Casey Jones）这样的教师。我认为他们并不知道自己对孩子们有多好！他们同职业巅峰时期的运动员没什么不同：他们让教学看起来很轻松，然而他们经过了多少年艰难努力的工作，才达到其职业生涯的顶峰。如果我没有和这样的教师一起工作，本书会是另一番样子。虽然很少有人认识到这些教师有多优秀，但他们确实触及了其职业生涯中接触到的成千上万年轻一代的生活。我还很感激宾夕法尼亚州立大学的体育教师，他们一直支持我：安迪·劳埃德（Adny Lloyd）、沙恩·尼科尔森（Sharn Nicholson）、贝基·弗格森（Becky Ferguson）和安·弗雷德里克（Ann Frederick）。

我希望对我在宾夕法尼亚州立大学有幸交往的"最后一批"本科生表示感谢，他们一直都是专注、好奇、聪明和充满乐趣的，其中一些人始终与我保持联系，包括丹尼尔·休伊特（Daniele Hweitt）（本修订版的开始部分就得益于他关于初高中体育的见解）、杰斯·切兹·利维（Jess Chez Levy）、马特·贝克（Matt Beck）、凯蒂·马登（Katie Madden）、道格·米勒（Doug Miller）、约翰·施瓦茨（John Schwartz）、妮可·丹尼尔（Nicloe Danielle）、凯蒂·赫斯（Katy Hess）、肯德尔·伊丽莎白（Kendal Elizabeth）、瑞恩·麦基（Ryan McGee）、迈克尔·约瑟夫（Michael Joseph）、摩根·利（Morgan Leigh）和凯蒂·麦莫迪·鲁道夫（Katie McMurdy Rudolph）。我从未想过要离开教学工作，但你们和你们的奉献精神让我的转型过程变得更容易，因为我知道这个工作依然在可靠的人的手里。

我的最大挑战来自我的研究生，在寻求成为优秀的大学教授和研究人员的过程中，他们提出了非常深入和复杂的问题。我从他们身上学到的东西比他们认为的要多，我也很感激他们提出这样的问题，并为我无法回答这么多问题而感到抱歉。但是，正如我希望他们所能理解的那样，学习过程中最重要的是提出正确的问题。

我的思想和写作受到几位专业人士的影响，他们一直与我保持联系，并不断向我提出恰当的问题，尽管大部分时间我们相距很远。他们是马克·曼罗斯（Mark Manross）、克莉丝汀·赫普勒（Christine Hopple）、玛丽娜·博内洛（Marina Bonello）、米西·帕克（Missy Parker）、汤姆·拉特莉夫（Tom Ratliffe）、肯·贝尔（Ken Bell）、金·奥立弗（Kim Oliver）和丽萨·威瑟斯彭（Lisa Witherspoon）。我还要感谢两位大学教授，多年来他们一直以其职业道德、对职业的奉献精神，以及在思想和写作方面保持位于前沿的精神鼓舞着我，尽管他们现在已经退休了，他们是达里尔·西登托普（Daryl Siedentop）和拉里·洛克（Larry Locke）。

很高兴我以前的两位博士生埃洛伊丝·艾略特和史蒂夫·帕尔默同意共同撰写本书。他们都是非常敬业的专业人士，对支持 K-12 年级的教师和改进其课程充满了热情。

——乔治·格雷厄姆

在我的职业生涯中，对我的教学和体育教育知识最有影响的是那段在西弗吉尼亚州默瑟县公立学校与 1–6 年级学生相处的经历，以及在西弗吉尼亚州阿森斯康科德学院教授数百名体育教师教育专业大学生，及我在弗吉尼亚理工大学的博士课程。由于需要指导众多康科德学院体育教师教育专业大学生的教学工作，我有幸与两位 K-5 年级的教师共事，这让我有机会看到高质量的体育训练，让我有机会用最好的榜样训练我的学生。感谢阿莱塔·乔·克罗蒂（Aleta Jo Crotty）和帕特里克·海（Patrick Haye）为学生提供了积极的体育教育，因此，我还要感谢我的职前教师。

在弗吉尼亚理工大学，我幸运地师从乔治·格雷厄姆博士，他不断激励着我与别人分享什么是高质量的体育教育，以及如何成为一名优秀的体育教师。感谢乔治给我这次机会，让我有幸与史蒂夫共同创作本书。我在佛蒙特州的博士生同事们继续在他们的工作中给我带来惊喜，我很幸运他们是我的朋友。

目前我在西弗吉尼亚大学从事教学工作，期间我的同事和博士生们不断激励着我，给我新的学习机会，让我与 K-12 年级的体育教育保持接触。特别感谢肖恩·巴尔杰（Sean Bulger）和艾米丽·琼斯（Emily Hones），感谢他们对所从事职业的奉献精神；感谢我们团队努力在学校中建立更积极的健身文化；感谢卢西亚娜·布拉加（Luciana Brage）让我成为一名导师，现在变成同事，共同为 K-12 年级学生创造新的机会，并为大学生讲授重要的教育学课程。

——埃洛伊丝·艾略特

如果没有他人的帮助、支持以及教授学生及大学同事一起工作的经验，我不可能参与本书的撰写工作，书中的很多故事和例子来自于小学、中学和大学的学生。我感激那些出色的教师和管理员，我在北亚利桑那大学期间他们一直给予我支持：塔里·波帕姆（Tari Popham）、霍利·琼斯（Holly Jones）、史蒂夫·鲍德威（Steve Boadway）、泰丽莎·弗雷亚斯（Theresa Freas）、KC·赫尔希（KC Hershey）、唐纳德·彭妮（Donald Penny）、亚娜·菲克斯（Jana Fix）和茂琳·兰德瑞（Maureen Landrith），以及其他许多一直愿意提供自己的课程供人研究和实习的教师。我还要感谢我的大学同事埃丽卡·帕拉特（Erica Pratt）和蒂芙尼·克伦伯尔（Tiffany Kloeppel），他们对新版本中所加入的新内容提供了反馈和建议。

最后，我要感谢乔治·格雷厄邀请我参与编写本书。我很荣幸能与乔治和埃洛伊丝合作，为现在和将来的体育教师提供好的教学资源。乔治，你是非常棒的导师和朋友，我很高兴有机会与你一同工作并向你学习。

——史蒂夫·帕尔默

我们三人（乔治、埃洛伊丝和史蒂夫）要向博伊西州立大学的教授肯·贝尔博士表示特别感谢，他是执行制片人，负责组织和协调拍摄工作。结果证明了肯的工作以及博伊西州立大学体育教师教育的高质量，那里有很多优秀的教师可以一起合作。感谢参与我们拍摄工作的那些教师：杰克·米勒（Jake Miller）、约翰·贝尔（John Bale）、阿曼达·穆里（Amanda Muri）、曼迪·霍宁（Mandy Horning）、迈克·卡明斯（Mike Cummings）和克丽斯蒂·伦得（Kristi Lund）。他们为青少年开发了高质量的体育课，感谢他们允许我们进入他们的学校，把他们的活动拍摄下来。

我们特别感谢两位教师，他们将技术融入体育课中，并撰写了本书中的各种技术秘诀，他们是米斯蒂·沃伊切霍夫斯基和马修·波默罗伊。这些实践理念是米斯蒂和马修发现并运用在他们的体育课程中的。

最后，我们要感谢 Human Kinetics 的工作人员，他们努力工作，并将本书的英文版出版。首先，特别感谢健康体育休闲与舞蹈事业部副主席和董事斯科特·维克格伦（Scott Wikgren），感谢他的无私支持、敏锐的洞察力，以及愿意为这本书的出版付出精力。多年来，他一直在努力推进全新的体育教育，他了解并重视良好的体育教育，并且正在尽其所能将知识传播出去。我们向杰基·布拉克里（Jackie Blakley）表示感谢，他是本书英文版的开发编辑。杰基在整个过程中让我们不偏离主题并且极具耐心，与她共事很开心。我们还要对为本书英文版的出版做过贡献的其他人表示感谢：总编辑德里克·坎贝尔（Derek Campbell）、平面设计师南茜·拉斯姆斯（Nancy Rasmus）、版权经理达勒妮·里德（Dalene Reeder）和 Human Kinetics 的其他工作人员。

成功教学

> 天啊，我真想为这些孩子做点什么！

> " 有能力的人，就去做；
> 没有能力的人，就去教。"
>
> 乔治·萧伯纳（George Bernard Shaw）
> 《人与超人》

阅读本章后，你应该能做到以下几点：

- 解释为什么体育教育是一种动态的、不断变化的过程。
- 论述体育教育中存在的问题和体育教育的益处。
- 解释编排的概念，因为它与教学技能的选择和运用有关。
- 描述教学内容（教什么）和教学过程（怎样教）的区别。
- 描述成功的体育教育的主要构成。

电影制作人伍迪·艾伦（Woody Allen）因谈及教学时补充了一句乔治·萧伯纳的名言——"不会教书的人，去教体育"而闻名。在教师职业中，确实有一些教师不会（或不愿）教书（很明显，他们中的一些人教过伍迪·艾伦！）。一个不幸的结果是，许多美国成年人在回忆过去的体育课时都坦言，没能享受到体育运动的乐趣。

　　幸运的是，这种情况正在改变。如今，美国的新生代体育教育工作者正在彻底改变体育教育的方式。这些完全变革的体育教育方式，甚至让那些根本不喜欢体育运动的学生都满怀热情地期待体育课。这些教师关心那些缺乏运动技能、敏感以及缺乏自信的学生，就像他们关心那些有进取心、体格健壮的学生一样。他们找到了让所有学生感觉体育课既愉快又有价值的方法，无论是没有运动天赋的学生，还是有很高运动天赋的学生，以及介于二者之间的学生。

　　本书描述和分析了成功的教师所使用的教学技术、行为、技能和方法，以开发和教授能适应发展的课程，从而让学生获得愉快和有益的学习体验。

除了内容，还有教师

　　当我（GG）回想起所有在学校中教过我的教师时，立刻就会想到几个让我觉得好或者不那么好的教师，其中一位是我高中的几何课教师。我在小学时就确定数学不是我的强项（我的数学成绩也让我的这一想法更加坚定），我一年又一年地努力学习必修的数学课程，直到在高二上了几何课程。我清楚地记得，第一天老师就告知我们，课本将是大学水平的几何课本。我想，我在这门课上可能会遇到大麻烦，令人惊讶的是，事实并非如此。虽然这个课程和课本对我来说很难，但是我的几何课教师却让教学过程变得很有趣，而且我学得很好。学期开始时我的态度未免有些消极，但后来我已经喜欢上学数学了。

　　显然，鼓励我并使我学得比想象的更好的并不是几何这门课，而是教这门课的教师。他用自己独特的教学方法为我们解释概念，花很长时间跟我们在一起，从来没有让我们感到自己很笨。他用结构化的方式组织教学内容，用浅显易懂的例子解答疑问，为我们循序渐进地取得成功做准备，同时还做了其他大量琐碎的事情。所有他做过的事情以及他的教学方式加起来，成就了一个成功的几何课教师。

　　幸好，我们这本书不是关于几何的。它是关于教师和他们所做的事情（或不做的事情），这些事情可让学生的学习变得更轻松、更有趣。几何、阅读和体育课可以通过令人兴奋和有教育意义的方式来教授，也可以通过枯燥、令人困惑和让人反感的方式来教授。我们不仅要关注教学内容，还要关注教师以及他们所做的一切，让学生尝试学习有用且有趣的东西，从而使学生享受学习过程。

这听起来好像是我们认为内容以及对内容的了解不那么重要，实际并非如此。要想成为一名好教师，就必须全面了解这个学科（Ward，2013），这样才能以吸引人和富有成效的方式教育学生。我的高中几何课教师就对这门课非常熟悉，这让他能够开发出有趣和有用的课程。

知道要教什么（内容或课程）与知道如何教（教师的教学过程或教学方法）之间的区别是一种人为的区别，教学内容和教学方法是不能分离的，它们相互交织在一起。但是在学习和理解教学的过程中，这种人为的区别却是有帮助的。接下来的各章介绍了成功的 K-12 年级教师所使用的许多教学技能和技巧，以及如何使用它们来创建教学课程和教学计划的实际例子。

由于学校里的体育课与文化课相比是较为独特的科目，教师使用的教学方法与其他学科的教师们使用的方法有所不同。本书描述了成功的体育教师使用的许多教学技能，以及他们在现实教学环境中所使用的各种方法。

体育教学与一般课堂教学的区别

教授任何科目都有挑战性，而体育课可能是最具挑战性的。原因有以下几个：学生在持续活动，而不是一直坐在椅子上；教师可能在上一节课中是与 5 岁的孩子们在一起，几分钟后则在下一节课中与 11 岁的孩子们在一起；内容的范围涵盖所有体育活动；设施和器材通常都不太理想。毫无疑问，这个列表还可以更长。

除了这些因素外，体育课的节奏也会让人抓狂，经常有 30 多名学生同时在活动。拉里·洛克（Larry Locke，1975）在他对儿童体育课的描述（如今已成为经典）中，用生动精确的语言再现了体育教学的复杂性和节奏，这在书面描述中是很少见的。因为本书是关于现实的体育教育的，所以用他对 34 名 4 年级学生在体操课中的 2 分钟观察结果的描述内容作为开篇是合适的。

教师正在一对一地教授一个明显有神经系统缺陷的学生，她想让学生坐在平衡木上，把脚从地板上抬起来。她的言语行为无非是各种强化、指导、反馈和鼓励，她手把手辅导学生。旁边的两个男孩蹲在高低杠上，让一群女孩离远一些。教师一边注意着旁边的情况，一边继续指导平衡木上的这个学生。在体育馆的另一头有一个大垫子，学生从桌面上滚下来时可落到垫子上，而垫子正慢慢地向一边移动。教师一边关注这个情况，同时继续指导平衡木上的学生。教师回答了三个路过学生的单独询问，但仍然像以前一样继续工作。她瞥见一群学

生正跟着带头的学生玩跳马（这是开小差），但此时一名学生走进来，说他在前一段时间忘记了他的牛奶钱。教师点头示意他去附近的办公室取钱，然后离开平衡木，站到了高低杠的旁边。男孩们立刻爬了下来。教师招呼一个学生来看护防滑垫。注意，闯入者现在手里拿着牛奶钱，并停下来与班上的两个女孩聊天，教师关注着这些情况并迅速来到跳马处，开始提出一系列的问题来调动学生的情绪，从而重新确立工作的重点（Locke，1975）。

这段 2 分钟的花絮表明教学是多么复杂的过程，而这只是教师在一天教学的 17000 秒中度过的 120 秒时间。

1 万名学生

一名体育教师通常每周要为几百名学生授课，我们假设是 350 名学生。在 30 年的职业生涯中，总计要教授 1 万多名学生。而许多教师每周要为 500 ~ 600 名学生授课！在这个行业中，一位成功的体育教育工作者确实可以改变许多年轻人的生活。

教学的类比

教学工作是复杂的。有时你会感觉自己就在飓风眼中，球、学生和想法都在无序地乱转，而你需要随时关注它们。

教学也可以被看成是有三个场地可同时表演的大马戏场。教师处于中心场地，作为马戏团的团长。在这个中心位置，教师同时指挥三个场地的表演，并努力掌控节奏和变化，目的是引起观众的兴趣。

第三个教学类比是，教师就像是交响乐队的作曲家和指挥。在一个管弦乐队中乐器的编排和组合方式有很多：弦乐器、铜管乐器、木管乐器、打击乐器。一些非凡的音乐作品由小提琴、中提琴和大提琴主导。而在另一些作品中，则是双簧管、低音管和长笛占据重要位置。进行曲和军乐曲由铜管乐器和打击乐器主导。倾听和观看交响乐的美妙之处在于，观察各种交响乐队和谐交融地演奏令人愉快、使人难以忘怀的音乐作品。

我们就是这样看待成功的体育教师的。他们是艺术家，能够运用教学技巧来开发和编排课程，这些课程既吸引人也有益于不同年龄和能力的学生。正如音乐一样，并非只有一种课程组织和教学方法。

教学工作的变化和动态本质

没有什么预设的公式能让你严格遵循就成为一位成功的教师。教学是不可预测的，8 年级的一个班与另一个班是不一样的，周一上午的学生与周五下午的又有所不同。教师也是！多年来，我们对教学的理解虽然提高了，但知道在什么时候对谁使用什么技巧和对策仍然是一门艺术，因班级、教师的不同而各不相同。

真正的教学与将球滚出去是不同的，不像在生产线上工作，它是不断变化的，是动态的。索恩（Schon，1990）使用"不确定的实践领域"来描述教师面临的不确定性和模棱两可的情况。有些职业似乎是以规则为基础的：出现这种情况，就这样做；出现那种情况，就那样做。尽管个人可以设法将教学精简成精确的科学或公式，但每节课都要涉及大量的艺术技巧和判断力。

一个人不可能生来就成为艺术家或教师，而是需要学习一些技巧，理解一些概念。举例来说，画家可能要学习使用水彩、油画颜料和粉彩作画的绘画技巧。此外，他们需要通过所选的介质来理解和表达自己的理念：色彩与光线的和谐，阴影，结合色彩以产生色调、透视、形式、统一和抽象。艺术家要从这些技巧和概念中进行挑选，从而表现出他们想要的含义。

优秀的教师遵循与优秀的艺术家相似的方法。他们学到了一定的技能和技巧，当然不一定都是在大学中学到的，这样他们就可以开发和教授有意义和有价值的课程。尽管有些技巧是有意识地学习的，但有一些似乎是下意识学到的。不管这些技能是如何获得的，成功的教师都拥有教学所需的一系列能力，他们可以从中选择并始终有意识地在体育活动中为学生提供适应其发展的体验（Graham et al.，1992；Stork & Sanders，1996）。

我们对专业教师所用的技能和技巧的科学理解也在不断发展（Borich，2013；Brophy & Good，1986；Rink，2003；Siedentop & Tannehill，2000；Silverman，1991），我们正在更多地了解关于优秀教师对青少年做什么（和不做什么），以及继续讨论如何评估教学（Metzler，2014；Rink，2013；Ward，2013）。但是与任何其他职业一样，知道何时以及如何使用这些知识是一门艺术。

很难描述的优质教学

试着告诉别人如何变戏法，但却不进行演示，此时找出正确的单词和短语可能很困难。你可能是一个出色的变戏法者，但你会发现语言不一定是帮助他人学习这个技能的恰当工具。就像杂耍一样，体育教育是一个观察比描述更容易的过程。优秀的教师是艺术家，但他们很难描述他们所做的事情。看到一个好教师时，我们能辨别出来，但要解释为什么这个教师比另一个教师要好就比较难了。

在本书中，我们将复杂的教学过程拆分成多个小的部分，提供更深入的分析和更深刻的理解。这在理论上是可能的，但应用于给30名学生在操场上或在健身房中上课却行不通。编写（并阅读）教学过程是奢侈的，因为它让我们停下来反思教学的各个方面：如何使用教学技能，为什么使用，以及在不同的情境中如何以不同的方式使用。

我们在教学过程中，不可能每隔几秒就对班级中的学生说，"停一下，我想用3分钟时间思考一下作为教师我接下来要做什么。"但是在编写过程中，我们可以更从容地描述各种教学的挑战，以及好的教师如何应对这些挑战，并且不会出现本章前面洛克（Locke，1975）所描述的那种狂热而紧迫的节奏。

体育教育面临的挑战

如今在美国的学校中教授任何一个科目都是一个挑战，即使从静态的书面文字的角度来看也是如此。所有教师都面临着各种挑战，但是当他们出色地完成自己的工作时，也会感到极大的满足。

挑战

一天之内，一名小学体育教师通常会和7～12个班级的孩子在一起。孩子的年龄可能从5～11岁；体能可能从差到优秀；而学生的态度可能从对运动和健身感兴趣，到已经明确体育不适合他们等，各不相同。初中和高中体育教师也要适应这样的学生，他们同样有各种各样的技能、身体健康水平和态度。像数学这样的科目，学生自然是按技能分组的（如代数、几何、微积分学前课）。但是，许多学生参加有组织的体育运动很多年了，仍要同那些不得不承认运动和体育不适合他们的人在同一个体育班中上课。技能较差的学生可能对体育课没有兴趣；体格健壮、健康的年轻人可能会感到无聊。对于这两组人，你如何设计既有趣又让人快乐的课程？

此外，体育教学可能不是体育教师的唯一职责。许多人要在上课前指导攀岩，在午餐时组织各种杂耍俱乐部或校内体育运动，协调放学后的各种活动。小学体育教师经常被要求提供思路，帮助任课教师在教学日中提供课间休息活动。初中体育教师面临的一个挑战是教师－教练的角色冲突，因为他们还要担负指导责任（Konukman et al.，2010）。尽管一些小学体育教师也是教练，但他们面临的挑战是决定在教学和指导上各投入多少时间。

一位真正有兴趣开发高质量体育课的教师，与一名或多名对指导怀有热情，满足于在体育教育中"将球滚出去"的教师处于一个团队中时，尤其具有挑战性。

体育教师结束一天的工作后，她已经同几百名学生、几位教师和家长或监护人打过交道，可能还包括一位或多位校长、秘书和烹饪师，她不知道为什么会这么累。这是很有挑战性的一天。

不用说，很少有教师能在理想的环境下完成其工作。在小学里，如果天气比较寒冷或下雨，一些体育教师上课用的体育馆从 11：15 到 13：15 就会变成午餐室，体育课要在大厅、大堂、教室和舞台上进行。人们还经常要求教师在体育馆中教授某种体育运动或活动，而这个体育馆相对于班里的学生人数实在太小。例如，在一个设计为足球场的场地上教授高尔夫球就不太理想了；同样，在一个足球场大小的空间里，试着教 30 名学生踢足球也是如此。

挑战还包括其他人如何看待体育教育。一些班主任坚持提前把他们的学生带到体育课上，接他们时则会晚一些。另一些人认为体育课是帮助个别学生进行数学或阅读补课的时间；通常这些学生最喜欢体育课。在小学，课程表总是很复杂。结果是，一个 5 年级的班级上完，接着是幼儿园儿童上课，然后是 2 年级的，之后是另外一个 5 年级的班级上课。实地考察人员和前来拜访的演说家也常常会给体育教师带来惊喜，特别是在校长和班主任忘记通知他们时，并且他们还会发现下节课学生乘坐一辆公共汽车去参观昆虫学博物馆了。每年 350 美元的器材预算对体育教育工作者来说是另一个挑战，他们很快就意识到了收集自己的难题并在预算制定时间参加家长教师组织（PTO）会议的价值。

通常，小学体育教师只有一名，因此不需要和其他体育教师进行沟通协调。相比之下，初中教师通常不得不与另一名教师，有时是 4 ~ 5 名教师共享设施和器材并制定课程表。与另一名教师共享体育馆会带来有趣的挑战——有时是噪声问题，有时是空间问题，有时是保持学生注意力的问题。当教师在体育课的目的以及用教导法还是娱乐法方面有不同的看法时，这些问题尤其具有挑战性。

这些只是体育教育工作者面临的一些挑战，可能你还会想到其他的。就像任何一位体育教师都能证明的那样，这些都是真正的挑战，并不是我简单虚构出来以此吸引你的注意力。但是，显然这份工作也有回报，否则就不会看到很多人愿意花不止一两年的时间来教授体育课了。

好处

很明显，参加教学工作的主要好处不是工资，也不是津贴。我们还没有见过哪位体育教师拿公款支付信用卡或坐公车出行。在夏季，虽然有两个半月的时间进行休息和休整，但是教师经常要参加继续认证的进修或从事第二份工作。那么，好处是什么呢？

在小学教体育最明显的好处就是同儿童和青少年在一起的乐趣——那些极具感染力的笑声、天真的好奇心、童言无忌的回答、热情洋溢、勇于尝试、双手抱膝坐在草坪上洋溢的笑脸、勉强能分辨出的"谢谢你关心我"的纸条、今天发生的坏事明天将被遗忘、令人振奋的不谙世故、非常多的孩子需要从可以信任的成年人那获得预见性和关怀、孩子从体育活动和课堂常规短暂休息中获得的乐趣、碰触胳膊并说"感谢你关心我"、有机会向孩子介绍运动的乐趣。这些小的酬谢经常出现。事实上，只要我们对学生保持敏感，很少有工作能如此令人满意。

对 K-12 年级的教师来说，一个更长远的好处是，看到年轻人在几年的时间内不断成长和发展所带来的满足感。在初中阶段，很多教师和教练会成为学生的重要榜样，经常充当十几岁孩子的非正式顾问，因为孩子会努力弄清楚自己是谁，以及如何处理成长过程中涉及的一切。教师在一个学校坚守了岗位 5~6 年，在夏天观察班级里的学生，他们就会冷静凝重下来，并认识到孩子们了解或不了解的身体、健康情况以及体育活动的重要性，这很大程度上是他们所提供的体育教学计划的直接结果。

好的教师具有强烈的期望感，他们一致认为，在适当的情况下，他们可以有所作为。在体育教育中，他们通过向学生介绍各种形式的体育活动，帮助学生打好运动基础，最终让学生在一生中参与体育活动并从中获得快乐与满足（SHAPE America，2014）。许多教育工作者相信，当孩子离开小学时，在体育、数学、艺术和阅读方面，许多技能的基础已经建立或被摧毁。

在许多方面，有着良好教育计划的体育教育工作者都会尽其所能地让这个自幼成长于其中的世界变得更好。当我们帮助学生以富有成效的方式开始他们的生活时，我们会对自己的工作感到满意。显然，这也是教学的一个好处。

有些人可能认为我们过于乐观，这很好，我们是乐观主义者。事实上，我们认为悲观主义和教学这两个术语在一起是很不协调的。如果不相信作为教师可以有所作为，那又怎么能承担与儿童和青少年一起成长的责任呢？

综合了 80 多年的教学经验告诉我们，优秀的体育教师是乐观主义者，他们坚信自己的工作是有价值的。但是，他们也是现实主义者，知道工作的挑战性和困难所在。这本书正是为这样的教师写的，无论你是刚开始教学实习工作，还是已经参与教学工作 30 年了。本书是写给那些相信体育教育很重要，并愿意奉献自己的专业为青少年提供高质量课程的教师的。

教师举足轻重

体育教师与其他学科的教师没有什么不同，他们希望学生能够努力学习，也希望学生能够享受自己的课程。

一些体育教师强调学生要学习运动技能、参加比赛和体育运动，一些教师则强调要进行健身，还有一些教师主要强调学生要培养自己对体育活动的积极态度。当然，许多教师会列出以上几种类似的目标。

拥抱小学教师、咯咯笑并进行肢体接触

选一个你最喜欢的小学班级或者观察一位深受学生喜爱的教师。在课堂上，试着敏锐地了解孩子述说他们喜欢这个教师和课程的所有方式。对微笑、触摸、点头、他们靠近教师的方式都要保持敏感，他们的这些方式都在表示：注意我！课程结束后立即或尽快用几分钟的时间沉浸在孩子表现出的所有温暖情谊中。

列出一门课程的目标相对容易，但是实现这些目标却比较困难，特别是班级规模很大，而且每周只有两三天的时间聚在一起时。

几年前我们开始明白，好的教师之所以好，并不一定在于他们所教的东西。10名教师可能教授同一个单元的内容，其中两三名教师可能非常成功（例如学生报告说，他们很喜爱这个单元的内容，而后续测试表明，事实上他们已经学到了很多教师教过的东西）。而对另外两三名教师的学生进行的后续测试可能表明，他们没有从教师那里学到任何东西，他们会说他们不喜欢这个单元的内容。其他 4 ~ 6 名教师的学生可能表现出好坏参半的结果，单元内容的学习结果没有表现出什么明显的趋势。

在过去的 50 年中，我们已经很深入地了解了这两三位成功教师如何与学生合作，从而使学生能够参与学习并享受这一单元内容的。本书描述和分析了许多成功的教师创建有效课程的教学方法、行为、技能和技巧（教育知识基础）。

我们还没有完全了解如何将各种技能和属性结合在一起，从而使教师更成功或更高效，但我们确实比 50 年前了解得更多。我们还知道，教学技能的使用与面

对的情况有关，根据教学内容和年级的不同而不同。

教学工具箱

好教师发挥创造性的方法之一就是使用其教学工具箱中的各种工具（技能、技巧、策略和方法）。想象一下，工人们会在工作中使用各种工具，例如木匠、水管工或汽车修理工。如果你看看他们的工具箱，会发现其中塞满了专业工具。擅长其工作的人不仅拥有各种各样的高质量工具，而且知道如何以及何时使用每一种工具。你会雇用一个工具箱里只有一个水平仪和一把钳子的木匠吗？或者是请一个只拿着一把锤子的水管工来修理漏水的水龙头吗？

同样，我们不仅要用优秀体育教师使用的各种工具来填满你的教学工具箱，而且还要向你展示如何在不同的教学环境中使用这些工具。尽管你不会在本书中接触到优秀教师所使用的全部教学工具，但我们会向你介绍优秀教师拥有的许多技能。开始阅读本书时，你的教学工具箱里就已经有了一些工具。读完本书时，我们希望你拥有更多的工具，并且知道如何使用以及何时使用它们。

成功的定义

本书的目的是定义和描述成功的体育教育工作者的教学过程，强调"成功"这个词是很重要的。这本书不仅仅是让孩子们每周都有"忙碌、快乐和不错"（Placek，1984）的两三天时光，让班主任们有时间安排教学或者是给中学生提供专业课间的休息活动。成功还意味着学生要学习和养成积极的态度，教师能从他们的工作中获得满足感，让体育课与学校的整体工作重点保持一致。

学生的目标

成功教学的首要组成部分显然是学生。成功的体育教师和项目，为青少年成就有体育素养和积极主动的人生打下了良好的基础。有体育素养的人有"知识、技能和信心，能够用一生享受有益健康的体育活动"（SHAPE America，2014；Whitehead，2001，2010）。1995 年，美国国家运动与体育教育协会（NASPE，1995）制定了第一个全国性的 K-12 年级体育教育课程内容标准，其中定义了什么才是一个受过体育教育的人。在制定过程中，这些标准经过了数百名体育教师的审查。现在，随着人们不断修订和更新标准，SHAPE America 为怎样才算是一个受过体育教育或有体育素养的人提供了精确的定义（见图 1.1）。

体育的目标是培养有知识、有技能、有信心、有体育素养的人，能在一生中享受健康的体育活动。

为了追求一生的健康体育活动，一个有体育素养的人应具备以下几点：

- 掌握了参加各种体育活动所需的技能。
- 了解参与各类体育活动的含义和好处。
- 定期参加体育活动。
- 身体健康。
- 重视体育活动及其对健康生活方式的贡献。

图 1.1　有体育素养的人的特征

源自：SHAPE America 2014.

教师的目标

任何一个项目想要获得成功，负责该项目的人都需要有一种满足感和成就感，就像在有体育素养的人的定义中所提出的那样。对教师来说，成功往往来自于管理者、家长或监护人的支持和培养。就像在任何职业中一样，当教师作为专业人士没有得到支持或关心时，就很容易会放弃并开始走过场，在体育术语中，这常常导致人们随意地把球扔出去。

继续规划和开发创新的课程，在你的职业生涯中，积极、充满热情地教授、评估和评价数百名学生，很可能会让你体验到一种满足感（见第 14 章）。有趣的是，这并不意味着你能获得快乐的唯一方式是要拥有理想的工作条件，事实上，任何体育教育工作者职位描述的一部分，一定是为改善工作条件和让人理解体育运动对所有人——年轻人和老年人的健康有重要贡献而不断地斗争。如许多教师似乎总是朝着以下一个或多个目标努力：

- 让其他教师和行政人员确信体育的价值，以免视体育课为课间休息，避免因为有实地考察、比赛或特殊活动而取消体育课。
- 为班级谋求更多更好的器材。
- 提倡让体育教师进入跨学科策划团队，而非仅仅进行教学并满足于常规的计划。
- 达到理想的教学工作量（例如现有班级规模的小学每天最多 8 节课，中学 6 节课）。
- 安排教学时间表，在不同年级之间提供合理的过渡（例如不要安排先是小学 5 年级的学生上体育课，接着是 1 年级的学生，然后是 3 年级的学生，或者将高中游泳课放在足球和健身课之间）。

- 倡导学生每天参与体育活动。
- 提倡采用与其他学科类似的班级规模（例如一班 30 名学生）。
- 确保学校工作人员认识到体育课的重要性并提供合适的课表，从而引导学生实现体育教育成果。
- 确保各种设施针对体育课而设计。

从出生到成年

从出生开始，我们通过触摸、观察和探索周围的世界来学习体育运动，幼儿一有机会就在野外跑来跑去，探索新的空间并开心地大叫。初中生虽然对自己的身体有了自我意识并有了自我认知，但还需要在社会环境中测试自己的极限并认识自己。高中生正在成长为年轻的成年人，通过做出选择和体验选择结果来学习。小学生与初中生的目标不同，初中生与高中生的目标也不同。虽然通过体育活动改善健康状况对政策制定者来说是一个重要的成果，但不要忘记，纯粹地享受运动也是个人发展不可或缺的一部分。教师必须尽其所能提供运动体验，帮助学生在生活中享受运动带来的快乐，这才是真正意义上的体育素养！

尽管过程很艰辛，但不断努力改善教学计划的教师经常感觉他们的努力是有效的。他们已经形成了一种认识，即成功的体育不仅是简单地教学生，还包括其他责任。

作为一名教师，你的责任之一就是帮助其他人理解体育教育和体育活动之间的区别。自从朱迪·普拉赛克（Judy Placek，1984）提出"忙碌 – 快乐 – 优秀"的概念后，世界各地的体育教师都在使用这个短语来解释体育活动只是素质体育教育的一个重要组成部分。今天，体育教师要做的事情越来越多，包括协调课前、课间和课后的活动项目，以及为其他教师提供课堂活动休息时间。这些不断增加的压力，类似于本章前面提到的教师 – 教练角色冲突，很可能会导致体育活动取代体育教育（例如在美国国家标准中，建议教师只提供很少的指导或不提供指导，而只是为青少年提供机会，让他们有机会参加体育活动）。我们认识到，在学校中提供体育活动是很重要的，但是，在学生需要获得他们所需的技能、知识和性格养成的情况下，素质体育教育会有更大的影响力和持续的影响，让他们成为具备体育素养并能积极面对生活的人。让我们确保我们的学生在体育课上是忙碌的、快乐的、优秀的，并在不断地学习！

你想从事体育教育工作吗？

如果你正在考虑把体育教育作为自己的职业，问问自己这 4 个问题：

- 你喜欢体育活动吗？
- 你喜欢整天围着孩子转吗？
- 你需要赚很多钱吗？
- 你愿意从事一个为获得认可和支持而奋斗终生的职业吗？

这些问题可能会帮助你开始思考那些真正喜欢体育教育并对这个职业满意的人有何特征，以及你是否具备这些特征。

本书后面的 13 章内容提供了大量研究证据以及我们多年的经验，目的是引导你成为一名成功的体育教师。我们希望你能发现这些见解既实用又有益，能引导年轻人成为有体育素养的成年人。

小结

在本书中，我们希望你能回答这样一个问题：成功的体育教师在教学时究竟做了什么？重点在于优秀教师使用的各种技能和技巧，而不是他们的授课内容。

最近我们逐渐认识到，没有对每个教师都有用的完美课程。一名好教师可以把任何内容带入课堂并编排成有趣且有价值的学习体验。不幸的是，一名无能的教师几乎可以把任何内容（无论该内容看起来有多吸引人）带入课堂并以这样一种方式呈现：学生不仅没学到任何东西，也没享受到这种体验。

本书描述和分析了体育教育方法——教师综合运用各种技能和技巧让孩子参与到有趣且有价值的体育活动中。它是为教师或未来的教师设计的，目的是帮助青少年发展知识、技能和态度，最终成为有体育素养的成年人，在一生中都能享受体育活动带来的好处。

思考题

1. 进行体育教育时，你认为最大的挑战是什么？作为一名教师应如何应对这些挑战？

2. 第 1 章描述了体育教育的一些好处，对你最有激励作用的是什么？

3. 如果我们与你教的（或计划教的）学生交谈，作为一名教师你希望他们如何评价你？你会做些什么来鼓励年轻人去感受你想让他们感受的以及你的计划？

4. 为什么本书要区分教学过程（怎么教）和内容（教什么）？

5. 观看另一位教师的上课视频 5 分钟（或你自己的视频）。在关键的时刻，那位教师（或你）的头脑中可能会有什么问题？

6. 除了学生的因素外,在小学教书和在初中或高中教书还有什么重要的区别？解释一下。

参考文献

Borich, G.D. (2013). *Effective teaching methods:Research-based practice*. New York:Pearson Higher Education.

Brophy, J., & Good, T.L. (1986). Teacher behavior and student achievement. In C.M. Wittrock (Ed.), *Handbook of research on teaching* (3rd ed., pp. 328-375). New York:Macmillan.

Graham, G., Castenada, R., Hopple, C., Manross, M., & Sanders, S. (1992). Developmentally appropriate physical education practices for children:A position statement of the Council on Physical Education for Children (COPEC). Reston, VA:National Association for Sport and Physical Education.

Konukman, F., Agbuga, B., Erdogan, S., Zorba, E., Demirhan, G., & Yilmaz, I. (2010). Teachercoach role conflict in school-based physical education in USA:A literature review and suggestions for the future. *Biomedical Human Kinetics, 2*, 19-24.

Locke, L.F. (1975, Spring). *The ecology of the gymnasium:What the tourist never sees.* Paper presented at the meeting of the Southern Association for Physical Education for College Women, Gatlinburg, TN.

Metzler, M.W. (2014). Teacher effectiveness research in physical education:The future isn't what it used to be. *Research Quarterly for Exercise & Sport, 85* (1), 14-19.

National Association for Sport and Physical Education (NASPE). (1995). *Moving into the future:National standards for physical education.* Reston, VA: Author.

Placek, J. (1984). A multicase study of teacher planning in physical education. *Journal of Teaching in Physical Education*, 4, 39-49.

Rink, J.E. (2003). Effective instruction in physical education. In S.J. Silverman & C.D. Enis (Eds.), *Student learning in physical education:Applying research to enhance instruction* (pp. 165-186). Champaign, IL:Human Kinetics.

Rink, J.E. (2013). Measuring teacher effectiveness in physical education. *Research Quarterly for Exercise and Sport, 84* (4), 407-418.

Schon, D.A. (1990). *Educating the reflective practitioner*. San Francisco:Jossey-Bass.

SHAPE America. (2014). *National standards & grade-level outcomes for K-12 physical education*. Champaign, IL:Human Kinetics.

Siedentop, D., & Tannehill, D. (2000). *Developing teaching skills in physical education* (4th ed.). Palo Alto, CA:Mayfield.

Silverman, S. (1991). Research on teaching in physical education. *Research Quarterly for Exercise and Sport*, 62, 352-367.

Stork, S., & Sanders, S. (1996). Developmentally appropriate physical education:A rating scale. *Journal of Physical Education, Recreation and Dance, 67* (6), 52-58.

Ward, P. (2013). The role of content knowledge in conceptions of teaching effectiveness in physical education. *Research Quarterly for Exercise & Sport, 84* (4), 431-440.

Whitehead, M. (2001). The concept of physical literacy. *European Journal of Physical Education, 6*, 127-138.

Whitehead, M. (Ed.). (2010). *Physical literacy:Throughout the lifecourse*. Routledge:England.

打造积极的学习环境

> 我正在和 8 年级的学生一起填写'了解你'工作表。有一个问题是关于你家里人的问题（#），一名困惑的学生说：'为什么这个工作表上有一个 # 号标记？'。

阿曼达·韦斯特（Amanda West），
莱姆斯通社区学校，缅因州莱姆斯通
经体育中心许可后转载

阅读本章后，你应该能做到以下几点：

- 论述"教师期望"这一概念及其在体育教育中营造愉快氛围的重要性。
- 解释教师对学生的成见以及如何避免这种情况。
- 描述教师在班级中制定的管理规范。
- 描述解释和教授管理规范的重要区别。
- 描述在体育教育中营造积极环境的教师有何特点。

你喜欢怎么教学？是用很大的声音兴奋地授课，还是喜欢安静平和的氛围？你是通过吹哨子、大声喊叫、做出手势或者打鼓示意学生停下来吗？上课时你是大声地说话，还是以交谈的口气说话？你在课堂上播放音乐吗？一个愉快的、能让学生参与到活动中来的体育教育氛围的特点是什么？

很明显，没有什么简单的愉快氛围的定义。与学生在体育教育过程中相处，我们都有自己喜欢的方法。但问题的关键在于，它是由你决定的，而不是学生。你选择能够掌控的环境特征，然后要在这种环境中授课。

营造哪种氛围很重要，毕竟这是你的工作！你在学校里要待很长时间，在能力范围内尽可能地营造愉快的氛围很有意义。体育馆或多功能房间不是豪华酒店，而你可以做很多事情来营造愉快、积极的氛围。本章将介绍一些方法，在课堂上营造一个你和学生都喜爱的积极环境，这也会激励学生去上体育课。

为什么要把这个营造学习环境的章节放在书中如此靠前的位置？而大多数讨论这个主题的图书都将其放在全书末尾或接近中间的地方，我们把它放在前面有三个原因。

第一个原因是，"我能否管束学生？"是一个非常重要的问题，特别是对新教师来说，这是一个真正值得关注的事情。新教师很担心学生会失去控制，不会停下来听教师讲话，每天在这种气氛中工作很难会有愉悦感。那么，既然秩序在许多新教师的心里如此重要，为什么要在后面才讨论如何在体育课上建立秩序呢？

瑞秋的恐惧

下文选自多莉·兰布登（Dolly Lambdin）的论文，她就日常生活采访了小学教师。瑞秋（Rachel）描述了大多数教师在职业生涯中曾经经历过的一种恐惧。

我记得我们 1 年级有两个班，有一次我坐下来，看着那一长排孩子，我想，如果他们组织起来，就能把我绑起来，然后把所有的器材都拿出来尽情玩耍，因为他们加起来有 60 个人。对此我无能为力。（Lambdin，1992，p.13）

第二个原因是，成功的教师在开学时就要开始为学习创造环境。事实上，他们在学年的第一天就开始这项工作了（Carter & Doyle，1989；Fink & Siedentop，1989；Solmon，2006）。这就是为什么把这一章放在本书的开头部分是合乎逻辑的——由于其中涉及经常被问到的问题，这些问题的解决方案需要早期精心地规划并实施各种策略。

第三个原因是最重要的：如果无法营造一种积极的、富有成效的学习环境，那么本书接下来章节中的大部分内容都将没有什么价值。学生不会听你的，他们会互相争吵，为器材而争论，谁在他们的组里，谁推了谁，以及该轮到谁了。你会发现自己不断地要求学生听讲，语言要文明，把手放好。对你和学生来说，这种体育课经历充其量可能是让人不愉快，最坏的情况则是消极的。精心制订的计划很少能按照预期运转，因此，太多的体育课最终是以所有参与者的沮丧和不愉快而告终的。

教师期望

你该为营造一个良好的班级氛围全权负责，你需要决定（也许要和学生协作）课程应该如何进行。新教师经常发现"教师期望"这种态度难以持续下去（Martinek，1983）。许多人相信青少年就是那样的，教师必须适应他们——这不对。如学生看到你举手或听到你拍手，他们可以学会停下来。口哨可在室外空间中发挥作用，不同的口哨声可以表示不同的事情（两声意味着停止，一个长音意味着向这里聚拢）。你可以根据环境选择使用鼓或演奏音乐。信号类型并不重要（只要能被学生听到或看到）；重要的是学生要学会理解并听从你的指示。你要能预料到某些事情（如不要互相推挤，你讲话时学生要认真听讲），然后一定要让学生在课堂上遵守这些规则。有趣的是，指望学生在体育馆、操场或运动场中按照你想要建立的框架来上课是很困难的，也许有一个例子可以说明这一点。

在教堂中，我们都期望人们以某种方式行事，有时，大声说话是不被接受的，许多教堂还有着装要求。我们会尽早教会我们的孩子遵从这些教堂活动规范，渐渐地，他们学会了使用与教堂规范相一致的行为来处事。出现这种结果并非只是由于我们告诉他们该怎么做，例如不要在教堂中讲话。我们需要一起努力——通常需要几个星期甚至几个月的时间。

在体育课上许多方面也是如此，规范显然是不同的，但学习过程同样需要时间和实践。就像父母和监护人坚持让孩子在教堂中学习行为规范一样，你需要坚持让学生在体育课中学习行为规范。不过，挑战在于你要教授 25 ~ 35 名学生什么是正确的行为规范。

对大多数教师来说，这是教学中最不愉快的部分之一。教孩子如何放下器材或选择搭档总会令人不太满意，因此，与必要的时间相比，许多人试图用更少的时间教授这些规范。但是，要在教学过程中感到满意，你必须让学生学会体育馆、操场和运动场中的各种规范，这样你的教学生活才能变得更愉快。

用音乐营造氛围

许多教师在课堂上用音乐来营造一种更加舒适和愉悦的氛围。一些教师选择音乐，而另一些则允许学生自带音乐。可登录免费音乐平台，带遥控装置的蓝牙音箱可以在室内外使用。要注意筛选音乐，确保歌词适合学校使用。对许多教师来说，音乐是一个重要的、令人愉快的部分，可为他们的课堂营造一个积极的学习环境。

教师的成见

要成为一名好教师，避免成见也是非常重要的。这与上面提及实现"教师期望"一样困难，通常是因为教师成见的表现要更加微妙、更隐蔽一些。作为一名教师，你需要知道自己在地域、社会经济地位、性别、能力和外貌等方面的个人成见（Colvin，1998；Davis & Dillon，2010；Hutchinson，1995；Lyter-Mickleberg & Conner-Kuntz，1995；Solmon & Lee，2008；Williamson，1993）。

以下是与体育活动有关的最常见的个人成见：

- 男孩比女孩更擅长投掷运动。
- 女孩喜欢体操、舞蹈和瑜伽。
- 男孩喜欢足球。
- 有残障的青少年协调能力差。
- 男孩不介意被人们大声喊叫。
- 女孩在你对她们大声喊叫时爱哭。
- 女孩不能经常做俯卧撑。

这只是众多成见中的一小部分。作为一名体育教育工作者，你必须对成见特别敏感，因为如果你把它们作为不可避免的真理，它们很快就会成为年轻人自我应验的预言（Williamson，1993）。如何才能避开这种情况呢？

重要的第一步是了解你的个人成见。你是否同意上面列出的任一陈述？如果是，说明你对青少年有成见。尽管这些说法可能对某些人来说是对的，但并非适用于所有人。举个例子，有些女孩比男孩要扔得更远；一些有残障的青少年也是优秀的运动员。重要的一点是，对于任何有关性别或身体特征的因素，你不能一概而论。这样做会让那些可能不符合这种成见的年轻人出现"自我应验的预言现象"。如果只为女孩安排体操课，那么一个具有在奥运会体操项目中夺冠潜力的男孩可能就永远也没有机会让人们发现他的天赋。

除了注意你固有的成见外，还要注意你的行为。例如，你同女孩的互动方式与男孩是不一样吗？与那些没有吸引力的孩子相比，你会花更多的时间同漂亮的孩子在一起吗？你同运动员开玩笑次数比非运动员多吗？你是否为技能不高的学生提供更多的反馈（Solmon & Lee，2008）？你可以通过视频记录一个班级的上课情况，然后与另一名教师或可信的朋友一起观看视频，询问对方是否注意到你与年轻人进行互动的方式有什么明显的差别，从而知晓你如何对待学生并识别那些隐蔽的（无意识的）课程内容。

最后，重要的是要避免思维陷阱：他们只是孩子，他们不会注意到。哦，实际上他们会注意到！你作为一个体育教育者所传递的隐秘信息，对于那些处于如此敏感年龄的年轻人来说非常重要，因为他们会对自己以后从事哪种运动和体育活动做出决定。体育教育工作者如果传递信息（通常是无意中），告诉学生由于性别或能力等原因导致年轻人不能做什么，这样可能会将年轻人与运动或体育活动的联系切断，而他们本可能在成年后在这些方面非常出色。如果一位体育教育工作者曾经说服三届奥运会金牌得主以及两次获得 WNBA 冠军的职业篮球运动员戴安娜·塔乌西（Diana Taurasi）"篮球是男孩的运动"，那结果会是什么呢？体育课应该是学习体育活动的一个积极的场所，而你的态度，包括你的期望和成见，都是营造这个积极环境的重要组成部分。

营造一个情感上安全的环境

教师的期望和教师的成见明显会影响他们与年轻人的互动方式。教师对自己的态度变得很敏感时，可以做几件事来打造学生拥护的和情绪上积极的体育课。仔细考虑以下准则（Helion，1996）：

1. 人不是用来伤害的。这里指的不只是身体上的伤害，也包括一些行为，如骂人、贬低人、恐吓和取笑他人。
2. 不要挖苦人。对一个把球扔得太高，使其从搭档头顶上飞过的男孩，如果你说"扔得好"，这不仅对扔球的男孩来说是痛苦的，而且对其他的年轻人也意味着在你的课堂上可以接受讽刺。
3. 没有愚蠢的问题。每天教 8～10 节课时，你经常会在每个班上听到学生问相同的问题。失去耐心很容易——但要记住这是这个年轻人第一次问这个问题。你还需要制定一个鼓励学生提问的制度，但也要注意，问答时间不要持续太久，以免占用学生的活动时间。这种情况通常发生在一个学生喜欢被教师认可的班级里。

4. 体育课是针对每个人的。团队游戏通常由几个非常熟练的年轻人主导，这可无法形成针对每个学生的体育教育，因为不太熟练的人常常成为熟练人的旁观者，而不是积极的参与者。俩人或仨人一组的小游戏是提高每个学生积极参与机会的一种方式（Graham et al., 1992；NASPE，2009）。

5. 言行一致。孩子是敏锐的观察者。他们通过你的言行进行学习——也许从你说的内容中学到更多。不管你愿不愿意，你都是年轻人的榜样。

确定管理规范

从技术上讲，"规范"一词是指既定的形式或礼节，如在国家元首之间或医疗执业过程中预先约定并使用的礼节。大多数体育课并非什么正式的或官方的活动，不过，仍然应该有一些学生在课堂上如何行事的既定方式。你还应该确定希望他们如何对待你和对待彼此的规范，这些规范构成了你期望学生遵循的各种规定的基础，目的是营造一个积极和富有成效的学习环境。除了墙上张贴的课堂或学校纪律，还应该有关于在班级中教学和强化学习的各种规范，这些规范应该明确定义所有学生可见的行为。例如，你可以从以下方面给出自己的规范：更衣室的使用；进入和离开运动场、体育馆或户外空间的注意事项；根据你的信号开始和停止活动；发出停止指令时收回器材；离开器材并把它放在 边；选择搭档、团队和分组。

进出体育馆或户外空间

只要有可能，在小学最好让教师把孩子送到体育课上，这可让你的授课时间更长，因为在有限的时间内每分钟都很重要。但是在学年刚开始时，你可能希望在教室中和孩子谈谈如何进入和离开体育馆，以及停止和开始信号等规范（最理想的情况是，班主任会在开学的第一天向孩子解释这些规范，这样学生就能了解教师对他们的期望）。

大多数小学校长坚持让孩子安静有序地（通常是排队）进入或离开体育馆。如果你负责将孩子们从教室里带出来，那就练习上下体育课的规范。因为孩子们通常会对体育课感到很兴奋，并且渴望开始上课，所以可能会出现一些问题。

最有效的方法似乎是让孩子们安静有序地从教室转移到操场，事实上，这是第一次体育课的重要部分。孩子们到了操场之后，就需要做一些事情。有些教师让他们以小组形式列队，有的让他们安静地坐成一个圆圈或一条直线；有些教师在白板或海报板上书写即时活动指南（见第 6 章），告诉孩子今天要做什么。无论你如何开始这个课程，学生都需要遵守规范。在某些情况下（如孩子在走廊中喧闹跑动），孩子可能要回到教室，重新学习日常规范（礼仪）。

找根绳子，并开始跳绳

在初中和高中，一节体育课通常从更衣室开始。在理想情况下，学生可以在换完衣服后立即进入健身房或户外空间并开始活动。忘记更衣柜密码该怎么办，何时离开更衣室，如何进入体育馆（包括路线），以及在到达体育馆后该怎么做，所有这些都是需要教导和强化的相应规范。对学生来说，重要的一点在于这是一种礼仪。这是学校体育馆的进出程序，这不只是个好主意，还是他们在整个学年中每次上体育课时都应当遵守的规范（即使意味着学生要多次回到更衣室也是如此）。

儿童如何定义步行

儿童有着有趣的步行定义。对许多孩子来说，这意味着只要他们不太弯曲膝盖，就可以尽可能快地前行，而且这依然是在步行。你肯定看到过孩子这样做——僵硬的上半身，挺直身子，挥舞着双臂，快速行走并想成为第一。有人训斥他们时，他们会齐声回答："我们在走路！"也许你不应该定义移动的方式，而应该定义速度。一个方法是告诉学生，如果他们在 45 秒内到达健身房，就会得到一张超速罚单。惩罚方式是回到教室后再试一次。

体育课服饰

要求学生穿校服参加体育课无疑是一个有争议的话题。但是，在统一服装方面的确有一个共识：鞋子！很明显，有些鞋子不适合在体育课上穿，例如人字拖、皮鞋和高跟鞋等。有些学校允许学生穿登山鞋（靴），但是大多数从幼儿园到 12

年级的学校都要求学生穿专门用于跑步和体育运动的鞋子。

对于制服的其他部分并没有统一的意见。一些中学要求所有学生上体育课时要换上体育课制服（短裤、T 恤衫），其他学校只是要求学生上体育课换衣服，但不要求穿特定的校服。当然，有些学校没有着装要求。但是，大多数人都同意换衣服是个好主意，因为届时学生在很多（理想的情况是全部）体育课上都会出汗。无论具体要求如何，人们普遍认为对于体育教育而言，学生着装是否合适不应该成为体育教育分级的主要原因。

点名

大多数初中和高中学校都要求体育教师点名。尽管准确执行这一程序很重要，但应当花尽可能少的时间，以便为更多的活动留出时间。最慢、最低效的方法可能是在课堂上逐一点名，还有更快且同样准确的方法，以下是一些建议：

- 在地板（或操场）上画数字，并给每个学生分配一个与考勤簿相对应的数字。在即时活动的某一刻（见第 6 章），你可以说"计数"，指导学生快速站在他们的数字上，这样就可以点名了。
- 在圣迭哥霍桑小学任教的杰弗瑞·默兹巴赫（Jeffrey Merzbacher）在体育中心网站上发布了一些有趣的、可供选择的数字使用方法。他有时使用字母，有时是元素周期表中的元素符号，有时是键盘符号（如 #、& 或 %）。如他喜欢听一名学生说"今天氢没有来"。
- 把学生分配到小组中，组长负责报告谁缺席了。当然你应该检查一下报告是否准确。
- 当学生进入体育馆或离开更衣室时，使用签到卡。一个相关技术是为班上的每个学生制作带标签的签名板，学生上课时把标着其姓名的标签放在一个盒子里，留在签名板上的名字就是那些缺席的学生。
- 如果使用热身站，可在学生热身时轮流到各个站点去点名。
- 给每个学生分配一个有编号的心率监测器或活动追踪器，存放在更衣室的挂包里。每一个上课的学生拿起一个心率监测器或活动追踪器并佩戴好。可以通过观察哪些活动跟踪器或追踪器还留在包中来完成点名。
- 让学生用手（在体育馆里）或脚（在场地上）运球，围成一个大圈（另一个选择是跑几圈），这时就可以点名了。

开始和停止信号

　　一旦学生按照你的规范进入体育馆或户外空间时，你就需要用一个方法来吸引他们的注意力。使用哪种信号并不重要，只要学生能听到或看到这种信号就行。在室内，大多数教师都用话语；一些人（尤其是小学教师）用拍手或敲鼓；还有些人则使用音乐，并使用遥控器来播放和停止歌曲。一些人用哨子，但是，尤其是在室内，许多人更喜欢营造一种更愉快、有条理的氛围，而不是嘈杂吵闹的课间环境。声音和拍手似乎更受欢迎，因为它不像口哨那么刺耳，而学生需要将其谈话声音保持在一个合理的水平上，以便他们能听到信号。在室外，根据教学空间的大小，可能需要使用哨子或其他吸引学生注意力的方法。不同哨声音调或信号可以表示不同的事情。举个例子，哨子响一次可能意味着停下来，注意听；哨子响三次意味着过来站好。

　　与进出体育馆一样，也需要让学生练习使用停止和开始信号。发出信号后，所有学生应该在两三秒内停下来。教师应该只给出一次信号，而不是四五次。

教小学生如何开始和停下

有几项活动可帮助小学生在活动中学习倾听。数字活动就是其中之一。让孩子在一个指定的区域内行走、蹦跳或跳跃，教师说出一个数字时，要求他们很快形成总计为这个数的小组。例如说出"4"时，4 个孩子要组成一组。关键是要说出这个数，而不是喊出来，这样孩子就必须仔细听。这种游戏的一个变化形式是说出颜色，当说出在地板或人行道上标出的不同颜色时，孩子们要尽可能快地跳到那个颜色上。身体部位也是一种方法。当说出不同身体部位时，孩子们就用这些身体部位触摸地面或地板（如手、脚、臀部、背部、肘部和膝盖）。

大多数教师使用的开始信号就是 Go（开始）。这很有效，因为学生（特别是年龄较小的学生）通常不会停下来听很久；一旦他们认为已经理解了你的指示，就会立即开始行动。但是，通常情况下你还有另外一件或两件事需要补充；因此，在他们开始之前，等待你讲完话是很重要的。与停止信号的使用一样，这也需要练习。如果一些学生在给出信号之前就开始活动，把他们叫回来，提醒他们等待"开始"的信号。为了保持学生注意力的集中，一些小学教师改变了意味着 Go 的词，旨在鼓励孩子仔细听 [如跳房子（hopscotch）、星期五（Friday）或游戏机（Xbox）]。

一般来说，"停止"或"别动"这个词表示全班同学都要停止移动和保持沉默。对于小学生，有时需要一个鼓，例如学生运球时，在球击中地板的噪声中很难听到其他声音。而在外面时可能要用到口哨。

一旦给出了停止信号，一定要让学生听从你以及那些可能回应这个信号的同学。这需要练习。如果认为学生的注意力不集中，最好的方法是重新开始，并且重复你的指导内容。另一个帮助学生倾听的策略是练习在不重复的情况下尽可能简短地讲话（见第 5 章）。这需要时间来学习，但它确实能帮助学生更专心地倾听教师讲话。教师重复讲述某个内容两三次时，学生就不太会费心地听每一个词了。经验表明，教师可能给学生讲解指令时说得太多，特别是指令之后紧跟着演示时。

学生究竟听到了什么？

一些学校的学生母语不是英语，我们总是很高兴地看到这些学生能够很快地听从教师的指示，即使他们并没有准确地明白教师说的是什么。我们还看到，在教师讲话的整个过程中，孩子都在说话，但很快就能开始执行任务。很明显，他们学会了观察搭档来决定怎么做，而不是听教师讲什么。

器材规范

　　你的各种指令通常与课程中使用的器材有关。与器材有关的三个最常见的规范是如何把它取出来、你在说话时拿它做什么，以及如何把它放一边。

拿到器材

　　学生通常都迫不及待要开始活动，所以全部 25 个人都想冲上来拿到器材，这样他们就可以开始活动了。有两种方法对快速有效地分配器材很有用。一种相对比较快的方法是将器材在整个活动区域分散成几小堆，这可以避免因班上每个人同时从同一处拿器材时出现过度拥挤的情况。

　　另一种方法是每次只让几个学生来拿他们的器材。一些小学教师轻拍孩子肩膀，指示去拿他们的器材。小学中使用的另一个方法是按出生月份，衬衫、头发或眼睛颜色，或者是鞋子的类型分组来拿他们的器材。中学教师经常把同学分成多个小组或按照其他方式分组，从而有效地分配器材。

　　一旦有了这些器材，学生就需要知道拿它做什么。一些教师要求学生拿到器材后等一等。许多人认为，为学生分派一项任务，让他们在拿到器材后就开始活动是更有成效的方法（"拿到呼啦圈后，找个自由空间，通过跳呼啦圈来热身，"或者"一旦拿到了锻炼表和活动日志，就开始活动"）。对学生来说，拿着球站着不动似乎特别困难，就好像给了他们一个巧克力冰激凌蛋卷，却要求他们先不能舔坚持等一等，直到全班的每个人都有蛋卷一样。

我想要那个蓝色的

　　器材的类型和颜色完全相同或完全不同时，分配器材会更容易。所有的球只有两个是黄色时，一些孩子就会为得到这两个不同颜色的球而竞争，这同样适用于绳子、呼啦圈等。因此，许多教师设法购买相同颜色或多种颜色的器材。在中学，可能有一两个球的质量比其他的球要好，就像年龄较小的孩子一样，学生知道他们想要哪个球，从而会疯狂地争夺。对于成年人来说，这似乎是微不足道的小事，但对儿童和青少年来说却并非如此。

拿着器材别动

　　拿住球但不能玩是很困难的，所以在发出停止信号后，你要有如何处理器材的规范，你可能要求学生把球直接放在地上或放在身体侧面。但是，如果没有教授某种规范，你可能发现自己在不断地重复："记住，我说话时不要玩球。"

课前准备

　　要早点到校，检查器材、体育馆和室外环境。检查器材，在一天的课程开始前给球打气。在体育馆里或室外环境中收拾杂物或碎玻璃，填好会伤害脚踝的地鼠洞，擦去洒在体育馆地板上黏糊糊的苏打水。每天上课前花些时间做好准备工作有助于充分利用课堂上的时间，同时避免许多干扰因素，从而营造一个高效、积极的学习环境。

把器材收起来

　　学生都是迫不及待地想要得到器材，一旦拿到器材，他们就不想把器材收起来。收起器材同样需要练习。

　　一些教师使用与获取器材同样的方法——分组或让学生单独完成，另一些人则更倾向于让学生同时将器材放回原位。当然，对学生最大的诱惑之一就是把一个球从约 9 米远的地方扔过去，并试着让它落在器材车里。这就是为什么讲授器材放置方法很重要。可以使用一种方法，让一两个学生向全班同学展示如何放置器材，而不是投掷器材。正如本节中讨论的其他规范一样，你需要教授这个规范，并让学生在学年开始时进行练习，直到他们都学会。

练习！练习！练习！

需要学生反复练习各种规范，才能让他们坚持遵从这些规范。练习可能看起来是这样的：你希望学生学习并练习一些规范，根据信号停止和开始，并在给出停止信号后就将器材放在面前的场地上。你给出停止命令，如果整个班级在不到 10 秒的时间内就停下来并将器材放在了场地上，你就让学生开始另一项任务或活动。如果超过 10 秒，就再练习一次。慢慢地，你可以让学生停下来并将器材放在场地的时间缩短到 7 秒，然后 5 秒……

选择搭档、团队和小组的规范

在整个学年中，你会经常要求学生与搭档合作参加活动或以小组形式参加活动。这是一个特别重要的时间点，小心不要伤害年轻人的自我意识。过去，教师常常指派队长来挑选队员。今天，有太多的成年人曾经忍受过被最后挑选的情感伤害，一节课又一节课，他们一直很反感体育教育，这主要是由于经历过多次都是最后才被选中的尴尬（NASPE，2009）。

幸运的是，我们今天对此了解得更多了。许多教师使用的一种方法是只要求学生找一个搭档或组成五人组。这种方法的优势在于速度要相对快一些，而且学生倾向于选择能力水平基本相同的搭档或团体。也可在全年中使用数字游戏来快速分组，喊出一个数字，让学生尽可能快地组成具有相应人数的小组（随着游戏不断深入，你可喊出各种数字，喊出"一"看着他们仓促地找人，直至意识到并不需要找搭档或组成小组，这也是很有趣的）。你所喊的数字确定了一个小组中

生日在 10 月的可以走了，去拿一个球。

所需的学生人数。所以，如果任务需要学生分成三人小组，你就喊出"三"，然后一旦清楚地解释了任务，他们就可以开始执行任务了。只要按数字分组，你就代表着失物招领处，那些没有找到搭档或加入小组的学生应该立即向你求助。有时你可能需要自己组成一个小组或团队来完成特定的目标。在理想情况下，这是课前完成的，所以不会占用很多宝贵的课堂时间。

男孩们做这个；女孩们做那个

有些教师用性别作为一种学生分组方式——男孩在这儿，女孩到那儿。这延续了老一套强调男女差异而不是相似之处的思维，这似乎也阻止了男孩与女孩合作和协同活动的想法，尤其是在高年级学生中。出于这个原因，许多教师不鼓励学生按性别分组。有趣的是，5 年级的男女生会一起在教室中共同学习，却不希望在操场上一起活动。我们希望在未来几年内，按性别分组将会和队长挑选团队成员的做法一样罕见。

有很多方法可以将学生分组，最重要的是，学生要学会如何快速分组，同时不伤害他人的感情。与不喜欢的人合作时，中学生可能会抱怨或翻白眼。这可能是最棘手的教学预期之一，但如果你清楚地了解到你期望学生如何对待他人，就能让他们按你的期望行事。在学期初始，用角色扮演的方式示范对待他人的正确和错误方式，这是让学生谨遵你的期望的第一步。许多教师不允许学生拒绝一个要求作为其搭档或加入同一小组的同学。

但是与所有规范一样，也有例外情况。有些学生不管出于什么原因，很难与搭档合作或在小组中参加活动，如果他们不断要求和同一个人作为搭档，教师就应当将其作为例外情况。这就是教学的艺术：我们该如何照顾一个青少年的感情，同时保持对所有人都公平公正？

分组策略

- 教师选定小组：在课前编组，把人名打印出来并贴在墙上。
- 拼图：如果需要 5 个小组，可让学生自己选择分成 5 组。然后从每组中年龄最小的人开始从 1 ~ 5 报数，再根据新数字重新组合。
- 卡片平台：学生进入体育馆时给他们手牌。你可以快速地使用颜色、服装或数字（如奇/偶数或几组数字，如 1 ~ 3、4 ~ 6、7 ~ 9 和 10 ~ K）将学生组成所需人数或规模的小组（Lambdin，1989）。
- 出生月份：根据学生生日的月份将学生分组；如 1 ~ 3 月生日的为

一组，4～6月生日的为另一组，等等。各组的人数可能不等，如果需要，在学生自行分组后可将个别学生从较大的组转到较小的组。

- 交叉双臂：让所有学生双臂交叉放在胸前。根据右手可见、左手可见或双手都不可见创建3个组。如有必要，可以调整个别学生，让各组人数相等。
- 学生交叉手指：找到最亲密的搭档，即跟你一样把左手或右手拇指放在上面的人。将学生分成两组，右手拇指在上面的为一组，左手拇指在上面的为另一组。

其他规范

不用说，还有其他一些我们没有讨论过的规范，以及我们执行既有规范时的一些变化（Bell, 1998; Solmon, 2006; Todorovich & Curtner-Smith, 1998）。其他一些需要考虑的重要规范包括学生在以下情形中做什么：

- 在消防演习或龙卷风演习期间。
- 班级发生事故或伤害时。
- 体育课期间饮水。
- 学生需要在上课期间去厕所时。
- 学生把贵重物品，如手饰或钱带到课堂上时。
- 手机、耳机和音乐播放器的使用。

好的教师会预先为各种状况做好准备。不要等到事故发生时，再向学生传授出现受伤和流血时该怎么做（Almquist, 2001）。提前学习并练习了相应的规范，学生就会明白如何请求帮助以及教师需要做什么。但是，正如上面提到的任何规范一样，需要针对这些状况进行练习，让学生记住并正确地加以运用。

下定决心练习各种规范

一旦讲清楚了各种规范，最重要的决定之一就是花些时间进行练习。这在体育教育中尤其困难，因为教学时间是有限的，但这正是要排练这些规范的原因——为了节省时间。在没有学会各种规范的情况下，大量的无序时光会让学生虚度整整一个学年。

很多教师问："练习各种规范需要多长时间？"第一个答案是"该需要多长就多长"。在学年或学期初，可能要把前三四节课的重点放在规范的练习上。

如果班级学生是你几年前教过的，那么只需较少的时间来让他们学习或记住各种规范。

练习各种规范需要多长时间的第二个答案是"永远"。最关键的是，学生应该始终遵循和加强各种规范。记住，这是让学生知道期待什么，从而营造一个舒适的学习环境。应用的规范不一致时，学生很难知道自己期望实现什么，教师在努力维持一个有利于学习的健康环境时也会感到吃力。第 7 章描述了正向引导，这是一种加强规范的有效方法。

体育教育研究在规范方面的结论是非常明确的。不幸的是，在体育课上，学生花在倾听、管理和等待上的时间比有目的的体育活动上的时间还要多（Sallis et al.，2012）。事实上，学生通常只有不到 1/3 的课堂时间来活动身体。如果学生一开始就学习了行为规范，那么你可以将更多的时间花在本学年的其他体育内容上，而不是唠叨着让学生听讲、拿出器材等。

教学行为规范

决定在课堂中使用哪些管理规范相对容易，具有挑战性的部分是教授这些规范，直到学生了解它们，并成为整个学年所教班级的固有内容。

与任何教学过程一样，没有一种方法适合所有教师。但是，如果教师能营造令人愉快的氛围，那么他们在构建自己的班级教学环境时似乎也会表现出某些特征。他们既坚定而热情，同时又很严格，他们还把规则张贴出来并经常讨论，让学生有一定的归属感。

坚定而热情

有一段时间，我们曾经相信成功的教师会吓唬学生，使他们成为好学生。今天我们对此了解得更深入了（Bulger et al.，2002；Downing et al.，2005；Doyle，1986；Fernandez-Balboa，1990；Kounin，1970）。成功的教师会表现出一定程度的坚定性，他们说话是算数的，与此同时，他们也对学生充满热情和关怀。他们不会吓唬学生，但又想让学生知道他是认真的。学生很快就能学会如何辨别教师说话的含义。好的教师说话算数，如果学生不遵守规范，就别想逃避惩罚。但是，他们不会歇斯底里或胁迫，而是以平静、可靠、严格的方式，简单地、一贯地传达着信息：我们将以某种方式完成事情，而在掌握规范之前，不会有其他的事情。这是教师使用的有效技能之一，并且很难用语言来表达，但是，如果观察 10 位教师，你很快就能辨别出那些坚定而热情的教师。

严格要求

如果能够用闪烁的霓虹灯光编写这一节，我们会这么做的，因为这是一项特别重要的教学技巧，能让学习环境有很大的不同。

除了坚定而热情，高效的教师也有严格的要求，这种品质很容易识别。严格要求学生的教师有一种内在的期望，即学生遵守规范并且要坚持这样做。例如，他们知道自己的学生应该如何进入体育馆，如果学生这样做了，课程将按照计划进行。如果学生没有这样做，教师对此是不接受的，他们坚持学生返回去，然后再以所要求的方式进入体育馆。

通常情况下这非常困难，你肯定想继续完成计划好的课程，很难让学生返回去再重新进入体育馆，但从长远来看，这种时间上的"浪费"是值得的。对学生来说，一个好处是他们明确地知道应该怎么做。你可以每天都坚持这种要求，因为你知道什么对学生来说是合理的，而你也期望他们有那样的行为。

要想了解严格要求的优点，最简单的方法之一就是回想你的高中时光。你经历过宵禁吗？如果迟到了会怎样？如果父母或监护人要求苛刻，他们会坚持你承受之前商讨的后果（例如一周不准外出或不准看电视）。但是，如果父母或监护人不严格，他们很可能会让事情不了了之，你也会知道他们说话不算数。

规则——清楚，积极，告知学生

发布规则也有助于实现一致性，规则实质上是对行为规范的简短提醒。多数教师会列出五六条规则，以积极的方式阐述它们，并在显著的位置张贴出来（见

图 2.1）。但是，简单地书写和张贴规则并不能保证学生就会遵守这些规则，对此也必须进行练习。

图 2.1　张贴的规则示例

源自：Used by permission of PE Central (pecentral.org), the premier website for physical education teachers. Our goal is to provide educational resources to teachers who, in turn, will help guide youngsters in the process of becoming physically active and healthy for a lifetime. PE Central is supported by S&S Worldwide (pe.ssww. com), a 110-year-old company dedicated to assisting teachers to motivate kids to play and learn using their innovative and educational products.

体育课规则

体育课规则可能看起来如图 2.1 所示。除了作为提醒，张贴规则的另一个原因也是让新到校的学生受益。张贴规则让你可以简单地向新生回顾行为规范。还可以录制视频来记录班级的行为，并在其中解释行为规范，包括学生演示。这段视频可以提供给新生，这样他们就能清楚地了解体育课上应该怎么做了。

更衣室规则

中学体育课经常要求学生在更衣室换衣服。你可能需要一些针对更衣室的规则和规范，下面是一些例子：

- 以我校为荣，保持更衣室清洁！
- 把食物、糖果、口香糖、饮料和手机放在储物柜里，不要将其带入体育馆或体育课场地。
- 举止得当（手不要乱动，不要说不文明用语）。
- 铃响时到达更衣室。
- 按要求从走廊进入或离开更衣室。
- 在储物柜处换好衣服。
- 负责保管好所有财产和贵重物品。

尽管这些建议较为严格，但那些卷入医疗事故诉讼的教师们很快就会意识到张贴这些规则的好处。这在学生流动性大的学校尤为重要。

一些教师在学年开始时给家长和监护人寄了信，列出了体育服装（特别是鞋类）、医学说明，以及学生的学习内容等要求。这些信件通常提供了教师的联系方式，以便家长和监护人向教师询问课程、要求或其他方面的问题（Hopple，1998）。

培养主人翁感

学生和家长以及监护人需要理解为什么这是必要的，而学生有一种主人翁意识往往会更严格地遵守各种规则（行为规范）。出于这个原因，许多教师会与学生讨论规则，帮助他们了解其重要性。一段不遵守规则的学生视频可以有力说明不遵守规则时会发生什么（你能毫不费力地找到一个班级来帮助你拍摄一段视频，展示在体育馆中不应做哪些事情）。这段视频就成为很好的素材，让学生参与讨论为什么制定和遵守管理规则很重要。

除了与学生分享规则，还应向校长和班主任提供相关规则的副本。如果学校没有统一的规范（如严明的纪律，见第10章），这一点尤其重要。特别是如果打算就那些不遵守既定行为规则的学生给其家长写信时，也许在学校网站上与家长和监护人分享这些规则就会很有意义。但是，这将取决于学校的宗旨、校长和教育委员会的政策等因素。

下一章将讨论高效率的体育教师使用的许多教学技能。但归根结底，如果学生不按照张贴出来的规则来约束自己的行为，直到他们的行为成为一种心照不宣和公认的行事方式，那么以后介绍的许多教学技能的效用都会很有限。尽管对你或对你的学生来说，练习那些对积极的（愉快、好玩、有趣）学习环境至关重要的行为规范并不是什么有趣的事，但这绝对是必要的。如果想享受教学，就花点时间好好练习这些规则吧。如果想将时间用在不断唠叨学生身上，就跳过这些规则并开始教学吧。

小结

本章强调并提供了一些关于成功教师如何营造令人愉快、积极和激励青少年的学习环境的技巧。关键的一点是，那些没有在课堂上建立积极学习环境的教师，与那些建立此类环境的教师相比，会觉得教学更不愉快，教学效果也更令人不满意。

这一章首先讨论了教师对学生的期望，同时也强调了应当意识到教师所具有的成见，无论是有意的还是无意的。随后介绍了学生如何在体育课上行事的规定和规则。这些被称为规范，包括进入和离开体育馆或户外空间；穿着打扮；点名；停止和开始信号；离开和放好器材；选择搭档、小组和团体；以及应急规范。

之后重点讨论实际教学和练习这些规范的重要性。文献表明，培养积极学习环境的教师通常都很坚定、热情又严格；他们还会将明确、积极的规则通告给全班学生。本章总结了教师如何培养学生对于纪律的掌控感，以便他们理解和遵守这些规则。

思考题

1. 想象自己在教体育课。简要描述对你来说一个愉快教学环境很重要的5个特点。你能解释一下为什么吗？

2. 为什么教师的期望是建立愉快学习环境的一个重要方面？

3. 思考自己在教学时，哪种规范是最容易形成的？最难的是哪一个？你知道为什么吗？

4. 为什么在解释管理规范和教授这些规范之间有区别？

5. 毫无疑问，你会意识到教师有意无意对学生存有成见。就你经历过的教师对学生的成见举两个例子。

6. 回忆你过去的教师，他们是坚定而热情，还是要求严格？你认为这些是天生的特征，还是可以后天习得的？

参考文献

Almquist, S. （2001）. The emergency plan. Strategies, 14 （5）, 30-32.

Bell, K. （1998）. In the big inning. *Teaching Elementary Physical Education, 9* （4）, 12-13.

Bulger, S.M., Mohr, D.J.,& Walls, R.T. （2002）. Stack the deck in favor of your students by using the four aces of effective teaching. *Journal of Effective Teaching, 5* （2）.

Carter, K.,& Doyle, W. （1989）. Classroom research as a resource for the graduate preparation of teachers. In E. Woolfolk (Ed.), *Research perspectives on the graduate preparation of teachers* (pp. 51-58). Englewood Cliffs, NJ: Prentice Hall.

Colvin, A.V. （1998）. Learning is not a spectator sport: Strategies for teacher-student interaction. *Journal of Physical Education, Recreation and Dance, 69* （2）, 61-63.

Davis, T.,& Dillon, S. （2010）. *Physical educators' adapted physical education desk reference*. Blacksburg, VA: PE Central.

Downing, J., Keating, T.,& Bennett, C. （2005）. Effective reinforcement techniques in elementary physical education: The key to behavior management. *Physical Educator, 62* （3）, 114-122.

Doyle, W. （1986）. Classroom organization and management. In M.C. Wittrock （Ed.）, *Handbook of research on teaching* （3rd ed., pp. 392-431）. New York: Macmillan.

Fernandez-Balboa, J.-M. （1990）. Helping novice teachers handle discipline problems. *Journal of Physical Education, Recreation and Dance, 67* （2）, 50-54.

Fink, J.,& Siedentop, D. （1989）. The development of routines, rules, and expectations at the start of the school year. The Effective Elementary Specialist Study [Monograph]. *Journal of Teaching in Physical Education, 8* （3）, 198-212.

Graham, G.,Casteneda, R., Hopple, C.,Manross, M.,& Sanders, S. （1992）. Developmentally appropriate physical education for children: A position statement of the Council on Physical Education for Children （COPEC）. Reston, VA: National Association for Sport and Physical Education.

Helion, J.G. （1996）. If we build it, they will come: Creating an emotionally safe physical education environment. *Journal of Physical Education, Recreation and Dance, 67* （6）, 40-44.

Hopple, C.H. （1998）. Happy new year！ *Teaching Elementary Physical Education, 9* （4）, 4-7.

Hutchinson, G.E. （1995）. Gender-fair teaching in physical education. *Journal of Physical Education, Recreation and Dance, 66* （1）, 42-47.

Kounin, J.S. （1970）. *Discipline and group management in classrooms*. New York: Holt, Rinehart and Winston.

Lambdin, D. （1989）. Shuffling the deck: A flexible system of classroom organization. *Journal of Physical Education, Recreation and Dance, 60* （3）, 25-28.

Lambdin, D. （1992）. *The interaction of elementary school teachers' lives and cares: An interview study of physical education specialists, other specialists and classroom teachers.* Unpublished doctoral dissertation, University of Massachusetts.

Lyter-Mickleberg, P.,& Conner-Kuntz, F. （1995）. How to stop stereotyping students. *Strategies, 8* （6）, 6-21.

Martinek, T. （1983）. Creating Golem and Goleta effects during physical education instruction: A social psychological perspective. In T. Templin and J. Olson （Eds.）, *Teaching in physical education* （pp. 59-70）. Champaign, IL: Human Kinetics.

National Association for Sport and Physical Education （NASPE）. （2009）. *Appropriate instructional practice guidelines, K-12: A side-by-side comparison.*

Sallis, J.F., Carlson, J.A.,&Mignano, A.M. （2012）. Promoting youth physical activity through physical education and after-school programs. *Adolescent Medicine: State of the Art Reviews, 23* （3）, 493-510.

Solmon, M.A. （2006）. Creating a motivational climate to foster engagement in physical education. *Journal of Physical Education, Recreation and Dance, 77* （8）, 15-22.

Solmon, M.A.,& Lee, A.M. （2008）. Research on social issues in elementary school physical education. *Elementary School Journal, 108* （3）, 229-239.

Todorovich, J.,&Curtner-Smith, M. （1998）. Creating a positive learning environment in middle school physical education. *Teaching Elementary Physical Education, 9* （4）, 10-11.

Williamson, K.E. （1993）. Is your inequity showing？ *Journal of Physical Education, Recreation and Dance, 4* （8）, 15-23.

长期规划

> 今天带领 3 年级学生做什么呢？

> 我告诉 6 年级学生，今天的体育课要用增肌训练来热身。一个学生看起来很沮丧，我问他为什么，他说：'增肌系统很无聊，而且我没有尺子。'

瑞安·普利亚（Ryan Pugliese），
宾夕法尼亚州，莱巴嫩汉堡地区中学
经体育中心许可后转载

阅读本章后，你应该能做到以下几点：

- 分析计划与教学之间的重要联系，引导学生采取积极的生活方式。
- 描述避免宏大计划的倾向以及避免这些倾向的方法。
- 讨论长期规划以及在时间有限的教学中面临的挑战。
- 证明课程中去掉一些体育运动和活动而纳入其他一些是正当的。
- 解释为什么规划课程范围和活动顺序在体育课中如此重要。
- 描述长期规划和每日计划是如何以及为什么联系在一起的。

在第1章中，我们将教学描述为从优秀教师的教学工具箱中挑选教学技能并组合使用这些技能。第2章描述了教师用来营造积极学习环境的关键教学技能（如有助于学习的环境）。只有营造了积极的学习环境，才能解决下一个问题：学什么？第3章到第5章将教学计划分为三个部分：长期规划、撰写课程计划和按照课程计划教学。本章着重于多年、年度和单元规划。第4章讨论了日常的课程规划。第5章讨论了在课程执行期间调整课程计划，以适应不同的班级和学生。

体育教师面临的一个有趣的挑战是，在初中学校他们没有足够的时间来做他们想为学生做的所有事情。小学教师每周只见学生一两次，初中教师一年只见学生一学期，高中教师4年中只见学生一年。他们面临着一个真正的难题是：在这么短的时间内教什么呢？当然，假定他们的目标是教授学生重要的概念、技能和策略。

简单介绍一些有趣的比赛、灵巧的特技和一些学生喜欢的舞蹈或运动，这些都不需要太多的计划。这仅仅是一个选择活动方式的问题，不需要太多地考虑教学进度和优先顺序。在年初，可以相对较快地制订这种教学计划。

真正关注学生是否在学习以及学什么时，计划就更有意义了。根据公认的标准和学生的学习效果仔细选择和编排课程内容，然后根据对以往教学经验的观察和思考（如每节课每个学生需要什么）来设计每一课，从而让学生学到更多的东西。但是，如果没有仔细和周到的计划，课程通常会变得很随意和无序，甚至几乎没有任何教育意义。

本书作者认为，应该设计体育课计划，让学生学习基本的动作和运动技能以及重要的概念，为终身享受体育活动和体育运动打下基础（SHAPE America，2014）。我们相信，体育教学能够并且应该远远不只是让青少年在整个课堂上基本上保持活跃。我们也相信，没有任何与技能和策略相关联的指导和实践就去参加比赛并获胜，这对于学生来说并不是件好事。因此，我们的目标是指导青少年实现国家标准文件（见图3.1）中所述的身体素质。

要制定一个真正能让人具有体育素养（成为一生积极活跃的人）的方案，计划是教学过程中必不可少的一部分。一年又一年，在各个课程和单元中教什么，才能让学生采取积极运动的生活方式呢？

计划之于教学，就像作曲之于交响乐演奏，没有成文的曲子，交响乐团会沦为只能发出没有任何联系或目的且不和谐的噪声。如果没有一个专注于学生在课程中学习（不只是做）什么的计划，那就只能让学生维持表面的"忙碌、快乐和很棒"（Placek，1984）。好教师会制定目标，通过规划课程来完成这些目标，然后评估是否达到既定的目标（见第13章）。这称为教学调整（Petersen & Cruz，2004），也称为逆向设计（Wiggins & McTighe，2005）或先设计后

幼儿园到 12 年级体育国家标准

目标

体育的目标是培养有体育素养的人，他们有知识、技能和信心享受一生愉快的体育活动。

为追求一生都进行健康的体育活动，成为一个有体育学识的人：

· 学习参加各种体育活动所必需的技能。

· 知道参加体育活动的意义和好处。

· 定期参加体育活动。

· 身体健康。

· 重视体育活动和它对健康生活的益处。

标准

标准 1：有体育素养的人表现出胜任各种动作技能和运动模式的能力。

标准 2：有体育素养的人将有关概念、原理和战略战术应用于运动和表演中。

标准 3：有体育素养的人能运用知识和技能增进健康，持续健身。

标准 4：有体育素养的人展示出尊敬自己和他人的个人和社会行为。

标准 5：有体育素养的人认识到了体育活动对于健康、愉悦、挑战、个人表达和社会互动的价值。

来源：幼儿园到 12 年级美国体育国家标准和年级水平成果（SHAPE America & Human Kinetics，2014）

这边看

通往终身体育活动的道路

| 小学 | 初中 | 高中 | 大学和就业准备 |
| 基础技能知识 | 技能知识应用 | 终身运动技能 | 精力充沛的生活 |

SHAPE America
SOCIETY OF HEALTH AND PHYSICAL EDUCATORS
health. moves. minds.

图 3.1 幼儿园到 12 年级美国体育国家标准

教学——即确定教学目标，然后完成这些目标。美国国家标准是开始规划过程的一个不错的起点，可帮助专家确定推荐学生在 K-12 体育课中学习的内容。

> ## 我想我会跳过这些章节
>
> 你在阅读本书时，是否会忍不住跳过这三个规划章节，然后去读"好东西"。如果你会，我们希望你能在某些时候回到这些章节。这三章不仅对规划的重要性提供了实用和坦诚的思考，而且还提供了在实际教学中可以进行规划的方法。

对于规划的需求

从理论上讲，教师每天要在书桌前花一两个小时来规划自己的课程。事实上，教师在洗澡、开车去上班、会议上、晚上睡觉时都在规划，就像他们在办公桌前所做的一样（Graham et al.，1993；Hall & Smith，2006；Placek，1984）。

很少有人质疑规划的重要性（Byra & Coulon，1994；Coulon & Reif，1994；Hall & Smith，2006；Hastie & Vlaisavljevic，1999）。问题是"需要进行多少规划工作？"你知道，相对于获得了经验之后，在职业生涯开始时要花更多的时间来规划课程。这和第一次旅行没什么不同，你可能从网站搜索开始，根据时间选择路线；查看天气预报；查看沿途地标、加油站和餐馆；考虑同伴需求。在选择不同的路线多次旅行之后，就不必花很多时间在规划路线上了。

需要多少规划工作量也与你决定提供的课程计划的类型和内容有关（Moore et al.，2013），那些只是让学生滚球的教师可能每周只花 5 ~ 10 分钟思考他们将做什么（Placek，1984），相比之下，真正有教育方案的教师要花相当长的时间来回顾学生的学习成果，利用各种在线和印刷资源，然后设计出可满足学生需求的课程。这将在下一章中详细介绍。我们假设你的目标是成为一名学科专家，获得高水平的教学技能（Hastie & Vlaisavljevic，1999），并且你是一名真诚地想要开发最好的体育课让学生能够具备体育素养的教师，那么你需要制订计划，让教学内容符合国家和地方的体育标准，可以充分利用每个年级的有限教学时间，考虑学校和班级的背景以及单元选择，并增加学科知识来丰富你的课程计划。

符合内容标准和指导方针

在创建符合美国国家（和州）标准和年级水平成果的体育课计划时，规划至关重要，国家（和州）标准和年级水平成果以 SHAPE America（2014）中的规定为准。

- **小学教育成果（K–5）**。在 5 年级结束时，学习者将具备基本运动技能和指定技能组合；可在舞蹈、体操、小场地练习中运用基本动作概念；认同与健康有关的基本健身概念；在体育活动中接纳自我和他人；并认识到一种积极运动的生活方式有何好处。
- **初中教育成果（6–8）**。在 8 年级结束时，学习者将运用策略来改变游戏的走向；在不同的环境中展示基本运动技能；设计并实施一项可改进健康的健身计划；参加自我选择的体育活动；与搭档合作并给予对方鼓励；接受个体差异并表现出包容的行为；为了享受和自我表现而参加体育活动。
- **高中教育成果（9–12）**。在高中结束时，学习者将为大学或职业生涯做好准备，有能力计划和实施不同类型的个人健身计划；能胜任两个或更多终身参与的活动；描述与成功参与体育活动有关的重要概念；在从事体育活动的同时建立可靠的行为模式；参与可满足自我表现、挑战、社交和享受需求的体育活动。

许多地区依靠这些标准和成果来确定他们的 K-12 学校或地区课程范围。从本质上讲，课程范围回答了"我们要教什么（或不教什么）和什么时候教（什么年级水平）？"的问题。学校和地区拟定的课程范围在很大程度上受四个因素的影响：体育教育的时间长短；学校的环境；教师的背景和专业知识；以及其他教师、行政人员、家长和监护人的支持。

美国国家标准和年级水平成果指标

2014 年，SHAPE 修订了美国体育教育国家标准，并为小学、初中和高中学生制定了年级水平成果指标。在本书中，你会发现我们多次参考了 5 个标准以及年级水平成果指标。年级水平成果指标引用了一个由数字和字母组成的代码，这些数字和字母指的是 5 个标准中的 1 个，年级水平（K–12）以及与这个年级水平成果相关的数目。如 S1.M5.8 代码指的是标准 1，初中成果 5，8 年级，属于比赛和运动分类，入侵性比赛——"给一个刚刚控球或传球、还处在高速移动的队友传球，要打足提前量"（SHAPE America，2014）。如果有机会了解美国体育教育国家标准和年级水平成果指标，会更清楚代码的含义。

有限的教学时间

许多学校为体育教育分配的时间很少，这就是规划显得如此重要的主要原因之一。在美国，大多数州的学年时间是 180 天。在理想情况下，K-12 年级学生每天都应有体育课。但实际上在许多学校中，由合格的、有资质的体育教师教授体育课的机会非常少。假设小学每周有 2 天参加体育课，那么一年的时间为 72 天。快速浏览表 3.1，就可以看到学生在某些年级结束时应实现的学习成果指标。

表 3.1 2 级、5 级、7 级和 9 级相对应的 5 个国家标准的成绩

国家标准	2 级	5 级	7 级	9 级
1. 动作技能和运动模式	23	32	24	3
2. 概念、原则、策略和战术	3	8	13	4
3. 增进健康（健身）	5	7	18	14
4. 负责的个人及社会行为	7	7	7	4
5. 体育活动的价值体现	3	4	6	3
	41	58	68	28

如果学生每周只上两次体育课，就没有多少时间来实现国家标准中所描述的成果。例如对于 2 级学生，一个年级水平成果指标是青少年能够在不失去控制的情况下进行一般性运球（S1.E17.2b；SHAPE America，2014）。如果你给 7 岁的孩子上课，你就会明白通过一两次的 30 分钟课程是无法学到这种操控技能的，学生需要更多的时间进行练习才能实现这个结果。即使在 1 年级和 2 年级教学生用手带球，一年不到 60 分钟的运球学习时间也是不够的。那么，教师（或学区）该做什么呢？

在体育教育时间有限的情况下，教师或学区的教师有两种选择：一种是简单地让学生知晓年级水平成果指标中建议的内容；另一种选择要困难一些，是决定在一年内集中关注哪些成果。这意味着教师对某些成果的关注和花费的时间要比其他成果更少。显然，这需要教师或学区的教师在规划大纲的课程范围时做出一些艰难的选择（Erwin & Castelli，2008；Graber & Locke，2007；SHAPE America，2014）。

学习环境中的情境因素

除了利用有限的时间进行体育教育外，还需要仔细规划，因为影响课程的还有背景因素（Moore，2013）。班级规模、器材和设施共同决定着可以教授什

么内容，气候也有影响。佛罗里达州和南加利福尼亚州的教师在一年的大部分时间里可在室外授课；而在安克雷奇，在温暖的天气中使用的网球场到了寒冷的天气会变成冰球场。

尽管专家建议体育课的班级规模不要超过其他科目的班级规模，但在体育课上，50 或 60 个人的班级仍很常见。为这样一个班的众多学生做计划是一个挑战，需要进行更多的思考和准备。学校的设施也各不相同，许多小学教师在冬季和下雨天要使用自助餐厅和多功能房间给学生上课；在恶劣的天气条件下，中学教师们通常需要同时挤在一个体育馆中为两三个班授课；体育教育器材也各不相同。虽然从教师使用三个红色橡胶草地球和两打木制球拍及垒球开始他的课程方案之后，器材已经改善了很多，但仍然缺乏足够的器材来教授各种运动和活动，导致很多方案无法实施。

最后，请记住，规划时最重要的任务之一就是了解学生的背景。并非所有的学生或班级都是一样的，同样是 5 年级，每个班也各不相同。学校也有所不同。情境因素随班级和学校、学生所生活的社区、学校环境之外的机会和障碍以及学生文化背景的不同而不同。难道就一定应该在市中心的学校教篮球技能，因为许多学生在课间、放学后和周末都打篮球？或者说足球技能就一定应该在郊区的学校里教，因为在那里，大多数孩子都有机会在 5 岁时就加入足球队？

这些背景因素要求你仔细规划，并根据环境调整课程。幸运的是，这些限制不会妨碍你开发出一个高质量的体育课项目，但这样做确实需要有创造性并进行深思熟虑的规划（SHAPE America，2014）。

教学内容知识

你的个人经历和背景也会影响规划工作。如果不太了解某件事（如舞蹈或韵律），你就需要花更多的时间来规划和发展专业知识，这样才能更好地从事教学工作。

教师专业知识通常被称为教学内容知识（Pedagogical Content Knowledge，PCK）（Ayvazo & Ward，2011；McCaughtry & Rovegno，2003）。PCK 包括总体上了解教学（教育学知识），了解一般内容（内容知识），了解学生和学生的学习方式，然后将这三种知识融合成一个整体（McCaughtry & Rovegno，2003）。在工作中看到专业人士时，我们都能认出来：他可以教学生拿扫帚柄跳波尔卡舞！本书主要论述 PCK 三个特点中的第一个：教育学知识。书中解释并提供了一些专家教师使用的教学工具的范例，你可以将它们放入你的教学工具箱中。

有些教师通过阅读或使用互联网来丰富他们的知识背景（见第 14 章），有些教师通过参加各种会议和研讨会，有些则请求其他教师帮忙。近年来，教师开始交流成功课程的视频，一些地区会组织每月的分享会，重点关注教师感兴趣的课题。

例如，小学体育教师有望成为几乎所有体育教育科目的专家——这与我们对课堂教师的期望是一样的。这意味着他们经常要想办法来学习新的活动项目，或者是那些在他们的师资培养项目中被忽视的内容，这样就可以为学生提供完整、全面的课程（SHAPE America，2014）。这也是规划工作的一部分。

中学教师经常发现自己需要学习新的运动、体育活动或技术，这将使他们的学生获益。近年来，因为有一名或多名教师努力学习在青少年中非常受欢迎的一些活动，高中学校就会将这些活动添加进学生的课程中，如轮滑、瑜伽、攀岩、普拉提、动感单车等。在某些情况下，学区要求教师只有获得相关的证书后，才能教授某些科目（如射箭、潜水）。

学校总目标

任何教师都有一个重要的责任，就是想办法为学校的整体目标做出贡献。作为一名体育教师，主要目的是开发和实施教学计划，根据国家标准和年级水平成果指标（SHAPE America，2014）的要求指导青少年走上一生积极健康的生活之路。此外，还可以根据所在州、地区或学校的情况，为实现全面的儿童发展的学校目标做出贡献。

体育教师需要做规划的另一个原因是，在很多情况下，他们认为学校领导和体育专家在为学校的总体目标做出贡献方面扮演着重要角色。许多学校都有综合性的学校体育活动项目（Comprehensive School Physical Activity Programs，CSPAP），其中包括高质量的体育课、课堂活动、上课前后的体育活动、员工健康项目、员工参与项目以及社区参与项目。学校经常要求体育教育工作者在整个学校的体育活动动员中提供指导或协调课前、课间和课外体育活动及校内的体育项目。

　　校长、班主任、家长和监护人都认为，营造积极环境的最好方法是让学生接受体育教育的价值。首先是分享体育课的年度计划、教学范围和活动顺序以及预期的学生活动成果。邀请人们参加体育课，在跨学科的学习活动中进行合作，并在课堂上参与书面评估。此外，你可以简要描述教师在课间如何使用活动休息时间。

　　可能会要求你结合美国一些州所采用的共同核心国家标准（Common Core State Standards, CCSS），在整合CCSS的过程中，你可能会提到阅读或数学标准，因为学生可以使用移动技能（如运球、跑步）来处理难题。高中生可能会制订一项个人健身计划，以满足"技术科目写作"的CCSS要求。

　　同样，一些学校也在专注于STEM（科学、技术、工程和数学）教育，鼓励学生专注于这些领域的专业知识，并激发他们精通这些领域的愿望。美国的一些州或学区现在承认小学和初中阶段的STEM学校，并鼓励所有教师将综合内容纳入STEM科目。如通过太阳系的行星轨迹和回答有关行星的问题来练习操控技能（如踢球、运球），从而将小学生学习太阳系的知识纳入体育课中。中学生可以使用活动跟踪环来跟踪日常的体育活动，阅读和解释所生成的图表，并设置和跟踪目标。

　　优质体育项目的目标与好学校的总体目标是一致的。作为一名体育教师，主要职责是提供高质量课程，帮助学生学习，积极面对自己，并与他人合作以达到共同目标。当体育教育规划符合美国国家和州的标准并且符合学校的整体目标时，这个规划将被视作是成功的。

　　因为各种条件和情况都是独一无二的，所以教师的规划需求也是不同的。规划工作是必要的，但并不一定是教学中最有趣的部分，因此，许多教师倾向于避开它。

技术秘诀　**与其他人一同规划**

　　在建立联系、发表想法和收集新想法方面，社交媒体可以是一个很好的方式，让你能够同世界各地的其他教师保持联系。你甚至可能会发现一个距离很遥远的人愿意与你一同创建一个文档来制订年度计划。

一些逃避规划工作的倾向

　　由于体育课的内容对许多学生来说很有趣，所以规划工作很容易被忽略。每一位体育教师都有一套技巧，可以用它们营造30分钟的快乐时光。正因为如此，人们很容易倾向于不去仔细地制订计划。

教师不做规划的另一个原因是，尽管人们普遍认为体育教育的目的是培养有体育素养的人，但并没有普遍一致的方法来实现这一目标。有些教师注重身体健康；另一些则强调运动技能学习。有些人把注意力放在认知能力上，另一些人则专心教授最新的游戏和体育运动，还有一些则强调与他人合作。并没有什么公认的目标。相比之下，数学和阅读教师似乎普遍接受和认可其课程目的。K–12体育教育国家标准（SHAPE America，2014）为体育教师和项目协调人提供了一个良好的起点，在其学校或学区的青少年体育最重要的目标方面达成共识。

一些体育教师不做规划的另一个原因与学校体育教育的认知价值有关。当某个领域（如体育、艺术或音乐）被低估时，教师很难相信其工作的重要性（Graham et al.，2002）。发生这种情况时，教师就很难把时间和精力投入到真正的教育计划中去。

许多管理者、家长和监护人都不了解素质体育课的价值。只要学生看起来很开心，没出现严重的伤害，或者家长或监护人没有抱怨，他们就对这个课程感到很满意。因此，人们对体育教师没有太多的要求。体育课与语文和数学课形成了鲜明的对比，例如，在语文和数学课上经常会测试和评估学生。随着体育教育越来越受到学校和管理人员的重视，人们开始在体育课上评估学生的学习并将其报告给家长或监护人，这要求教师具有更高的责任心，提供高质量的课程。结果是，经过良好规划的课程提供了更加明显的回报。

规划内容的格式和组成

如果在20年前写这本书，我们会建议采用单一的格式来进行规划。如今，教师有许多组织和规划内容的方法。不要期望单个计划可以让每个教师都获得成功。两项研究（Byra & Coulon，1994；Graham et al.，1993；Hall & Smith，2006；Housner & Griffey，1985；Placek，1984）以及过去50多年的集体教学经验告诉我们，在获得经验的同时，我们还会制订不同的计划。本节将规划工作分为两部分：教学成效和学年规划。第4章将会详细介绍日常规划。

教学成效

如本章前面所述，我们的目标是引导学生成为有体育素养的人（SHAPE America，2014），这个过程从学生刚上学时开始。你想让1年级学生在5年后进入初中时知道（能够做到）什么呢？你期望中学生在刚上高中时就已掌握哪些技能和知识？这些都是很难回答的问题，但很明显，如果真的想改变学生的生活，这些问题都是有价值和必须回答的。

需要多长时间来掌握技能？

以下列出的五项技能和概念是不同年级的学生在体育教育中期望达到的目标，这反映在美国体育教育国家标准（SHAPE America，2014）中。预估一下，你需要多少课时（或者多少分钟）才能让学生实现这些目标。把你的笔记与其他教师的比较一下；了解你对时间的估计与你描述的掌握技能或概念所需时间的差异（例如你对学生真正获得一项技能或概念的操作性定义）。如果你是一名新教师，请试着和一位有经验的教师比较一下。了解需要多少课时（或者多少分钟）才能达到以下目标？

- 结合学生的水平和体形，2年级学生可以在不同的支持面上展示平衡感（S1.E7.2a）。
- 3年级学生可以从一个搭档那里接住一个轻轻掷过来的一只手大小的球，展示某个成熟模式（S1.E16.3）的5个关键元素中的4个。
- 5年级学生可以有礼貌地向搭档提供正确的反馈（S4.E3.5）。
- 7年级学生可以在各种练习任务中用脚运球和传球（S1.M9.7）。
- 10年级学生可以制订一个练习计划来提高自己某些技能方面的表现（如打高尔夫球、网球发球）（S3.H6.L1）。

显然，使用国家标准中列出的年级水平成果来制定K-12课程体育教育方案时，需要确定教什么和什么时候教。表3.2和表3.3提供了两种课程范围示例（分别是一所小学和一所初中的），这与国家标准和年级水平成果指标相一致（SHAPE America，2014）。两者都考虑到了之前讨论过的因素，包括有限的时间和情境变量。这些课程范围和顺序将因地区而异。我们提供这些例子的目的是让你开始思考体育课的内容、什么时候教以及课程持续多长时间，而不是要你照搬这些内容来使用。相反，我们的目标是鼓励你思考，你认为应该在小学、初中和高中的体育课中教什么。

表3.2改编自《儿童运动》（*Children Moving*）（Graham et al.，2012）。该表列举了一个例子，说明在整个学年中学校或学区如何关注运动概念和技能主题。在小学低年级（K-2），更多的课程致力于建立学习环境，教授运动概念和走步技能；在中高年级（3-5），教学重点是操控一球或其他物体（如投掷、接球、击球）的技巧，然后在游戏环境中运用这些技巧。这个课程范围提供了指导，说明了在一年中要将多少时间投入到各个主题。下一步是将这些主题转换成日历，以阐明你想要教什么和什么时候教。最后一步是为每个主题制订课程计划，如第4章所述。

表 3.2　小学低年级和中高年级每周两天教学课程范围示例（每年 72 课时）

概念、主题、课程内容	小学低年级——每年课时数	小学中高年级——每年课时数
建立学习环境	3	2
空间意识	6	2
努力	4	4
关系	4	3
走步	5	3
追赶，逃跑，躲避	3	3
跳和着地	4	4
旋转	5	5
平衡	4	3
转移重心	4	5
踢和踢悬空球	5	5
抛和接	5	6
连发	2	4
控球	2	3
用球拍击球	3	5
用曲棍球球棍击球	1	2
用高尔夫球杆击球	1	2
用球棒击球	2	2
体育健身和健康	6	6
运动会和其他活动	3	3
	72	**72**

源自：G. Graham, S. Holt/Hale, and M. Parker, 2012, *Children moving: A reflective approach to teaching physical education*, 9th ed. (New York: McGraw-Hill), 30. © The McGraw-Hill Companies.

　　表 3.3 是一个由美国山区教师创建的初中体育教育课程范围。教师希望他们的课程范围包括与当地环境、文化和家庭有关的内容。为了确保能实现美国国家和各州的标准和成果，必须删除一些本来可能教授的流行的团队运动。例如去除了篮球，理由是喜欢篮球的孩子已经学会了打篮球。其他已经接触过这项运动的人并不喜欢它。因此，考虑到每个单元的教学时间有限，教师决定把篮球和其他一些常见的运动留给孩子们在校内外的活动机会，这些机会对社区中的孩子来说很容易获得。

表 3.3　某学区初中 6-8 年级课程范围（每年 18 周次）

单元	6 年级	7 年级	8 年级
射箭	2	2	2
自行车运动	2	2	2
飞盘高尔夫	2	2	2
健身	2	2	2
曲棍球	0	0	2
攀岩	2	2	2
韵律操和舞蹈	1	1	1
走软绳	1	1	1
足球	2	2	0
网球	0	2	2
排球	2	0	2
垒球和威浮球	2	2	0
每年总周数	**18**	**18**	**18**

　　请注意，表 3.2 中的小学课程范围列出了技能主题，而初中课程范围中使用了更传统的单元。随着学生的技能变得更加熟练，用脚运球的技能主题中所计划的活动可能与在足球场上看到的很相似。同样，如果初中生不擅长用脚运球，那么在某个足球单元中计划的学习任务很可能与用脚运球的技能主题所计划的学习任务非常相似。

　　技能学习过程会很自然地从孤立的技能训练逐渐过渡到动态游戏；这不是一种开／关式的转换。例如，用脚在自由空间中运球，结果是能在共享空间中运球突破（非竞争性）。在此之后，可以逐步在训练中添加更为激烈、更不可预测的变量，以弥补静态技能实践与动态游戏（Palmer & Hildebrand，2005）之间的差距。学习任务会逐步发展为合作运球和传球，躲避必须一只脚固定在一个点上的防守人员并用脚盘球，或者是躲避可在特定区域内移动但不能越过体育馆地板上画的线的防守人员，等等。所有这些都能让学生学习在游戏中用脚运球的技巧。再次说明，从孤立的技能训练到动态游戏的转变是逐步实现的，而不是突然明显地转变，可能需要几个月的时间，也可能需要几年的时间（Palmer & Hildebrand，2005）。

　　在理想情况下，学区要对 K-12 课程的范围和顺序进行规划，这样小学体育教育才能与初中课程衔接，然后进展至高中课程，就像美国体育国家标准和水平成果所建议的那样。不幸的是，这在体育教育中是很少见的。小学教育项目可能与初中项目吻合，也可能不吻合。这至少在一定程度上解释了为什么初中和高中教师经常大声问："他们在小学教了什么？"在交流日，教师一整天都会去不同的学校交流，因此可以帮助他们解答这些问题。在交流日之后，教师会以"我没有想到……"和"难怪……"开始他们的评论。

> 我认为篮球技能应该在小学教……
> 规则和正式游戏应该在初中教……

　　与学校中教授的其他许多内容相比，人们对体育课的内容了解不多，因此年级之间的交流尤为重要。例如，由于学生在 6 年级或 7 年级时会花几天时间来学习各项体育运动规则，因此没必要请小学专项教师提前教这些内容。对学生来说，在小学 4 年级时他们就已经学习了如何握球或投球，在 10 年级再教这些没有多大的意义。在理想情况下，学区应该采用全体员工应当遵循的 K–12 课程范围和顺序要求。

应该什么时候教？

　　与其他体育教育工作者（在理想情况下，包括从小学到初中的体育教师）讨论这些问题：

- 应该在什么级别（小学、初中还是高中）教授团队运动规则？
- 学生离开小学时，应该学到哪些基本的运动技能？
- 学习重要的身体健康概念时，重点应该放在什么水平？
- 在小学、初中或高中阶段，应该学习民间舞和广场舞吗？应该教授相同的舞蹈还是不同的舞蹈？

- 在各个级别，都可以从使用指垫、注意看球等基本要领开始教授篮球运球课程。哪个年级的学生应该已经掌握了这些动作细节，所以无须从这些要领开始讲解了？

很明显，随着讨论的展开，你会想到更多的问题，这些问题有助于我们在小学、初中和高中阶段的结果之间建立联系。在小组讨论中，你可以参考美国体育国家标准和年级水平成果指标（SHAPE America，2014）以及表格 3.2 和表 3.3 来指导讨论。

学年规划

你很难知道自己在未来的五六年中能完成什么事，但是知道你在一年内能达到什么目标会稍微容易一些。有些教师用日历来完成这个任务。他们列出了学年的天数和周数，然后在不同的日子中填入主题。一些教师认为，同一主题的一系列课程应该合并到多个单元中，这样学生才能获得最佳的学习效果（如用球拍击球；见表 3.2）。另一些人认为，多个主题应该贯穿全年，并围绕这些主题组织课程（见表 3.2）（Graham et al., 2012）。

在任何一种情况下，你都需要对学生在一个学期或一年中所能学到的东西进行实际评估。这些评估将作为这一年课程的指导。如果没有这样的评估，你可能会倾向于根据自己在某一天的感受来规划这一年的工作，而不是利用某个可预定方向发展的系统性规划。

不坚持学年规划的体育教师无异于没有学年规划的历史教师，这一类历史教师会在 4 月份宣布："我们需要在今年最后的 6 个星期完成这本书的下半部分。"因为年初将时间都花在不相关问题或无中心的讨论上，使得总体的发展方向出现了偏差。

我们到目前为止描述的内容可能表明，优秀的教师会不顾学生的实际进展而坚持某项规划。事实并非如此。如果学生没有掌握某个重要的概念、技能或策略，好教师就会在这方面花费比年度日程表指定的更多的时间。但是，他们会在考虑年度总体规划的同时重新调整课程，并尽可能保持课程进度不变。事实上，有些教师甚至会将附有单元和主题的日历都张贴出来，这样学生就能知道他们将学习什么、什么时候学习。这样做有一个额外的好处，就是可以避免经常出现的、几乎每个教师都会问的问题："我们今天要做什么？"

对于如何确定学年教学内容的顺序问题，不止一个正确答案。教师可以将内容集中讲授（连续的课程和任务都关注相同的技能），也可以分散讲授（集中一项技能或将主题的课程分散在整个教学期间，即一个学期或一年）。分散练习可以让你回顾重要的概念，促进学生记住并理解它。如果不进行分散练习，到了下一年，学生似乎已经忘记了关键概念。例如，在用球拍击球时，应该将球拍侧面转向目标，在一年中提醒他们三四次，每隔几个月提醒一次，这样学生记住重要信息的可能性就会远高于他们在 10 月的某一周内都在听这个重要的提示，然后直到次年秋天才再次听到（Graham et al., 2012）。

好吧，我们玩游戏用了 30 周，所以现在只好试着把舞蹈和体操集中在一年中的 2 周完成了。

研究表明，把练习分散在任务中（如打高尔夫球）可以提高对概念的记忆（Wright et al., 2014）。另外，对于技能较强的学生，则通常更适宜于集中讲授的实践方法。这在传统上看起来像是初中课程的教导单元（如一个排球单元）。初中教师必须确定将在特定的运动和体育活动上投入多长时间。完成一个单元应该用两三个星期还是六个星期？抑或是一整个学期？体育锻炼是一学期的课程，还是应该在每节课上强调？表 3.3 显示了一个学区对这些问题的回答。

学年规划必须现实才有实际价值。我们已经看到了学生在一周两次的课程中要学习（不只是简单地去做）的运动技能列表。这些列表一定是为了安抚某个主管或协调员或州部门，因为几乎不可能完成它们——即使是一位超级教师也不行。因为内容太多，一学年中没有足够的时间让教师做所有的事情，最终不过是让学生接触到这些体育技能，因为这些技能太多了。从这个层面上讲，学年规划就像一个不切实际的预算或饮食计划——写下来很容易，坚持却很难。

在体育教育中使用技术

作为体育教育方案的一部分，教师正越来越多地使用技术。我们的技术整合专家马修·波默罗伊和米斯蒂·沃伊切霍夫斯基提醒我们要记下一些注意事项，帮助我们将技术成功融入体育教育方案中：

- 在体育课中不要为了使用技术而使用技术——应该用它提升学习体

验（让内容更丰富、更精彩，可以对每个学生进行快速和频繁地评估，生成质量更高和更具体的反馈，在总结性评估中获得经验，从而获得更个性化和以学生为中心的学习机会）。

- 让技术来帮助你（例如，教师可以获得更多可在课后存储和访问的学生信息，更好地了解每个学生的知识水平，对即将到来的课程内容做出更好的调整）。

- 在学习环境不太理想的情况下使用技术，比如在学生太多或空间有限时，可以提供替代方法，加强学生对材料的学习和了解，同时保持高水平的身体活动，而不是坐着或站着等待轮到自己活动。

- 使用技术为学生提供以学生为中心的学习机会，实际上会减少授课或教师演示时间，让学生有更多的时间积极参与学习，并创造差异化学习机会。

- 如果使用智能设备，确保所有学生都能访问智能设备。如果允许学生使用自己的设备，但并不是所有学生都有这样的设备，那么要以小组或成对的形式完成活动。

- 创造性地使用技术可提高体育活动的水平，而不是像某些人认为的那样会约束体育活动。初中和高中的学生对体育课中的技术整合非常积极。

在本书中查找来自米斯蒂和马修的更多技术建议。

SHAPE America 的体育教育国家标准和年级水平成果指标（2014）推荐了学生应该在 K-12 体育教育中学习的内容。从某种意义上说，这是一种理想情况，很少有学校会让学生花时间去学习这份文件中列出的所有结果。实际上，你需要确定学生的学习会有什么成果，以及什么时候教他们。一旦做出了这些困难的决定，下一步就是为每个主题制订一个课程计划，以实现这些成果。第 4 章介绍了课程计划过程。

技术秘诀 统筹安排工作计划

作为一名教师，要面对的一个挑战是按照年级水平规划整个学年的工作，同时与学校的所有其他活动进行协调。

小结

如果你想要一个有针对性的方案来提高学生的体育素养，那么制订规划是一项基本技能。可从两个相对简单的问题开始：我要在我的课程中教什么以及我什么时候能教它？

五个因素（满足标准、有限的时间、情境因素、教学内容以及学校总目标）是长期体育规划的关键部分。每个因素都会影响课程中教什么（课程范围）和什么时候教（课程顺序）。

美国体育教育国家标准和年级水平成果指标（SHAPE America，2014）应该告知 K-12 年级的课程范围和课程顺序。有几张表提供了与年级水平成果指标高度相关的例子（见表 3.1），还有小学（见表 3.2）和初中（见表 3.3）的课程范围和顺序。

作为一名体育教育工作者，还需要考虑如何对内容进行排序（集中式与分散式）。长期规划对带领学生沿着实现体育素养的道路不断前行至关重要。

思考题

1. 不制订规划的后果是什么？你能想到过去可能由于规划不够和规划较好造成的影响的一些例子吗？

2. 教师为什么倾向于不制订规划？这与学生普遍反感课外作业有什么关系吗？

3. 想想你的学校或你曾就读的学校。在学校里，教师在规划时要考虑哪些情境因素［例如，我（GG）的小学没有草地，只有柏油地面］？

4. 所有教师（从新手到老手）都倾向于笼统地或过于乐观地描述他们的目标。他们为什么会这样做？

5. 表 3.1 根据国家标准列出了 2 级、5 级、7 级和 9 级的年级成绩。在 5 项标准（见图 3.1）中，你认为在体育课中哪项标准应受到重视？哪项标准应该最少关注？

6. 表 3.2 提供了小学低、中高年级的课程范围样本。根据情况修改表格，添加新主题，删除一些，然后对你所做的更改进行说明。

7. 表 3.3 提供了初中课程范围的一个例子。根据情况修改表格，添加新主题，删除一些，然后对你所做的更改进行说明。

参考文献

Ayvazo, S., & Ward, P.(2011). Pedagogical content knowledge of experienced teachers in physical education: Functional analysis of adaptations. *Research Quarterly for Exercise and Sport, 82*(4), 675-684.

Byra, M., & Coulon, S.C.(1994). The effect of planning on the instructional behaviors of preservice teachers. *Journal of Teaching in Physical Education, 13*, 123-139.

Coulon, S.C., &Reif, G.(1994). The effect of physical education curriculum development on the instructional behaviors of classroom teachers. *The Physical Educator,*(Early Winter), 179-187.

Erwin, H.E., & Castelli, D.M.(2008). National physical education standards: A summary of student performance and its correlates. *Research Quarterly for Exercise and Sport*, 79(4), 495-505.

Graber, K.C., & Locke, L.F.(2007). Chapter 7: Are the national standards achievable ? Conclusions and recommendations. [Article]. *Journal of Teaching in Physical Education, 26*(4), 416-424.

Graham, G., Holt/Hale, S., & Parker, M.(2012). *Children moving*(9th ed.). New York: McGraw Hill.

Graham, G., Hopple, C., Manross, M., &Sitzman, T.(1993). Novice and expert children's physical education teachers: Insights into their situational decision-making. *Journal of Teaching in Physical Education, 12*, 197-217.

Graham, G., Wilkins, J.M., Westfall, S., Parker, S., Fraser, R., &Tembo, M.(2002). The effects of high-stakes testing on elementary school art, music and physical education. *Journal of Physical Education, Recreation and Dance, 73*(8), 51-54.

Hall, T.J., & Smith, M.A.(2006). Teacher planning, instruction and reflection: What we know about teacher cognitive processes. *Quest, 58*(4), 424-442.

Hastie, P.A., &Vlaisavljevic, N.C.(1999). The relationship between subject-matter expertise and accountability in instructional tasks. *Journal of Teaching in Physical Education, 19*, 22-33.

Housner, L., & Griffey, D.(1985). Teacher cognition: Differences in planning and interactive decision making between experienced and inexperienced teachers. *Research Quarterly for Exercise and Sport, 56*, 45-53.

McCaughtry, N., &Rovegno, I.(2003). Development of pedagogical content knowledge: Moving from blaming students to predicting skillfulness, recognizing motor development, and understanding emotion. *Journal of Teaching in Physical Education, 22*, 355-368.

Moore, E., Johnson, C., & Thornton, M.(2013). Planning effective outdoor lessons for physical education. *Journal of Physical Education, Recreation & Dance, 84*(5), 11-13.

Palmer, S.E., & Hildebrand, K.(2005). Designing appropriate learning tasks. *Journal of Physical Education, Recreation and Dance, 76*(2), 48-55.

Petersen, S., & Cruz, L.(2004, May/June). What did we learn today ? The importance of instructional alignment. *Strategies*, 33-36.

Placek, J.(1984). A multicase study of teacher planning in physical education. *Journal of Teaching in Physical Education*, 4, 39-49.

SHAPE America.(2014). *National standards & grade-level outcomes for K-12 physical education.* Champaign, IL: Human Kinetics.

Wiggins, G.P., &McTighe, J.(2005). *Understanding by design*(2nd ed.). Alexandria, VA: Association for Supervision and Curriculum Development.

Wright, D.L., Sekiya, H., & Rhee, J.(2014). Organization of practice. In A.G. Papaioannou& D. Hackfort(Eds.), *Routledge companion to sport and exercise psychology: Global perspectives and fundamental concepts*(pp. 289-307). New York: Routledge/Taylor & Francis Group.

4

编写课程教学计划

我应该改变任务吗？我能提高学生们的体质吗？学生们感到厌倦了吗？

阅读本章后，你应该能做到以下几点：

- 解释任务进展的概念。
- 描述如何为技能水平较高和技能水平不足的学生设计任务。
- 解释提示（关键元素）的作用以及为什么它对高效教学至关重要。
- 讨论各种挑战，以及如何利用这些挑战提高学生对某项任务的兴趣。
- 描述每日课程教学计划的组成部分。

现在你已经决定了要教什么和什么时候教（课程范围和顺序参见第 3 章），下一步是制订课程教学计划。本章是三个"计划"章节中的第 2 章。第 5 章将介绍如何按照书面教学计划进行教学。本章的重点是如何编写每日课程，帮助学生实现在第 3 章提及的年级水平成果指标（SHAPE America，2014）。

编写每日课程教学计划

与年度计划工作一样，没有一种可以计划所有课程的正确方法。例如，一些新教师花很多时间编写详细的计划。他们查阅笔记和课本，并反思自己的经验，在美国国家、州或学区水平成果指标的指导下开发有趣的课程。一些教学创意可以在书籍和文章中找到，还有一些则来源于互联网。

正如你将在本章和下一章中看到的，有效的课程教学计划不只是列出一堆游戏或活动，而是会根据年级、班级和学生的不同而有所不同。因为小学体育专家通常每天教 7 ~ 11 节课，他们经常把班级合并（例如，1 ~ 2 年级，3 ~ 4 年级）。有的教师会为每个年级制订计划；其他人则使用不同的分组。初中教师教 9 年级的 6 节课只需要一个课程计划，那些教不同年级学生的教师每天都要制订一些课程计划（第一节课是瑜伽，第二节课是团体手球）。

完美的资源在哪里？

我（GG）还记得在我教书的第一年是如何计划课程的。我要早点到达学校，先喝点咖啡，然后到办公桌前。我一直想在某本书中找到当天的完美计划。然而，不久我就把六七本书摊开在桌子上了，因为我想找到实现那天教学目标的最佳方法。似乎没有任何一本书能将我希望一节课实现哪些目标的所有想法都写出来——即使是我与他人合著的书也不行！

本章末列出的资源可帮助你制订计划，用以教授以学生为中心的课程。

有经验的教师，他们为自己的内容开发了一种模式，通常打字或写字比新教师要少，因为他们的计划采用了心理过程的形式（Byra & Coulon，1994；Graham et al.，1992；Hall & Smith，2006）。尽管如此，由于多年的经验和洞察力，优秀教师似乎对课程的目标以及课程在一学年中所处的位置有一种敏锐的直觉。而课程的目标对学生和偶尔的观察者而言也很明确。

课程目标：可学习的内容

　　与课程教学计划和年度计划一样，课程教学计划的挑战之一是确定学生在规定的时间内可以学到什么（Graber & Locke，2007）。在课上，有什么实际可学到的东西？举个例子，你可能会列出 2 年级学生一节课的目标，如"用球拍连续向上击打一个物体"（S1.E24.2），或者初中生一节课的"连续跳投篮球"（S1.M2.7）（SHAPE America，2014）。如果有人问你学生在 25 分钟内能否学到这些技能，你很快就会意识到，要学会用球拍击球或连续跳投，需要更多的练习时间。相反，要侧面朝向目标而不是直面目标，或者篮球投篮要坚持投球，这些是学生可以在一节课中掌握的技能秘诀。

　　有趣的是，为一个 20 ~ 30 分钟的课程设定一个可实现的目标，作为一个可学习的目标（"侧面朝向目标"）时，你的教学方式会跟设定了不切实际的目标时有所不同：你可能会即兴增加更多练习来加深体会（教学内容知识），真正帮助学生学会侧面朝向目标。而当目标不现实时，如果不进行修改，课程似乎只是在展示一系列的活动（Griffin et al.，1993）。

　　编写课程目标时（如为某个时期实际定义一个可学到的内容），目标要尽可能具体，以便于实现。否则目标将是粗放型的，很难评估。例如，"学生将学习凌空踢球"的陈述不仅笼统，而且对 30 分钟的课程也不现实。相反，"学生在接住球并凌空踢球时学会弯曲膝盖"是一个明确的方向或中心，正如将在随后的章节中所看到的，这将成为整个课程的关注点。思考课程的目标时，专一性很重要。下面是编写课程目标时会涉及的有用问题：

- 这真的是一节 30 分钟的课时能够掌握的知识吗？也就是说，这是大多数学生在课程结束时能理解并展示的目标吗？还是在下节课或 6 个月后能理解并展示的目标？
- 我能够通过观察学生就真正了解我是否完成了这些目标吗？
- 别人能看出我是否完成了这些目标吗？
- 我的目标是否能让我知道该计划有多成功？
- 进行实际教学时，我是否思考了我的目标？还是那些目标只是纸上谈兵？
- 进行评估（检查并了解情况；见第 7 章）时，验证出学生是否掌握课堂可学的知识或关键部分了吗（见第 13 章）？

技术秘诀 **语音转换文本的应用**

　　开车上班时，你有时会有极好的课堂想法吗？使用软件将你的声音翻译成文本。你可以将笔记用电子邮件发给自己，为上课做好准备！

开发课程内容

在日常课程计划中开发课程内容，远不止是坐在办公桌前或开车上班时简单地计划几项活动那么简单。内容开发指的是设计或选择各种活动的动态过程，以便学生能实现你所设定的目标（可学到的知识）。这称为逆向设计或教学调整，它指的是预期结果（课程目标）与教学过程和评估相匹配（Davidovitch，2013；Peterson & Cruz，2004；Siedentop & Tannehill，2000）。你需要通过观察学生做出决定，并反映在你的计划中，然后问问自己，对于你周二上午 10：15 授课的班级教些什么最好？

要成为一位成功的教师，需要为学生提供指导以及练习机会，提供：

- 比试错法更快的学习知识的方法。
- 逐步开发内容，让学生循序渐进地提高。
- 从功能上理解正确的技能使用方式，这样学生不必在接下来的几年里花时间通过试错法改正因缺失指导和反馈而形成的坏习惯。
- 指导各种技能的使用，而不是只指导学生选择的几种技能，这样有望在接下来的几年里，让学生了解这些技能，例如球拍运动（SHAPE America，2014）。

在第 3 章，我们讨论了长期规划过程。本章将重点介绍如何开发课程内容（Rink，2013），通过选择任务（活动、练习），按照逻辑过程和教学上与长期规划（见第 3 章）相符的方式将这些任务组织起来。你选择的任务必须有助于提升学生的技能，具有挑战性，而且能激发学生的兴趣，从而让他们积极地完成这些任务。

技术秘诀 使用 **Evernote**

可使用 Evernote 应用在所有平台上编写大部分课程。然后在教学过程中使用手机访问每一节课，甚至可以将图片和视频融入课程中。课程结束后，可以将音频剪辑融入课程，以便日后回顾这节课程。如有必要，可以很容易地与其他体育教师或代课教师分享 Evernote 课程，甚至与学生分享。

课程教学计划的主要部分

课程教学计划的主要部分如下：

- 按逻辑顺序组织的学习任务（练习或活动）。
- 为如何有效且高效地执行任务提供指导线索（关键元素）。
- 激励学生不断练习任务从而得到提高的挑战。

建议你在制订计划时多准备一些内容，开发出大量的任务、提示和挑战。完成 15 项任务是一个很好的开始。世界上最糟糕的感觉之一是，在完成了所有的任务、提示和挑战之后，课堂上还剩下 10 分钟的时间。因此课程教学计划的内容可以丰富一些。这将有助于你了解要教的内容，在为不同年级和不同能力的学生开发和教授课程时节省很多时间。

任务

确定目标后，制订课程教学计划的下一步是开发连续的任务（也称为练习或活动），帮助学生完成这个课程的目标（可学到的内容）。连续的学习任务是一个合乎逻辑的、适应发展的任务序列，可促进学生开发技能、改善身体健康或理解概念。例如，最初的任务可能是把排球抛到空中，用前臂垫球传给自己，然后接住它。随后专注前臂传球的后续任务，从最开始的任务逐渐增加难度。可在一个课程中使用多个学习任务，将关注点转移到发球上，这是练好前臂传球后开始的新任务。

技术秘诀 **访问课程教学计划**

这里提供了允许你在教学期间从智能手机或平板电脑访问课程教学计划的应用！一个名为 Blendspace 的应用能让你快速创建课程，添加网络资源，使用内置的测试，甚至跟踪学生的学习进度。

课程任务开发应该从哪里开始？好消息是，对于许多你要教授的活动，可以根据你的个人经验和教师教育项目，制订一个很好的任务计划。许多好的参考资料也提供了从哪里开始的建议。美国体育教育国家标准（SHAPE America，2014）的年级水平成果指标是最理想的起点之一。

下面提供的一个连续任务例子改编自《儿童运动》（Graham et al.，2012），如图 4.1 所示。从这个例子中你会看到用手运球的渐进过程，它不是以年级水平为基础，而是以技能水平为基础。诸如此类的资源是开始开发连续任务的好起点。

你应该计划各个任务的顺序，让每个班中技能水平较高和技能水平不足的学生都能逐步掌握技能。这个概念很容易理解，但是还要不断改变任务，使它们与学生的能力相符。而且同样重要的是，按照合理的进度提供有用的练习机会，这个工作的难度更大，在第5章会详细介绍。

很容易找到或发明学生喜欢的东西。不幸的是，这些经验往往是一个死胡同，因为它们并不能提高运动表现（很多课程的目标）。如果只是想让学生开心，有趣的活动就很合适。但学校雇用专业教师，并不只是为了让年轻人娱乐。

学习如何制订良好的课程计划（主题专业知识）和学科教学知识需要时间和实践。一项研究（McCaughtry & Rovegno，2003）发现，新手体育教育工作者将无法完成任务归咎于学生，除非他们明白了良好的任务进展和分析需要他们对学生的运动技能发展拥有全面细致的了解。一名学员谈到有关孩子的这个问题时说："我过去以为他们（孩子）没有努力，现在我意识到，是我没有提供足够的关注。我们（其他的新手教师）太执着于任务的逐步分解，并关注他们做错了什么"（McCaughtry & Rovegno，2003，p.364）。

预控水平

- 拍球并抓住球
- 用双手连续拍球（运球）
- 用一只手运球

控制水平

- 在不同高度运球
- 持续运球并换手
- 用不同姿势运球
- 原地不动，在身体周围的不同地方运球
- 运球并移动

应用水平

- 运球和改变移动速度
- 运球并改变方向（如向前、向后、横向）
- 沿着不同的路径运球
- 绕固定的障碍物运球
- 在有对手时运球：一对一

图4.1　针对控球技能主题的任务开发进度

熟练水平

- 开始和停止；在运球时快速改变方向
- 与对手竞争运球（如三对一）
- 玩运球捉人游戏
- 移动中将球传给队友
- 在比赛中运球和传球
- 运球防范
- 运球和投球
- 使用哈林篮球队的运球和传球动作
- 打小场地篮球赛

图 4.1　针对控球技能主题的任务开发进度（续）

源自：G. Graham, S. Holt/Hale, and M. Parker, 2012, *Children moving: A reflective approach to teaching physical education*, 9th ed. (New York, NY: McGraw-Hill), 524. © The McGraw-Hill Companies.

　　即使有最好的资源，你毫无疑问也会让某些任务更容易或更难，以便与学生的技能和能力相匹配。这可以让你（无论是作为教师还是教练）以合乎逻辑的进度安排任务顺序。如果不理解内容，你的进度计划就可能是不平衡的（例如，从一个任务到下一个任务的难易跨度太大了）或者是没有效率（例如，这些任务不会提升学生的技能）（Hastie & Vlaisavljevic，1999；Quinn & Carr，2006；Stodden et al.，2008；Tjeerdsma，1997）。一般来说，通常改变六个因素就能改变任务的难度：运动的性质（静态与动态）、移动次数、学生人数、器材、空间和防守人员。并非所有这些因素都能应用于每一项技能。

> ## 当心互联网
>
> 　　正如你所了解到的，互联网上充斥着可以想象到的所有话题。有些信息非常棒。但是，其中一些文章是一些拥有很少或没有专业知识的人写的，他们自以为自己是专家。最重要的是，互联网上的某些东西并不能保证是准确的、值得花时间了解的，甚至不能保证是安全的。因此你应该聪明一点，确保所用的信息是由那些有资格和有见识的人所写的——并且与第3章中描述的内容范围和顺序有关。做一个明智的使用者！

运动的性质（静态与动态）

　　让任务变难的一种方法是将一种运动从静态运动（在固定空间中做的一种运动）变为动态运动（结合两个或更多运动并且经常改变空间），反之亦然。在跑动中扔一个球比简单地从一个站姿扔球更困难；跳起后滚动球比站立时滚动球更困难；在移动中运球比在一个地方站着运球要难得多。

移动次数

在一项任务中增加运动量也能增加运动的难度。跳跃并在空中做一个姿势，比简单地站在地板上做一个姿势更加困难。跳起来接球或扔球比静立不动接球或扔球要困难得多。以不同的速度和不同的方向滚动球会增加滚球的难度。

学生人数

学生人数是影响任务难度的第三个因素。涉及搭档或群体的移动，通常比单独移动更难。这在需要同步的运动中尤其如此，在这种运动中，学生必须与搭档们的动作相配合。对于较高年级的学生，在比赛或舞蹈中与四五个人配合运动较为复杂。要与同伴之间随着速度和空间的变化也能达到既定的空间关系，需花费大量的时间和练习。同样的道理，2 个人的比赛比 6 个或 8 个人的比赛更容易组织和实施。除了移动时要与他人保持既定的空间关系，学生还要学习与他人合作，以实现共同的目标（见第 12 章）（SHAPE America，2014）。

器材

改变器材是改变任务难度的另一种方法。在过去几年中，体育用品公司在设计儿童装备方面取得了巨大的进步。泡沫球、球拍和曲棍球棍都是很好的例子。出现了更小、更轻、色彩更丰富的球，当它们击中人时不会让人受伤。可以很容易调整高度的篮球筐和篮球网是很棒的教师辅助工具，塑料球拍和威浮球也是如此。事实上，成人器材在小学越来越少见。如果这种趋势持续下去，木制的球拍、垒球（不是软式垒球）、标准尺寸和重量的篮球、排球、橄榄球和足球，在小学可能会像现在的墨水瓶一样罕见。

成功的教师也会在初中和高中使用改进的器材。例如，让那些还没有掌握接球技巧的青少年使用泡沫球。在教授那些从未尝试过用球拍击球的学生打网球时，可以使用较短的球拍。

空间

学习空间的大小和形状也可以显著改变难度，或者是将教学重点放在一个可学会的部分上。例如，在教授动态环境中的投掷和接球时，二（进攻）对一（防御）学习任务是很常见的。很多时候，学生只是笔直地跑过去扔一个长传球。将场地的形状改变成三角形，投掷者站在三角形的底部，这将鼓励学生进行成功率较高的短传球。较大的区域更难防守，但让进攻变得更容易。如果课程的重点是防守，使用较小的空间可以获得更大的成功。锥筒和画点是在整个课程中用于调整任务空间大小和形状的奇妙工具。

防守人员

影响许多比赛任务进程的第六个因素是需要躲避对手。有防守人员时，试图运球、接球或踢球要比没有阻碍时困难得多。我们的感觉是，在过去，体育教师违反这个进展原则的情况比其他任何原则都要严重。在能够与对手进行比赛前，少年儿童很早就被教师置于比赛环境中了。技能水平不足的学生很快就得出结论说，他们的情况很糟，因为他们无法躲避防守人员——这种情况在小学、初中和高中体育课上仍会出现。这些少年儿童通常会求助于能胜任的旁观者（Tousignant & Siedentop, 1983）。他们应该尽可能地远离这些活动，而让技能水平足够的学生去上场参加足球和篮球之类的比赛。

帮助技能水平不足的学生实现成功的一种方法是逐步引入防守人员。例如，当学生在移动过程中可以很好地运球时，可以在一整节课中有一两次尝试夺球。所有学生都能熟练地应付对手后，可以将夺球者增加到 4 名或 5 名。

另一个不公平比赛的例子是在足球或长曲棍球比赛中，1 名防守学生对抗 4 名进攻学生。随着学生们在这种动态环境中的运动技能不断增加，比赛可改成 3 对 2。不平衡的好处是，不习惯有防守人员的学生有机会慢慢地融入这种环境，不会不知所措。这也是在小学中推荐两三个孩子一队来参加小场比赛的原因（Graham et al., 1992；NASPE, 2009）。

如前所述，用于开发教学内容的连续任务对于帮助学生在有限的时间内提高技能非常重要（Masser, 1987）。学生在 1 小时或 2 小时内学不会投掷、跳跃、平衡或有节奏地移动，这需要大量的练习。他们需要获得一些成功，然后才会愿意继续练习。这是麦克科瑟和罗韦尼奥（Nc Caughtry & Rovegno，2003）的一项研究中一位新任教师所提出的见解："你必须找到可能成功的内容，因为没有人想做自己不擅长的事情。如果你不想击球，那么你一整天可能都不想挥杆击球。他们（孩子）想要获得一些成功，这就是我们（教师）应该努力的方向"。

那么，任务（练习和活动）是如何出现在书面的课程教学计划中的呢？表 4.1 提供了一个小学各年级用手传球的连续任务的例子。在接下来的两部分中，我们会将提示和挑战添加到课程教学计划中，这样你就可以了解如何制订符合逻辑的计划。

多少次尝试？

我们经常想知道，学生从零开始学习某个技能，需要多少次尝试才能熟练掌握。想想职业棒球投手或舞者，他们在真正精通相关技能前投了多少个球或跳了多少次？这个数字令人震惊——一定是 5 位数，大多数运动员可能是 6 位数。

表 4.1　小学阶段学生用手运球的连续任务

用手运球的连续任务
• 站在方形地毯上，将球拍到地面并接住球 • 连续拍球两次，再接住球
• 用两只手连续拍球；让自己始终处于方形地毯上 • 用一只手拍球，然后换另一只手 • 在较高或较低的位置拍球
• 站在地毯上运球 • 忽高忽低地运球 • 换手运球
• 在地毯上走动并运球 • 加快运球速度，然后慢下来 • 换手运球

用手运球的连续任务
• 在常规空间里行走并运球 • 在较高或较低的位置运球 • 慢跑（加速） • 跳过、飞奔或滑行 • 击鼓时，停止移动，但继续运球 • 以弯曲的、笔直的和曲折的路线行走
• 在常规空间里，围绕一个搭档运球。每 40 次运球，换另一个人运球 • 以不同的速度和不同的路径运球

提示（关键元素）

学习过程要求学生采用最有效的方法来展示运动技能：正确的形式、技巧或策略。这些通常称为提示或关键元素（SHAPE America，2014），一般作为课程目标写在课程教学计划中。显然，某项任务（游戏或训练）可能适合学生的技能水平，但这并不一定意味着学生在正确地执行它。提示可帮助学生快速正确地学习技能，这样他们就可以避免养成坏习惯（Masser，1993；Pellet & Harrison，1995）。提示是教师反馈的基础（见第 9 章）。就像一名好教练经常给球员提供反馈一样，你可以告诉学生，如何利用与学习一起制订的课程教学计划中的各种提示来提高水平。

很明显，任何运动或体育活动的优秀指导教师所展示的教学技能之一，就是在正确的时间提供正确的提示。优秀的教师和教练会提供生动的脑海图像，让学习者专注于可提高表现的提示（Buchanan & Briggs，1998）。他们还提供练习机会，鼓励学生或球员关注这些提示。

缺少体育教育背景的人通常会在很多技能——接球、击球、踢球、踢空中球、打网球中用"盯住球"这个提示。有时这个提示是正确的，但更常见的是，这个提示并不适用——学生失球不是因为眼睛看向哪里。你可以提供适当的提示，让学生将注意力集中在运动的某个方面，为学生指明该技能的高效运动模式。

与按照合理的进度开发任务的过程一样，你需要了解一种运动的关键元素及其在少年儿童中的养成顺序，从而了解应关注哪些提示，以及什么时候应当关注这些提示。初学者使用的提示对高年级学生没有什么帮助，反之亦然。图 4.2 显示了可能对初学者和更高水平的学生有用的提示。作为一名体育教师，在提出各种运动技能的提示（SHAPE America，2014）时，你需要了解很多活动技能。与此相反，高中田径教练只需要知道适合某项运动的高级运动员提示。

> 记着将投球手臂对侧的那只脚向前迈一步。

　　由于那些技能可能是你非常了解的，而且因为时间太短，所以你可能会给学生安排相对于他们能记住或能使用的知识更多的任务（见第7章）。过去，体育教师在课前会解释并演示5~6条提示——并期望学生将它们全都记住！今天我们知道，一次只关注一个提示，效果会更好。例如，前滚翻时将下巴收拢到胸前（Schmidt & Wrisberg，2008）。指导内容包括简短的解释和演示，并在反馈（见第9章）时关注这个提示。采用这种形式时，你和学生正在考虑同样的提示（"把下巴收拢到胸前"）。如果同时给出若干个提示，学生可能会考虑其中一个提示，而你却在考虑另一个，从而导致反馈不一致（见第9章）。

肩上投球初学者提示（S1.E14.2 和 S1.E14.3）

- 身体一侧朝向目标
- 另一侧的脚迈出一步
- 手臂后摆
- 投球时旋转臀部
- 顺势向目标投球

肩上投球中高级提示（棒球）（S1.M2.6）*

- 快速投球、抖腕
- 大步冲向目标
- 使投掷臂呈 L 形状
- 腕部朝向另一侧的膝盖

图 4.2　初学者和较熟练学生的投球提示

比赛期间肩上投球高级提示（棒球）（S1.M2.7 和 S1.M2.8）

- 在抓球或准备投球时，侧向目标快速跳动
- 扔到正确的垒，阻止跑垒员前进
- 投球，让最前面的跑垒员出局

图 4.2　初学者和较熟练学生的投球提示（续）

源自：＊Based on Fronske 2012.

　　人们经常问我的一个问题是："你怎么知道要关注哪个提示？"最简单的回答是：仔细观察我们的学生（见第 5 章）！想要制订一个好的课程教学计划，其挑战在于选择一个最有益的提示，然后专注于这个提示，直到学生能够正确地使用它，然后再换另一个提示。作为美国体育教育国家标准的一部分，年级水平成果指标通常指的是一项技能的几个关键元素。例如，五个提示（关键元素）组成了用高尔夫球杆或棒球棒击球["紧握、站姿、身体方向、挥杆面和随势而动"（S1.E25.4）；SHAPE America，2014]的成熟模式。通过观察，你可以确定最有效的关键元素（提示），这些元素对不断发展所开发的课程任务是最有效的。例如，如果在某节课上观察到几乎所有学生都能正确地抓握球拍，那么教他们如何抓球拍就是毫无意义的工作。

　　开发书面课程教学计划表时，可将提示与任务放在同一行，这样就可以轻松地提供提示，帮助学生更好地完成任务。表 4.2 是将提示与图 4.1 所示连续任务中列出的任务相匹配的示例。我们建议在同一行中只设置一个提示，提醒自己关注对运动表现最重要的提示。这还会提醒你一次只关注一个提示，正如在第 9 章中详细介绍的。在这个例子中，提示"使用你的指垫"是一个关键元素，它可以指导学生在学习用手运球时不要用手掌拍球。

　　有时，虽然任务是合适的，但在计划中列出的提示却不合适。在这种情况下，可以为每个任务列出多个可能的提示，这样就可以选择最合适的提示，就像你选择最合适的任务一样。对于每一项任务，可以有多个提示，你可以根据内容知识和学生观察结果从中进行选择。

表 4.2　小学阶段用手运球的连续任务和提示

连续任务	提示
• 站在方形地毯上，将球拍到地面并接住 • 连续拍球两次再接住球	用指垫，而不是手掌
• 用两只手连续拍球；让自己始终处于方形地毯上 • 用一只手拍球，然后换另一只手 • 在较高或较低的位置拍球	用指垫

连续任务	提示
• 站在地毯上运球 • 忽高忽低地运球 • 换手运球	用指垫
• 在地毯上走动并运球 • 加快运球速度，然后慢下来 • 换手运球	用指垫
• 在常规空间里行走并运球 • 在较高和较低的位置运球 • 慢跑（加快） • 跳过、飞奔或滑行 • 击鼓时，停止移动，但继续运球 • 以弯曲的、笔直的和曲折的路线行走	注意看球
• 在常规空间里，围绕一个搭档运球。每运球 40 次，换另一个人运球 • 以不同的速度和不同的路径运球	注意看球

　　各个级别的运动员的教练员（从初学者到专业人员）都会不断提到基本知识。提示（关键元素）是基础要素！少年儿童需要练习和实践它们，以培养对体育的兴趣。例如，很多的成年人是用同一侧（不是对侧）的手和脚投球和蹬地，尽管他们以前大多上过体育课。教师会提醒他们要用对侧的那只脚蹬地，但提醒次数还是不够多，以至于他们无法记住这一点。只需花一两节课重点加强这个提示，就足以让大多数学生学会这个概念，当然，前提是他们会在今后的岁月里反复重温这个提示。

　　通常情况下，学生首先是能够描述一个提示，然后才能实际做到所描述的提示。首先学生应该理解这个提示，然后开始把它融入运动模式中，并最终经过大量的练习使这项技能成为他们无意识的动作。

　　了解提示的重要性以及一次只教一种提示的一种方法是，想象一下学习驾驶一辆手动挡汽车，而不是自动挡汽车。启动汽车时，你明白要在不损坏齿轮的情况下换挡，就必须踩离合器。你了解这一点，但你无法做到。经过多次尝试换挡后，这个过程变成了潜意识操作，你换挡时不会再想是否要踩离合器了。但是在学习驾驶时，正确踩离合器的方法是你需要掌握的提示。在了解这些之前，教师告诉你如何在雪地中开车或者急速驶入高速公路是没有意义的，因为你现在了解的提示适合停车场，而不适合高速公路。

　　同样的原理也适用于学习其他运动技能。如果合适，正确的提示对于增强学习效果和愉快地学习至关重要。在课堂上多次提到一两个提示，同时专注于适当的技巧，学生就会明确了解你在强调哪个提示，最重要的是，学生对此也很清楚。在教课过程（见第 7 章）中，他们可以回忆起这些提示，因为他们在整个课程中听到并观察到这些提示。

在一节课中，你可能想根据学生反应、他们掌握这个概念的情况以及将其融入运动模式中的速度来决定强调多个提示。但在大多数时候，由于我们已经解释过的原因，你应该一次重点强调一个提示。

挑战

学生不会因为你解释和演示了提示就能掌握这些提示。他们需要练习，很多很多的练习。但是，学生不一定能看到继续练习一项技能有何价值。对于练习和学习之间的联系，大多数学生既不理解也不重视。难题是如何保持他们对某项任务的兴趣，以便他们继续专注于提示，直到提示变成他们内在的潜意识。挑战，也称为应用（Rink，1994），旨在保持学生对继续练习任务的兴趣，而不会让任务对那些还没有准备好的学生而言变得困难。

挑战模式还有一个优势，也就是将任务放在可使用技能的环境中。例如，学生准备练习运球并将球带离防守球员时，他们应该在打正式篮球比赛前练习这个技能。你可以设计一种比赛，在该比赛中，除了两个学生，其他所有学生都在常规空间中运球。没有篮球的两个人试图从运球者手中抢球。随着学生的运球技能愈发熟练，你可以增加抢球的人数。在这个例子中，你可能会关注的提示（可学到的知识片段或关键元素）是"让身体位于球和抢球者之间"。

数学中的一个例子可以说明如何使用挑战法。教授一个简单的数学策略时，例如如何在长除法中缺项补零，优秀的教师会根据他们的教学内容设计出各种方法，让学生全面掌握这个概念，并能将其应用到其他问题上。效率低下的教师会介绍这一过程，但不会坚持到学生将其变成内在的潜意识为止；因此，学生期望用这个概念来解决问题时，就会遇到困难。

这一过程在体育教育中也适用。学生还不能把轻轻扔向他们的球打回去或不能用手准确地击球之前，就要求他们打一场正式的排球比赛是毫无意义的。那些还没有学会必要技能的学生，应该继续练习这些技能；那些具备必要技能的人，则已经准备好在比赛中使用这些技能了（见第 8 章）。

老师，你又把我落下了……

对教育（不仅仅是体育）的批评之一是，那些不像其他人那样能快速学习的学生会被落在后面。我立即想到了翻筋斗。例如，教师通常以互助式翻筋斗开始，然后是前滚翻、后翻滚、侧手翻、头手倒立、手倒立等。但是，许多学生需要停留在后滚翻阶段，他们还没有学会后滚翻，而教师却在不断地介绍新技能。正如本章所描述的，挑战学生的过程提供了一种方法来让那些已经学会后滚翻的人对活动仍保持兴趣，同时还要教授那些技能掌握速度较慢的人抓住提示的关键。下面是一些例子：

- "有些人可能想尝试连续两次后滚翻。"
- "你能和搭档同时开始和停止后滚翻吗？"
- "如果这对你来说很容易，你可能想连着做一个前滚翻和一个后滚翻。"

提供挑战是一种保持学生兴趣而不改变任务的技巧。随着任务的发展，你可以通过多种方式来挑战学生。读完这七项技巧时，你会发现一些技巧用在小学生身上的效果更好；其他一些技巧则在初中生或高中生那里反响不错。所有这些都是为了让运动技能的练习变得更好玩、更有趣。

重复

最简单的挑战学生的方法之一就是自我测试，鼓励他们达到你建议的目标，而不是让任务变得更困难。在下面的例子中，学生已经在做这个任务（例如，跳过一个圈，试图抓住一个球，然后运球）。他们继续完成这个任务，而你要挑战他们则是为了达到一个标准或目标。

这次看看你们能不能在数到 3 只鳄鱼的时候跳起来，落地，然后待着不动。

- "你能在一条线上连续三次跳过铁环并落地而不跌倒吗？"
- "你能抓住多少次飞过来的球？"
- "看看你能否打破以前的纪录。"
- "你的名字（或学校的名字，你所在的州或省的首府）有几个字母，就拍几下球。"

认知挑战

认知挑战是另一种让学生保持兴趣并继续练习某项任务的方法。这些挑战强化了他们在课堂上的学习，并让任务变得更有趣。

- "这一次，用球拍击球的次数等于这个问题的答案——10 除以 2。"
- 学生运球到贴在墙上（或地板）上的纸条处并回答纸上的问题，例如"弗吉尼亚的首府在哪里？"
- 学生跳过在课堂上学习的词汇（黏在地板上），并在腾空过程中大声朗读单词。
- 在健身房实施障碍课程。每次学生完成部分障碍训练（如跳过一条长凳，倒着从一个呼啦圈中爬过去而不碰倒它），就可以从障碍球场上的一个水桶里取出一个单词。要求他们用所拿到的单词组成一个完整的句子。

不用说，当体育教师强化课堂上的概念时，教室里的教师和校长都很高兴。

计时

另一种自我测试技术是有时间要求的。举几个例子：
- 学生试图跳跃和平稳落地。挑战他们，问："你能保持至少 5 秒平衡吗？"
- 学生将和搭档练习投掷、抓球、踢球或用球拍打球。挑战他们能否持续玩球 30 秒不中断。
- 学生跳绳，挑战他们连续跳 10 秒、15 秒，等等。

计分

一些技能（运动）适合于计分。当学生和防守人员比赛时（如二对二），可以挑战他们想办法得分。这会促使一些人练习更长的时间。有时分数可以是合作得到的（一对搭档能持球多久？）。虽然这并非总是可行的，但在学生可以做选择时，计得分似乎能让他们最卖力（只有在他们愿意时才进行计分；见第 8 章）。

一般来说，较熟练的学生对竞争感兴趣；他们会发现竞争很有挑战性，因为他们已经掌握了静态环境中的技能，现在希望在更激烈的比赛环境中应用它。他们会真正喜欢竞争，并从中受益。

重做

重做是挑战学生的第五种方法，在体操和舞蹈课中使用得较多。你可能会问学生，"你能重复这个动作，让两次看起来完全一样吗？"这是一个真正的挑战，尤其是当学生试图重复一系列动作时。与搭档一起完成一系列动作时会更加困难。为了提高挑战的难度，你可能会说，"想象我已经记录下了你的动作次序。让我们看看你是否能再次做到跟我记录的一样。"

录像或表演

上一小节中的视频是假设的。但在可以使用录像时，应鼓励学生为录制视频而努力完成他们的动作或舞蹈，从而提高他们的表演质量，这是非常激励人心的事情。各个年龄段的学生都喜欢在视频中看到自己。动作过程可能被录下来，这通常会激励学生继续从事他们可能因丧失兴趣而打算放弃的项目。显然，你希望他们继续提高运动质量。

另一种类似于强调的技术（在第7章中讨论）是，要求学生在课堂上向其他人展示他们是如何完成任务的。这个挑战会激励学生继续练习，让他们向别人展示其最好的表现。你可以通过各种途径来运用这个方法，例如：

- "所有在体育馆这一边的人都要做三次。之后我们进行交换，由另一边的学生来运作，这一边的可以坐下来，成为观众。"
- "哪个组想为其他同学演示一场比赛？"
- "我在寻找能在课堂结束前展示给学生看的、能清晰显示速度和水平的例子。"
- "史蒂夫（Steve）和珍妮（Jenny）找到了不同的平衡方法。让我们看看他们是如何解决这个问题的。"

年幼儿童的挑战

年幼儿童的运动词汇有限。因此，通过让他们结合两种技能来挑战自己通常是行不通的。考虑到4~5岁孩子的词汇量有限，注意力保持时间短，因此在一项任务中提供很小的变化就足够了（把任务稍微变化一下，而不是做大的变动）。下面的例子虽然微不足道，但能激发孩子的兴趣，因为它们适合孩子的发展。对孩子们来说，很小的改变也是新的挑战。

- "现在找到另一个不同的方形地毯并在上面保持平衡。"（平衡可能是一样的，但这次是在蓝色的而不是棕色的方形地毯上。）
- "扔完 5 次后，找一个不同颜色的沙包继续扔。"（扔的动作是一样的，不过现在是用一个黄色的而不是红色的沙包。）
- "现在看看你是否能在蓝线上行走而不会偏离它。"（他们面临的挑战是找到蓝色，尽管他们仍专注于在一条线上保持平衡。）
- "用绳子做出不同的形状，然后试着跳过绳子而不倒下。"（重点仍在跳跃和落地上；只是绳子的形状有所不同。）
- "现在转身，从另一个方向跳圈。"（任务已经从顺时针方向变成逆时针方向。）

在每个例子中，挑战仍保持相同。但孩子有机会尝试在新的环境下（对他们来说）完成任务。

与任务和提示一样，挑战是课程教学计划的重要组成部分。因为挑战不应该是新的任务，而是一种激励学生继续练习相同任务的方法，所以可在书面课程教学计划表中将它们与任务和提示放在同一行中。表 4.3 包括了与表 4.1 和表 4.2 中描述的任务和提示相对应的挑战。

表 4.3　小学阶段用手控球的连续任务、提示以及挑战

连续任务	提示	挑战
• 站在方形地毯上，将球拍向地面并抓住球 • 连续拍两次，再抓住球	用指垫，而不是手掌	每次拍抓球，转身面对另一堵墙，再试一次
• 用两只手连续拍球；让自己始终处于方形地毯上 • 用一只手拍球，然后换另一只手 • 在较高或较低的位置拍球	用指垫	运球时，轻声唱歌或哼曲子（如数鸭子）
• 站在地毯上运球 • 忽高忽低地运球 • 换手运球	用指垫	每拍一次球说一个字母。你能数到字母表的什么位置
• 在地毯上走动并运球 • 加快运球速度，然后慢下来 • 换手运球	用指垫	每绕一次地毯不丢球，给自己加 2 分。你能得到多少分
• 在常规空间里行走并运球 • 在较高和较低的位置运球 • 慢跑（加快） • 跳过、飞奔或滑行 • 击鼓时停止移步，但继续运球 • 以弯曲的、笔直的和曲折的路线行走	注意看球	当我举起手指，请告诉我有多少。经过某人时，请说出他的名字

连续任务	提示	挑战
• 在常规空间里，绕过一个搭档运球。每运球 40 次，换另一个人运球 • 以不同的速度和不同的路径运球	注意看球	你能赶上你的搭档吗？你与搭档的表现一样好吗

看看表 4.3 中这个课程教学计划表中的挑战。如果让学生用两只手在方毯上运球，让他们说出你举起了几个手指是没有意义的。但是，一旦他们能在常规空间中行走和运球，那将是一个合适的挑战。这就是为什么将任务、提示和挑战放在同一行的原因——提供一个基本合理的内容开发进度。很少有教师可以在没有经过深思熟虑和大量准备的情况下开发教学内容。对我们大多数人来说（包括作者），好的课程需要精心规划。

课程组件

现在我们已经表述完了一个课程教学计划的主要部分，我们认为提供一个完整的课程教学计划示例很有用。这个例子（见图 4.3）包括了课程主题和目标、即时活动（在第 6 章有详细介绍）和设置入门（也在第 6 章进行详细介绍）。还有一个第 4 列，描述了任务所需的器材、队形、分组（特别适合新教师）。这个例子的结尾提供了一个"小结"（见第 7 章），并为有特殊需求的学生做了调整。

除了一两个目标之外，大多数课程教学计划还包括：

- 采用的格式应表明课程主题、年级、日期，以及其他有助于记录哪个班级上了哪节课的课堂教学信息。如果你在同一周教授 20 个或更多班级，这一点尤其重要——特别是当你在不止一所小学教书时。
- 简单介绍可快速组织起来并富有启发性的课程。这一即时活动可能与课程的其余部分有关，也可能无关（见第 6 章）。
- 课程目的的简单介绍可激发学生的兴趣。这通常称为设置入门或预期设定。课程的这部分内容通常与前面的课程有关（第 6 章和第 9 章提供了关于其组成的信息）。
- 组织和转换思路。列出众多任务的一个目的是确保课程按逻辑顺利从一个任务进展到下一个任务。当一系列任务没有提前完成时，就会有一种倾向，就是开始跳过并忽略课程目标。列出器材或者描述如何组织任务，可帮助你快速从一个任务过渡到另一个任务。
- 最后通常包括一个结尾，这是一种放慢课程结束部分的教学速度的方式，并用以提醒学生注意重要的特征（见第13章）。很多教师通常使用与课程目标相关的一个或两个问题进行结尾，你也可以利用这段时间布置体育作业。

在一些课程教学计划中，你可能希望包括第13章中详细描述的评估，并为有特殊需求的学生（如听力损伤或使用轮椅的人）做出调整。

> ### 我记得
>
> 我（GG）记得曾观察过一名实习教师，她的课程重点是跳跃和着地。她决定让孩子们从圆圈上跳过去。在课程中，一些孩子开始拿起他们的圆圈，并试图当作呼啦圈用，其他人迅速效仿。最后，教师试着给孩子们展示如何去转呼啦圈——但这可不是她20分钟前开始关注的重点。

一些教师会使用教学计划书，也有人使用活页笔记本，许多人则使用笔记本电脑或移动设备来记录他们的课程教学计划。随着教师制定出各种课程的纲要，教师编写的计划通常会变少。出现这种省略是因为教师每周会上10～20节课教同一个主题，但是这并不是建议那些有经验的教师不做规划，规划还是要做，但有经验的教师所使用的格式不同于新教师。

除了课程内容的开发之外，教师还列入了他们年复一年发现的对个别课程有用的其他信息。图4.3列出了其中一些项目。

为有特殊需求的学生调整课程

这对于有特殊需求的学生来说非常重要，因为他们可能需要在常规的教学之外给予特别关注。图4.3中的课程教学计划是为一个有听力障碍的学生准备的。

对有特殊需求的学生实施教学的第一步是确定合适和可理解的任务。一定要考虑这些任务是如何组织起来的，并确保学生能够在各个任务之间顺利过渡。考虑一下如何使任务变得更容易或更困难，以及执行这些任务所需的时间，还有需要哪些帮助、额外的器材和边界。最后在适当的时候，将该学生纳入正规的课程，而不是让他单独完成。

如果你不确定如何调整课程以适应所有的学生，你所在学区中获得认证的体育教师可能会提供帮助。如果没有这样的专业人员，参加学生个性化教育计划（IEP）会议可以帮助你进一步了解选择策略，并帮助你制定符合课程以及学生独特需求的目标。此外，在你的学区或网上寻求职业发展机会，可以帮助你更好地了解美国国家体育最新标准（APENS），并确保将所有的学生都涵盖在你的体育课中。可以在不同的网站找到关于在线体育的有用信息，包括体育中心。

指导教师：史密斯（Smith）小姐

课程重点：用手运球

情景：小学低年级

器材：方形地毯和篮球（学生人手一个）

目标：用指垫运球（S1.E17.K，1，2a，2b）

即时活动（情绪兴奋剂）：建造者和毁坏者

课程入门：演示用手掌拍打一个球并失去控制，问学生他们在运球时是否曾失去对球的控制。在今天的课程中，你将教他们一个优秀的篮球运动员在不失去控制的情况下运球的技巧。

连续任务	提示	挑战	组织 / 转换
站在方形地毯上，将球拍向地面并抓住它 连续拍两次，再抓住球	用指垫，而不是手掌	每次抓拍球，转身面对另一堵墙，再试一次	每个学生一个方形地毯（铺设在常规空间内）和一个球
用两只手连续拍球；让自己始终处于方形地毯上 用一只手拍球，然后换另一只手 在较高或较低的位置拍球	用指垫	运球时，轻声哼唱一首歌或曲子（如数鸭子）	每个学生一个方形地毯（铺设在常规空间内）和一个球
站在地毯上运球 忽高忽低地运球 换手运球	用指垫	每拍一次球说一个字母。你能数到字母表的什么地方	每个学生一个方形地毯（铺设在常规空间内）和一个球
在地毯上走动并运球 加快运球速度，然后慢下来 换手运球	用指垫	每绕一次地毯不丢球，给自己加2分。你能得到多少分	每个学生一个方形地毯（铺设在常规空间内）和一个球
在常规空间里行走并运球 在较高和较低的位置运球 慢跑（加快） 跳过、飞奔或滑行 击鼓时停止移步，但继续运球 以弯曲的、笔直的和曲折的路线行走	注意看球	当我举起手指，告诉我有几根手指。 经过某个人时，说出他的名字	学生人手一个球

图4.3 课程教学计划示例

连续任务	提示	挑战	组织 / 转换
在常规空间里，围绕一个搭档运球。每运球 40 次，换另一个人运球 以不同的速度和不同的路径运球	注意看球	你能赶上你的搭档吗？你与搭档的表现一样好吗	搭档（最亲密的人；指派额外的人来创建三人组），学生人手一个球

结束：双手举过头顶。指出在试着运球时我们不想使用的手的部位，再指出我们想要使用的手的部位。

特殊需求（听力障碍）所需的额外变动：在上课前为学生助手提供一个书面的课程计划，让助手演示每一项任务或挑战，并在开始信号之前，给学生提供适当的指导或提示。

图 4.3　课程教学计划示例（续）

有目的的教学

请记住，某个教学理念或活动来自于著名的杂志、网站、专业会议或人们对它的赞不绝口，并不意味着它就适用于你的计划或体育教育。虽然乐趣很重要，但不要因为只是好玩才选择某项活动。看似有趣的事情，可能并不会提高学生的身体素质。我们希望这本书，连同描述了在体育教育中恰当和不恰当做法的 SHAPE America 实践文档（SHAPE America，2009），以及国家标准和年级水平成果指标（SHAPE America，2014），将帮助你成为一个知情的消费者。我们希望你所选择的活动符合美国各州和国家标准，并在课堂之间、主题之间以及每年的教学中能衔接起来。如果发现你感兴趣的活动已经列入了课程中，请询问自己这些问题：

- 它在什么地方与美国各州或国家标准是一致的？
- 在我的年度计划、课程范围和活动序列中，适合将它放在什么地方？
- 会提高或练习哪些技能？
- 它是否适合相应的练习（即所有学生都能参与其中）？
- 对我的学生来说，这项活动是否帮助他们有效地利用了时间？

最基本的是，你选择的内容应该有助于学生学习。

真是一个好游戏吗？

最近，我（GG）看到社交网站上描述的一个游戏真的很有趣。它看起来就像一个人类版的棋盘游戏"饥饿的河马"：4 个学生积极地尝试努力用球拍抓球，他们的队友在旁观并不断欢呼。每次只有 4 个学生参加活动——其余的都在等着！来自社交网站上的评论中，一些人（他们中的许多人都自称是体育教师）暗示已将这款游戏用在了体育课中，并在学生中大受欢迎。虽然这种游戏可能让一些人感到很兴奋，但我并不认为这是一个好的游戏。我的第一个问题是，游戏如何让孩子们的技能获得提高，并且我当然对大量的等待时间感到怀疑。让我感到困扰的是，教师们对这个游戏极力推崇，而我认为应该将它添加到耻辱榜上（Williams，1992，1994，1996，2015）。不用说，我没有在上面点赞。事实上，我希望能找到"不喜欢"按钮。我不禁想知道，那些喜欢这个游戏的教师，是把注意力集中在学生的学习上，还是只把球滚出去，让他们的学生一味在游戏中保持忙碌、快乐、良好的精神状态（Placek，1983）。我还想知道他们是否像专业人士一样跟得上时代的步伐。

小结

最初，制订课程教学计划肯定需要花费一些时间，而且可能很复杂。但随着时间的推移，如果课程教学计划使用了内容开发格式（包括任务、提示和挑战），那么你会发现制订计划花费的时间不仅更少，而且还为学生创造了符合逻辑和有用的课程。规划工作是一个动态的过程，在各个班级间可能有所不同。一个较为静态或线性的课程计划包括热身（健美操和在跑道上跑圈）、一两个练习和一个游戏。虽然这种格式已经使用了很多年，但它并没有引导学生学习和享受体育课。这种静态格式假定所有学生都是相同的。如果你是体育课上的学生，想想你的同学们，他们有相同的技能水平和兴趣吗？一个相同的课程计划对班上的每个人都适用吗？这就是我们分享不同的动态规划格式的原因。

一旦制订了课程范围和顺序（见第 3 章），下一步就是制订课程教学计划，实现年级水平成果指标中所包含的目标（SHAPE America，2014）。在我们建议的格式中，课程教学计划使用由列和行组成的表格形式。第一列是针对学生技能水平（见表 4.1）的连续任务（活动、训练）。第二列是提示（关键元素），帮助学生正确地培养技能（见表 4.2）。第三列包含了激励学生继续参与任务的挑战（见表 4.3）。任务、提示和挑战位于同一行，互相补充，以确保你恰当地使用它们。图 4.3 显示了一个包含所有部分的课程教学计划。

思考题

1. 与开发教学内容并帮助学生学习相反，有些教师只是简单地教一些有趣的活动，很少考虑连续任务或提示。他们的目标似乎只是让学生保持忙碌、快乐和良好的精神状态，但不一定是学习。你认为出现这类现象的原因何在?

2. 开发实现 5 级结果的 10 项连续任务（训练、活动），正如在年级水平成果指标中所描述的（SHAPE America，2014）。指出年级水平成果指标代码。

3. 选择一项你很熟悉的技能。列出三个可能用于初学者的提示和用于较熟练学生的提示。

4. 假设你正在教一个初中或高中班级，选择一个在这些课程中通常教授的主题，创建三个你认为能激励学生的挑战。

5. 使用本章所描述的列和行格式，为你熟悉的技能、概念或策略制订自己的课程教学计划。从一个或两个教学目标开始（可学到的知识片段），然后列出七个任务、提示和挑战。

参考文献

Colvin, A., Markos, N., and Walker, P.(2016). *Teaching fundamental motor skills*(3rd ed.). Champaign, IL: Human Kinetics.

Fronske, H.A., and Heath, E.M.(2015). *Teaching cues for sport skills for secondary school students* (6th ed.). San Francisco: Pearson Benjamin Cummings.

Graham, G., Holt/Hale, S., and Parker, M.(2012). *Children moving* (9th ed.). New York: McGraw-Hill. PE Central

Rovegno, I., andBandhauer, D.(2012). *Elementary physical education: Curriculum and instruction*. Burlington, VT: Jones and Bartlett Learning.

Young, D.(2011). Moving to success: K-5 curriculum.

Buchanan, A., and Briggs, J.(1998). Making cues meaningful: A guide for creating your own. *Teaching Elementary Physical Education, 9*(3), 16-18.

Byra, M., and Coulon, S.C.(1994). The effect of planning on the instructional behaviors of preservice teachers. *Journal of Teaching in Physical Education, 13*, 123-139.

Davidovitch, N.(2013). Learning-centered teaching and backward course design—From transferring knowledge to teaching skills. *Journal of International Education Research, 9*(4), 329-338.

Fronske, H.A.(2012). *Teaching cues for sport skills for secondary school students* (5th ed.). San Francisco: Pearson Benjamin Cummings.

Graber, K.C., and Locke, L.F.(2007). Chapter 7: Are the national standards achievable？ — Conclusions and recommendations. *Journal of Teaching in Physical Education, 26*(4), 416-424.

Graham, G., Castenada, R., Hopple, C., Manross, M., and Sanders, S.(1992). Developmentally appropriate physical education for children: A position statement of the Council on Physical Education for Children(COPEC). Reston, VA: National Association for Sport and Physical Education.

Graham, G., Holt/Hale, S., and Parker, M.(2012). *Children moving*(9th ed.). New York, NY: McGraw-Hill.

Griffin, L.L., Chandler, T.J.L., andSariscany, M.J.(1993). What does "fun" mean in physical education？ *Journal of Physical Education, Recreation and Dance, 64*(9), 63-66.

Hall, T.J., and Smith, M.A.(2006). Teacher planning, instruction and reflection: What we know about teacher cognitive processes. *Quest*, 58(4), 424-442.

Hastie, P.A., andVlaisavljevic, N.C.(1999). The relationship between subject-matter expertise and accountability in instructional tasks. *Journal of Teaching in Physical Education*, 19, 22-33.

Masser, L.(1987). The effect of a refinement on student achievement in a fundamental motor skill in grades K through 6. *Journal of Teaching in Physical Education, 6*, 174-182.

Masser, L.(1993). Critical cues help first-grade students' achievement in handstands and forward rolls. *Journal of Teaching in Physical Education, 12* (3), 301-312.

McCaughtry, N., andRovegno, I.(2003). Development of pedagogical content knowledge: Moving from blaming students to predicting skillfulness, recognizing motor development, and understanding emotion. *Journal of Teaching in Physical Education, 22*, 355-368.

National Association for Sport and Physical Education(NASPE).(2009). *Appropriate instructional practice guidelines, K-12: A side-by-side comparison.*

Pellet, T.L., and Harrison, J.M.(1995). The influence of refinement on female junior high school students' volleyball practice success and achievement. *Journal of Teaching in Physical Education, 15*(1), 41-52.

Peterson, S., and Cruz, L.(2004, May/June). What did we learn today？ The importance of instructional alignment. *Strategies*, 33-36.

Placek, J.H.(1983). Conceptions of success in teaching: Busy, happy and good？ In T. Templin and J. Olson(Dir.), *Teaching in physical education*(pp. 46-56). Champaign, IL: Human Kinetics.

Quinn, R., andCarr, D.(2006). Developmentally appropriate soccer activities for elementary school children. *Journal of Physical Education, Recreation and Dance, 77*(5), 13-17.

Rink, J.E.(1994). Task presentation in pedagogy. *Quest, 46*, 270-280.

Rink, J.(2013). *Teaching physical education for learning*(7th ed.). New York: McGraw-Hill.

Schmidt, R.A., andWrisberg, C.A.(2008). *Motor learning and performance*(4th ed.). Champaign, IL: Human Kinetics.

SHAPE America.(2009). Appropriate instructional practice guidelines, K-12.

SHAPE America.(2014). *National standards and grade-level outcomes for K-12 physical education.* Champaign, IL: Human Kinetics.

Siedentop, D., and Tannehill, D.(2000). *Developing teaching skills in physical education*(3rd ed.). New York: McGraw-Hill.

Stodden, D.F., Goodway, J.D., Langendorfer, S.J., Roberton, M.A., Rudisill, M.E., Garcia, C., and Garcia, L.E.(2008). A developmental perspective on the role of motor skill competence in physical activity: An emergent relationship. *Quest, 60,* 290-306.

Tjeerdsma, B.L.(1997). A comparison of teacher and student perspectives of tasks and feedback. *Journal of Teaching in Physical Education, 16*(4), 388-400.

Tousignant, M., and Siedentop, D.(1983). A qualitative analysis of task structure in required secondary physical education classes. *Journal of Teaching in Physical Education, 3*(1), 47-57.

Williams, N.(1992). The physical education hall of shame. *Journal of Physical Education, Recreation and Dance, 63* (6), 57-60.

Williams, N.(1994). The physical education hall of shame, part II. *Journal of Physical Education, Recreation and Dance, 65*(2), 17-20.

Williams, N.(1996). The physical education hall of shame, part III. *Journal of Physical Education, Recreation and Dance, 67*(8), 45-48.

Williams, N.(2015). The physical education hall of shame, part IV: More inappropriate games, activities, and practices. *Journal of Physical Education, Recreation and Dance, 86*(1), 36-39.

5

教学从课程计划开始

> 记住自己的位置。

> 马里奥（Mario）和切利亚（Chella）从不待在自己的位置。他们简直就是球霸！在 15 分钟里，我只打过一次球。

> 上踢球课时，学生学习如何穿着系带鞋子去踢球。有个学生穿着尼龙搭扣带的鞋子，看着我并跟我说'我不能练球了，因为我没有穿系带的鞋子'。

哈里森·松德格伦（Harrison Sundgren），
罗克堡，科罗拉多州
经体育中心许可后转载

阅读本章后，你应该能做到以下几点：

- 提供以学科为本和以学生为本的体育教育的例子。
- 描述在教学中提高观察能力的四种技巧。
- 解释一次仅提示一个关键元素的重要性。
- 讨论以安全教育为先的四个成功的教学内容开发（进展）技巧。
- 描述三种教学内容开发模式。

现在你已经编写了第 4 章介绍的任务序列、提示和挑战。下一步是按照你的课程教学计划进行授课。这包括不断地观察和评估学生来判断他们的进步，并根据观察结果和课程教学计划决定合理的下一步（Hall & Smith, 2006）。一边教授课程，一边通过获取的信息不断调整课程教学计划，这就是所谓的形成性评价（formative assessment）。

观察课堂，然后决定下一步做什么。这听起来似乎很简单，但实际上并非如此！用一个例子来说明这个观点。想象一下，有个小女孩正在穿鞋。你可能会试图帮助她，不过她已经知道如何系鞋带了，你还会去教她吗？当然不会。体育教育也是如此。成功的体育教师会观察他们的课堂，根据观察结果再决定教什么以及何时教（以学生为本的教学）。与此相反，低效的体育教师的教学则没有关注学生需要学什么、不需要学什么，然后对学生为什么提不起精神、没兴趣，或者感到无聊感到困惑（以学科为本的教学）。

以学生为本与以学科为本

本书前文中提到，高素质的体育教师会为他们的学生设计专门的教学项目。这些教学项目往往以学生为本。也就是说，每一堂课都是针对某一特定班级的学生而设计的。课程不是一成不变的，而是动态的，并且非常灵活（Davidovitch, 2013；Hautala, 1989）。例如，学校不会为 2 年级和 3 年级的学生设置投球或击球课程，也不会为 7 年级的学生设置防守课。因为每个班级的技能各不相同，你需要不断改变和开发教学内容。有些班级相对来说进步迅速；有些班级则可能不同于其他班级。总之，教学项目应该以学生为本，也就是说，任务、活动安排和所需时间都应该基于对学生的观察。

以学科为本的教学方式与以学生为本的教学方式是截然不同的。在以学科为本的课堂中，相同的课程会以同样的方式传授给所有 2~5 年级的班级。以学科为本的课堂的前提是假设所有学生的能力都相同，因此可以采用相似的学习进度。在这样的课堂中，教师的观察和分析并不重要，因为教什么内容以及教多长时间，在课程设计初期就已经确定下来了，而且无论学生的学习成败与否，它在整个授课期间都不会有什么改变。

以下以学科为本的两个例子可以帮助你更好地区分以学生为本和以学科为本的体育教育。第一个例子来自于幼儿园的一个班级。孩子都找好了搭档，每组孩子中有一个孩子拿球，拿球的孩子一边运球一边去追赶另一个手里没有球的搭档。这个任务十分有趣，不幸的是，这对班上的每个孩子来说都太难了，他们在立定运球时都无法控制好球，更不用说在追赶对方的时候进行控球。

尝试失败后，孩子们为了成功地完成任务，迅速进行了两方面的调整。有些本应该运球的孩子把球夹在胳膊下面，然后追赶自己的搭档；另一些孩子则索性抛下球，在体育馆里追逐自己的搭档。如果该课程的目的是帮助孩子提高运球技巧，那么这项活动显然失败了，孩子根本没有运球。然而，教师似乎并没有观察到这些，因为活动仅持续了几分钟，任务也照常完成了。

要求学生遵守正式的或成人的规则，是另一种以学科为本的教学例子。让我们以排球为例（同样适用于篮球、足球、垒球或夺旗橄榄球）。以下是我们经常看到的中学生按照正式的排球规则打球的情景：

- 有些学生怕球，喜欢快速地躲球，让更熟练的学生打球。
- 有些学生发球从来没有成功过。
- 因为没有几次成功的连续对打，因此有些学生很多时间都在捡球和等待。

排球是一项极好的运动，但前提是玩家要有一定的相关技能。以学科为本的教师可能会要求班级以比赛的形式打排球（官方规则），连续打几天，甚至几个星期。相反，以学生为本的教师会观察学生，分析他们的技能水平，并相应地改变玩法（第 8 章有关激励学生的内容中会提供一些很好的例子，说明如何调整内容，创造出以学生为本的课堂）。

我们今天有幸在许多学校中看到了以学生为本的排球课。例如调低球网，使用更软、更轻的球，让发球的学生更靠近球网发球，使球可以过网，允许球着地反弹，提供小组训练的机会，或者将绳子绑在椅子上或放在地上玩排球（Graham et al.，2012）。这些改变是基于教师在课堂上对学生的技能水平和特点的观察而做出的。

全班只玩一个球？

判断教师是以学科为本还是以学生为本的最简单方法之一，就是连续观察教师如何在同一年级的不同班级中授课。例如，如果有一位教师在所有 6 年级班级的授课程序基本相同，那么该教师更倾向于以学科为本；如果课程发生了改变（例如，任务被修改了，提示不同了），那么教师很有可能就是以学生为本的教师。还有一种判断方法就是观察在活动中使用了几个球。如果仅使用一个球，每个学生能玩好并且享受该过程吗？更进一步的情况是，全年球类游戏只使用这一个球会怎么样？

　　显然，以学生为本的体育教师会观察和分析他们的学生和课堂，并适时地做出调整。第 4 章描述了不同的班级可以简单地采用不同的课程教学计划开发模式。你在采用编写好的课程计划授课之前，需要先观察你的课堂，然后再确定相应的任务、提示和挑战。观察和分析是以学生为本的教学模式中重要的组成部分，因此本章第一部分的重点就是观察技能。第二部分描述了以学生为本的教师如何根据他们的观察来开发课程教学计划（任务、提示和挑战）。

观察技能

　　体育教师经常需要同时观察 25 名或更多的学生。优秀的教师会采用很多技能（观察技能）帮助自己分析任务、提示和挑战是否合适（见第 4 章）（背靠墙壁，观察四周，从来访者的观察角度，一次关注一个点）。这些技能有助于判断何时以及如何做出反馈和提示是最有效的（见第 9 章）。然而，仅仅了解这些观察技能是不够的，正如本书所述的所有技能一样，你需要在实践中运用这些技能。

背靠墙壁

　　非常有效的观察技能之一，就是背靠墙壁站着或站在边界线外，这样可以看到大部分的学生都在做什么。相反，如果站在他们中间，在任何时候，都有一半的学生你无法观察到（Arbogast & Chandler，2005）。漫画中的教师是在运用背靠墙壁的观察技能吗？

观察四周

优秀的教师会养成用眼睛不断观察教学区的习惯，甚至在回答学生提出的问题时，也总能知道其他学生在做什么。最开始的时候，最好的办法是有意识地环顾四周，你会发现从一边扫视到另外一边会花费 8 ~ 10 秒时间，可以较为轻松地观察学生都在做什么。随着你的不断实践，这慢慢会变成习惯。你必须时刻保持警觉，观察班上所有的学生。

来访者的观察角度

一个有用的技巧是，假设你在观察四周时正好有个来访者走进课堂，这个来访者会怎么看待课堂？想想如果这个人是校长、一位你大学时的教授、学校董事会成员、一位家长或监护人，情形会怎么样。这会帮助你摆正观察的视角，避免出现教师只被一两个孩子吸引住眼球，而没有看到其他孩子已经偏离任务的狭窄视野的情况。

我们应该也看到过在篮球运球课上，教师只把注意力集中在一个技术不太好的学生身上，结果没过几分钟就发现班上有好几个学生已将运球课变成了投篮和扣篮比赛。以来访者的角度去观察课堂，会有助于你提醒自己了解课堂上每个学生的重要性。

技术秘诀 在课堂上使用视频

视频在课堂上非常有帮助。可以利用你的学生在过去几年制作的视频或者你制作的视频来展示特殊的练习。视频可以通过很多种方式进行播放，包括可以将笔记本电脑连接到电视上，或者将手机连接到移动设备上。另一种选择就是将笔记本电脑直接连接到投影仪上。

一次关注一个点

通过观察一个动作发现问题，并以此提出建设性的意见，这不是一个容易掌握的教学技巧（Coker，1998）。有些人会认为这是最难的事情之一。能够有助于你成为更好的观察者的技能是每次只选择一个提示（关键元素）来观察。而不是在观察一个学生的表现后试图挑出他的所有问题，就像第 4 章中详细说明的那样，应该从课程教学计划的提示栏中选择一条重要的提示来进行观察。分配一个任务给学生，然后观察他们是否将提示结合到其运动模式当中。如果他们正确运用了提示，那么你就可以把关注点放到另外一个提示（关键元素）上。为什么要把关注重点放在学生已经知道的事情上？如果观察到很多学生会从给定的提示中受益，则应该强调该提示，同时提供具体的并且一贯的相关反馈（见第 9 章）。

例如，在 1 年级学生的踢腿课上，你可能只关注脚的内侧而不关注脚趾（S1.E21.2；SHAPE America，2014）。在一节带着曲棍球棒的 4 年级学生的曲棍球课堂上，你可能会专注于让学生在场上运球时尽可能地贴近球（S1.E25.4；Graham et al.，2012；SHAPE America，2014）。只关注并观察这些因素，直到你感到满意为止；也就是说，你的学生也同样理解了你的提示，并将其结合到了他们的运动中，因此我们可以将注意力转移到另外一个关键元素上了。

适合新教师的同样也适合有经验的教师！

我（GG）发现新教师很难观察到体育课上发生的所有事情，因此我常建议他们每次只观察一个关键元素。不久后，我在自己的课堂上每次也只关注一个关键元素。这确实行之有效，其实我不是一个新手！这种做法既简单又有效，教师和学生都会更加清晰地了解课堂上所教授的内容。

四个关键内容开发问题

就像在前面多次提到的，教学比较复杂，不能只关注一种教学技巧，教学技巧之间往往是相互交织在一起的。观察和分析的教学技巧没有什么分别，你必须时刻观察学生并提出各种疑问。图 5.1 说明了教师脑海中呈现的从观察中得到的问题，这些问题是按照优先顺序列出的。

学生的活动空间是否足够安全？

作为一名教师，你必须经常问自己学生的活动空间是否足够安全（见第2章和第10章）。显然，有些课程（如体操）会迫使你更加频繁地提出这个问题。每堂课都会有很多学生在一起上，因此需要一直观察课堂的安全情况。这是一个永远不能懈怠的问题。

学生是在做任务吗？

年初把时间都花在开发管理规范上（见第2章和第10章）的教师可能很少想到这个问题，有些课的任务导向比另外一些课要好。然而，这应该是一个在每堂课问很多遍的问题。有经验的教师会潜意识地问这个问题，因为他们已经养成了这种教学意识，这会使他们时刻想了解究竟发生了什么事情，这样即使不直接观察学生，他们也会很快知道问题所在。

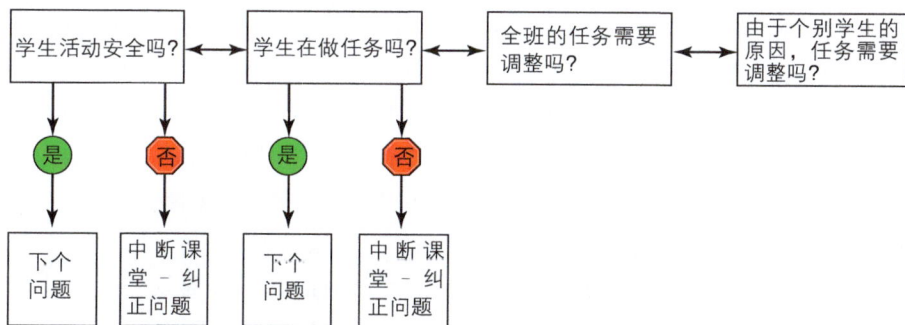

图 5.1　重点观察问题

源自：G. Graham, S. Holt/Hale, and M. Parker, 2012, Children moving: A reflective approach to teaching physical education, 9th ed. (New York, NY: McGraw-Hill), 121. © The McGraw-Hill Companies.

任务适宜吗

另一个问题应该在前面两个问题后提出来，直接与课程教学计划内容开发有关：任务或活动安排是否适宜？学生的成功率能达到80%，因而可以继续激励他们去练习吗（见第8章）？整个班级都需要提示，还是你只需与个别学生互动并提供单独的反馈？以学生为本的体育教师会不断地提出这些问题。每个班级的课堂都不相同，你应该以自己的课程教学计划作为指导方向，不断观察活动任务，判断它们是否适宜和有用（见第4章）。

学生如何利用关键元素？

如图 5.1 中的假设观察模式所示，如果能够确定学生是安全的，任务也是适宜的，那么下一个问题就是关于你所教授的关键元素的利用。起初，你可能全面地去观察班级，然后慢慢地开始关注个体。例如，整个班级都在打网球时，可以观察他们在打正反手时是否会转身。如果是这样，你不应将注意力放在他们移动的脚上，而是应该放在他们如何转身并对准目标上。然后你会从课程教学计划中选择另一个关键元素，例如跟随目标。

观察个体

除了通过观察整个班级并判断活动是否适宜，还需要观察个体，看看如何能帮助他们更有效地使用技能。做好这件事比听起来要难得多。

仅仅理解和分析一个动作是不够的。你还必须判断哪些提示和反馈会让学生受益最多。哈维·佩尼克（Harvey Penick）的观点是，掌握高尔夫的教师有助于以下讨论："有六种方法使高尔夫球杆变得更强或更弱：你可以举起或放下手，可以移动球的位置，闭合或打开杆面，调整球杆上的手。对每个人来说，没有正确答案"（Wade，1989，p.144）。如果已选择了反馈内容，佩尼克先生会提供这个明智的建议："你必须每次一点一点地修正你的游戏。这就像吃药一样，几片阿司匹林可能会治好你的病，但一次吃整瓶药可能会要了你的命。"

思索佩尼克先生的观点时，人们不禁想知道他会怎样建议一位负责教 25 ~ 30 名学生的班级的体育教师。我们不知道他怎样建议。但确信他可能也会认为，即使在理想环境下，分析动作也是一项艰巨的任务。显然，提供反馈（见第 9 章）的技能和基于观察获得的发展经验都非常重要。这会为学生长大成人以后一直享受运动提供捷径和相应的基础。

观察课堂，开发课程教学计划内容

在阅读完本章的第一部分后，我们希望你能确信观察是教学工作中重要的组成部分，我们还希望你能明白观察是一项具有挑战性的实践。虽然可以为任何一个班级或年级制订多个任务计划，但是必须选择学生所需要的任务计划，而不是课程教学计划上既有的学习任务。

不考虑学生的需要和兴趣所在，只教授课程教学计划中既定的每个任务（见第 4 章），这是一个以学科为本的教学例子。根据学生能力和兴趣进行内容开发的动态方法是指，从课程教学计划中的任何一项任务开始（可能不是第一个），然后根据需要调整难度。在第 4 章图 4.3 中的课程计划表中，包含一个运球任务和调整过程。你可能会让 2 年级 1 班的学生在塑胶场地上运球，而另一个班级的学生可以直接在体育馆或操场上运球。为什么？因为你了解学生（通过观察），并根据他们的能力调整了课程安排。

课程计划表中的下一部分是判断哪一项任务、提示和挑战会对课堂最有效。我们知道，按照课程计划表逐行地学习任务、提示和挑战会轻松得多。但我们同样也知道，正如你也知道的，这不是一种好的教学方法。那么教师应该如何开发他们的课程教学计划内容呢？

为了提供有效的练习，根据对班上学生的观察（形成性评估），你会有以下三种选择：

- 改变学习任务（练习或活动），使它更简单或更困难。
- 关注点集中在如何通过提供提示，使学生在任务中成为更有效率的移动者。
- 提供一次挑战，让学生有机会检测自己的能力，并激励他们继续努力完成任务。

这三种选择是具有挑战性的，因为班级不同，学生的能力水平也不同（Graham et al.，1992）。如果所有班级和学生都一样，课程安排就容易多了！这样你只需要看着时钟，关注何时从一个任务换到另一个任务就行了，而不用通过观察学生来评估他们掌握所学东西的程度。然而，仅靠时钟，你很难判断孩子练习一项特定的技能需要多长时间，以及他们下一步需要掌握什么技能。提供能让学生正确发展的体验要求你经常观察学生，并决定如何开发内容，让任务保持合适的进度。

一些内容开发模式已成为教师应对不同班级的方式。对这些模式的简要描述可能有助于你更好地理解教师应该如何改变任务、提示和挑战。为了帮助你更好地理解，可以将该模式绘制成一个图，如图 5.2 所示。纵轴显示了任务、提示和挑战，横轴以简单的数字清晰地呈现每个任务、提示和挑战模式的使用情况。你可以利用该工具并在观察者的帮助下制定自己的内容开发模式（或者你可以把一堂课录下来观看，然后自己把观察结果记录下来）。每次你停下整堂课，观察者会写下你所说的（总结要点），并在之后说明这是一个任务、提示或挑战。随后你可以分析一下观察者记录下来的内容，以解释课堂内容开发模式。

全任务模式

开始上课时，教师常常快速从一个任务切换到另一个任务。这种情况一般发生在教师试图了解班上学生技能水平的时候（见图 5.3）。这种模式也经常出现在

教师姓名＿＿＿＿＿＿＿＿＿＿＿＿＿＿　观察者＿＿＿＿＿＿＿＿＿＿＿＿＿＿＿＿

日期＿＿＿＿＿＿＿＿＿＿＿＿＿＿＿＿　班级＿＿＿＿＿＿＿＿＿＿＿＿＿＿＿＿＿

课程重点＿＿＿＿＿＿＿＿＿＿＿＿＿＿＿＿＿＿＿＿＿＿＿＿＿＿＿＿＿＿＿＿＿＿

说明：请写下教师对全班（不是向小群体或个人）所说的关于运动技能（不是行为规范或管理规范）的语句。有时语句可能需要简练一点，但要抓住教师的意思。课堂结束时，根据任务、提示或挑战对这些语句进行分类。按照它们发生的顺序绘制图表。你可能还需要利用表的背面记录所有句子。

1.＿＿＿＿＿＿＿＿＿＿＿＿＿＿＿＿＿＿＿＿＿＿＿＿＿＿＿＿＿＿＿＿＿

2.＿＿＿＿＿＿＿＿＿＿＿＿＿＿＿＿＿＿＿＿＿＿＿＿＿＿＿＿＿＿＿＿＿

3.＿＿＿＿＿＿＿＿＿＿＿＿＿＿＿＿＿＿＿＿＿＿＿＿＿＿＿＿＿＿＿＿＿

4.＿＿＿＿＿＿＿＿＿＿＿＿＿＿＿＿＿＿＿＿＿＿＿＿＿＿＿＿＿＿＿＿＿

5.＿＿＿＿＿＿＿＿＿＿＿＿＿＿＿＿＿＿＿＿＿＿＿＿＿＿＿＿＿＿＿＿＿

6.＿＿＿＿＿＿＿＿＿＿＿＿＿＿＿＿＿＿＿＿＿＿＿＿＿＿＿＿＿＿＿＿＿

7.＿＿＿＿＿＿＿＿＿＿＿＿＿＿＿＿＿＿＿＿＿＿＿＿＿＿＿＿＿＿＿＿＿

8.＿＿＿＿＿＿＿＿＿＿＿＿＿＿＿＿＿＿＿＿＿＿＿＿＿＿＿＿＿＿＿＿＿

9.＿＿＿＿＿＿＿＿＿＿＿＿＿＿＿＿＿＿＿＿＿＿＿＿＿＿＿＿＿＿＿＿＿

10.＿＿＿＿＿＿＿＿＿＿＿＿＿＿＿＿＿＿＿＿＿＿＿＿＿＿＿＿＿＿＿＿

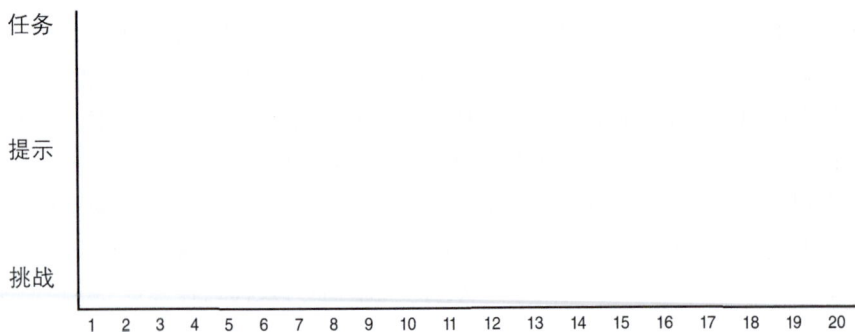

图 5.2　内容开发模式评估

教师姓名 罗恩（Ron）　　　　　　　　　　观察者 朱莉（Julie）

班级 斯佩克（Speck）女士的 2 年级　　　　日期 12 月 5 日

课程重点 用手运球

　　说明：请写下教师对全班（不是向小群体或个人）所说的关于运动技能（不是行为规范或管理规范）的语句。有时语句可能需要简练一点，但要抓住教师的意思。课堂结束时，根据任务、提示或挑战对这些语句进行分类。按照它们发生的顺序绘制图表。你可能还需要利用表的背面记录所有句子。

1. 用两手拍球；让自己始终处于方毯上

2. 用单手拍球；让自己始终处于方毯上

3. 在低位拍球；让自己始终处于方毯上

4. 用另一只手拍球；让自己始终处于方毯上

5. 绕着方毯走并运球

6. 在常规空间中走动并运球

7. 在常规空间中走动并在低位运球

8. 在常规空间中慢跑并运球

9. 在常规空间中跳跃并运球

10. 听到击鼓声时，停止前进但继续运球

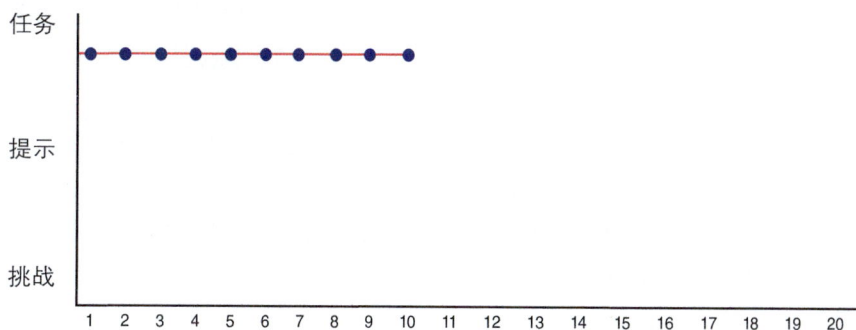

图 5.3　内容开发的全任务模式

不太会利用挑战模式并保持学生在同一训练中不断练习的新教师身上，每当他们觉得学生无聊时，就会提高任务难度，而不是在维持任务不变的情况下为他们提供挑战。

任务 – 提示 – 任务 – 提示模式

另一个常见的内容开发模式是重复任务 – 提示 – 任务 – 提示的模式（见图 5.4）。在这种情况下，你可能是在复习以前教授过的任务。如果课堂不是复习课，也就是说，如果每次提示都不一样，实际上学生无法真正学习（理解）提示的内容，因为他们根本没有足够的时间来掌握提示，更谈不上在日后记住它们。这可能经常发生在当今许多成年人身上，当他们无法正确掌握相反的观念时也会如此。简言之，教师没有观察学生的进步，没能把课堂所需的时间用来内化相反的观念上。

任务 – 提示 – 提示 – 挑战模式

先开启一个任务，然后多次遵循同一个提示的指令和示范，然后进入一个挑战（见图 5.5）模式，这表明这位教师是在真正开发可以使学生学好的教学内容（例如，强调高质量的运动并保持学生们处于相同的任务中，因为这比较适合他们的技能水平）。这种模式经常出现在经验丰富的教师身上，他们熟悉内容开发的过程，并努力帮助学生学习关键技能（Masser，1987）。

解读内容开发模式

可以先观察和分析内容开发模式，而不是草率地决定如何在课堂上开发内容。然而模式只能提供关于任务、提示和挑战及它们的使用顺序的量化信息。明确这一点很有帮助。

其实这与对任务、提示和挑战的质量做出调整相比同等重要。简单地使用特定的内容开发模式不能决定课程的质量。你需要在课程内容范围内对模式进行解读，同时还需要考虑学生的技能水平和经验、你之前所教授技能的次数以及任务的进展等因素。

此外，可以根据任务的适当性和有效性来判断任务、提示和挑战的质量。这样的模式在课堂上有效吗？为什么？为什么无效呢？你应该如何改进它？这是基于对学生行为的观察来确定的。假设你录下了一整节课，然后晚上回家回放。你可能会问自己如下问题：

- 在课堂上你是否理解并利用提示来强调某个方面？他们真的在快速地向球移动吗（那一堂课上的提示）？如果这是我在 2 周前（或 6 个月内）要求过的，

教师姓名 卡奇（Kakki）　　　　　观察者 玛里琳（Marilyn）

班级 布雷（Bray）女士的 2 年级　　　日期 12 月 5 日

课程重点 用手运球

　　说明：请写下教师对全班（不是向小群体或个人）所说的关于运动技能（不是行为规范或管理规范）的语句。有时语句可能需要简练一点，但要抓住教师的意思。课堂结束时，根据任务、提示或挑战对这些语句进行分类。按照它们发生的顺序绘制图表。你可能还需要利用表的背面记录所有句子。

1. 绕着方毯走并运球

2. 用手指轻拍，而不是用手掌轻拍

3. 在常规空间中走并运球

4. 盯住球

5. 在常规空间中走并在低位运球

6. 盯住球

7. 在常规空间中慢跑并运球

8. 试着把球放到前面

9. 在常规空间中跳跃并运球

10. 试着把球放到前面

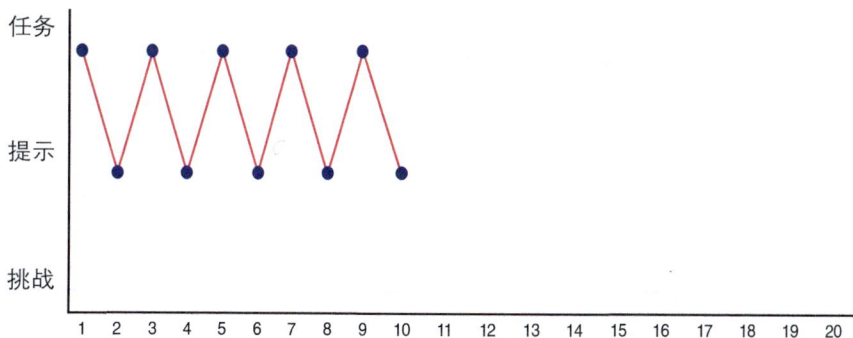

图 5.4　任务 - 提示 - 任务 - 提示模式

教师姓名 史蒂夫（Steve）　　　　　　　　观察者 维基（Vickie）

班级 桑德斯（Sanders）女士的 2 年级　　　日期 12 月 5 日

课程重点 用手运球

　　说明：请写下教师对全班（不是向小群体或个人）所说的关于运动技能（不是行为规范或管理规范）的语句。有时语句可能需要简练一点，但要抓住教师的意思。课堂结束时，根据任务、提示或挑战对这些语句进行分类。按照它们发生的顺序绘制图表。你可能还需要利用表的背面记录所有句子。

1. 在常规空间中走并运球

2. 用手指轻拍，而不是用手掌轻拍

3. 盯住球

4. 当我举起手时，请告诉我是举起了几个手指

5. 在常规空间中慢跑并运球

6. 盯住球

7. 试着把球放到前面

8. 当你经过某人时，请叫出他或她的名字

9. 在常规空间中跳跃并运球

10. 盯住球

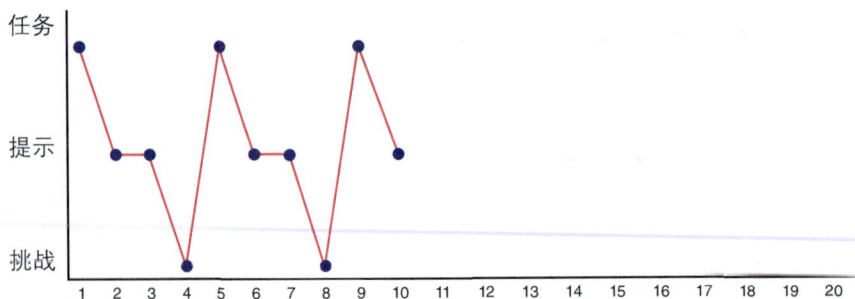

图 5.5　任务 - 提示 - 提示 - 挑战模式

他们还会记得那个提示吗？

- 那个提示合适吗？那是学生在开发他们的一项技能时真正需要的提示吗？
- 任务的进展是否很慢？还是太容易？（看看学生的成功率，判断他们是否对任务有兴趣。）
- 任务变化是否是不必要的或者变化太快？（教授五六个班级相同技能后，虽然你有些厌倦了，但学生却不会感到厌倦。）
- 挑战能激发学生进行更长时间的训练吗？
- 任务有助于课堂目标的完成吗？学生们是否得到充足的适当训练？

在办公室或家中相对安静的地方观看录像，比在混乱的课堂上能看到更多的东西。这是一个真正可以检验你教学内容开发质量的时间。

特别是在中学阶段，教师课堂上通常会集中教授一两个提示，然后让学生置身于一个游戏中，要求他们在游戏中使用这些提示。例如，教师可能会强调，在篮球或足球比赛中，身体应该在球和后卫之间并保持一定距离。学生会分成几个小组进行比赛（四对四）。当小组比赛开始时，教师继续强调身体在球和后卫之间保持一定距离的提示，这会成为反馈的基础（见第 9 章）。然而，很多时候，一旦比赛开始，教师没有再提及这个提示了。这样做有什么效果呢？

趣味性

在结束这 3 章关于课程教学计划的讨论之前，探讨体育课趣味性的目的也很重要。显然，没人会反对孩子在每一门课，如数学课、自然科学课或体育课上开心地上课（Griffin Chandler & Sariscany，1993）。学习过程变得很愉快对你和你的学生都很好。由于我们教授内容的性质，其实让体育课变得有趣并不是很难，至少对班里很多学生是这样的。问题往往源于乐趣成了体育课的唯一目的（Griffin Chandler & Sariscany，1993）。

如果体育课只不过是娱乐时间或类同课间休息，则很难证明将其纳入学校课程是合理的。特别是对于正面临是否能通过阅读、社会科学以及自然科学等科目考试及格线的孩子来说，体育课会带来压力。很少有人质疑国家标准下的体育课的价值和重要性（SHAPE America，2014）。乐趣并非一个标准！它是一个有效的、适当发展的计划的附属品。当体育教师被迫向学校董事会捍卫体育教育存在必要性的时候，乐趣就无法成为体育课不被取消或缩减的强大理由。越来越多的管理层、家长和监护人都希望看到，无论在什么科目中，孩子都能在学校里学到东西。如果体育教育赋予孩子有意义并且重要的目标（SHAPE America，2014），而且这些目标能够以娱乐的方式得以实现时，很少有人会提议取消这样的课程。当课程的目标仅限于趣味性，而没有任何明显的学习空间时，大多数人都会提议可以用课间休息或放学后玩耍来代替体育课。

不幸的是，很多人都认为艺术、音乐和体育类的教学都只是虚饰，正因为如此，教师负责任认真地教学，让学生从中学到东西就显得越发重要（见第 13 章）。与之形成对比的是，阅读和数学等核心学科是每个学生的必学科目。如果一些教师创造了趣味性阅读或趣味性数学课程，但很少或根本没有学生去学习这些课程，这些教师也会受到家长、监护人和校长的严格监督。学校应该是个有趣的地方，但是学习本领才是众望所归，并且应达到一定的教学标准，教师有责任完成这些任务。

体育教育的底线是学生要学到东西！他们既然在体育教育上花费了时间，我们有理由期待学生获得长久性改变，例如他们成为更好的跑步选手、投手、接球手、跳高选手、平衡木选手、击球手等。回顾以往的体育教育，这样的教学内容和传授方式（教育学）已经不能把孩子培养成有技能的运动选手了。这可能是因为学生在定向的技能学习上没有花太多时间（McKenzie et al.，2006）。从做健身操、跑操场一圈、做一两次练习、玩游戏等传统模式中得出的失败结论是，因为上述活动做得太多，所以导致体育教育的失败。观察一下一所高中或大学的体育课就能证实这个论点，在这里，你可以看到学生在做投接球活动，但在小学上过体育课的大部分学生还是不会投接球。

小结

以学科为本的体育教育明显不同于以学生为本的体育教育，因为以学生为本的体育教育很大程度上依赖于观察技能，包括背靠墙壁、观察四周、来访者的观察角度、一次关注一个点等。为开发出更好的课程教学计划，观察学生是否安全是首要任务。其次便是观察学生是否在执行任务，任务是否与学生的技能水平相符（有无太难或太易的情况），并留意个别学生在做什么。

上述四项观察技能和四个引导性问题会让你判断出任务、提示或挑战是否合适。以学生为本的教师在上课时会采用多种课堂内容开发模式。三种开发模式分别为全任务模式、任务－提示－任务－提示模式和任务－提示－提示－挑战模式，可以利用图表分析这些模式。判断内容开发模式的质量也很重要。

乐趣在任何学习环境下都很重要。然而，只注重乐趣而不注重学习本领，最终，我们不会得到一个高品质的教育项目。

1. 从某种意义上讲，观察班里学生与观看一场团体性体育运动类似，观察者很难注意到发生的每一个细节。描述一下可以用来观察团体性体育运动的策略，然后把它们与观察体育课的策略比较一下。

2. 从自身教学经验中找出两个以学科为本的教学实例，不一定局限于体育教育。

3. 举一个学科为本的体育教育例子，例如足球、曲棍球或垒球。描述一下你所做的改变，使之更加倾向于以学生为本的教学。

4. 本章描述了四种观察技能。哪一个技能你认为最容易实践？哪一个技能最难实践？为什么？

5. 一次只观察一个提示（关键元素）。为什么你会认为教师通常会试着同时观察多个部分？

6. 本章又描述了四个观察类疑问。哪一个比较容易实践？哪一个最难？为什么？

7. 本章描述了几种内容开发模式。从网上查找资料后，用一个空白表格列出你自己的内容开发模式，并描述一下可能有帮助的情况。

8. 想想你最了解的和你最不了解的体育项目或活动。观察技能会因此而不同吗？对比较陌生的领域进行观察时，你的具体计划是什么？

参考文献

Arbogast, G., & Chandler, J.P. (2005). Class management behaviors of effective physical educators. *Strategies, 19* (1), 7-11.

Coker, C.A. (1998). Observation strategies for skill analysis. *Strategies, 11* (4), 17-19.

Davidovitch, N. (2013). Learning-centered teaching and backward course design—From transferring knowledge *to teaching skills. Journal of International Education Research, 9* (4), 329-338.

Graham, G., Castenada, R., Hopple, C., Manross, M., & Sanders, S. (1992). Developmentally appropriate physical education for children: A position statement of the Council on Physical Education for Children (COPEC). Reston, VA: National Association for Sport and Physical Education.

Graham, G., Holt/Hale, S., & Parker, M. (2012). *Children moving* (9th ed.). New York, NY: McGraw-Hill.

Griffin, L.L., Chandler, T.J.L., & Sariscany, M.J. (1993). What does "fun" mean in physical education? *Journal of Physical Education, Recreation and Dance, 64* (9), 63-66.

Hall, T.J., & Smith, M.A. (2006). Teacher planning, instruction and reflection: What we know about teacher cognitive processes. *Quest, 58* (4), 424-442.

Hautala, R.M. (1989). The tape recorder teacher. *Journal of Physical Education, Recreation and Dance, 60* (2), 25-28.

Masser, L. (1987). The effect of a refinement on student achievement in a fundamental motor skill in grades K through 6. *Journal of Teaching in Physical Education, 6,* 174-182.

McKenzie, T.L., Catellier, D.J., Conway, T., Lytle, L.A., Grieser, M., Webber, L.A., Pratt, C.A., & Elder, J.P. (2006). Girls' activity levels and lesson contexts in middle school PE: TAAG baseline. *Medicine & Science in Sports & Exercise, 38* (7), 1229-1235.

SHAPE America. (2014). *National standards & grade-level outcomes for K-12 physical education.* Champaign, IL: Human Kinetics.

Wade, D. (1989, July). An interview with Harvey Penick—golf teacher for Tom Kite and Ben Crenshaw. *Golf Digest,* 144-147.

6

开始上课

> 开始上课后，1年级学生开始做热身活动，这时有个学生扭伤了脚踝，他一瘸一拐地走出了队列，说由于自己脚受伤了需要坐下休息。过了3分钟后，他跳起来说：'我的脚好了，可以归队了'。

丹·法伦（Dan Fallon），
康韦小学，康韦，新罕布什尔州
经体育中心许可后转载

阅读本章后，你应该能做到以下几点：

- 描述促使学生进入体育馆或操场后迅速开始活动的技巧。
- 描绘即时活动的利弊。
- 解释与入门指导和纲要说明相关的目标和技巧。
- 讨论做操跑圈等引导性活动的作用。

孩子们还在教室里，用眼睛瞄了一下时钟，现在是上午 10：25。体育课在上午 10：30 开始。孩子们将有 30 分钟活动和玩的时间，逃离教室束缚的时刻到了。他们心花怒放地走向体育馆。有些孩子兴奋不已，已经迫不及待地要开始活动了。

这样的情况经常出现在一些即将上体育课的小学生身上（希望是大多数）。教师开始上课的方式将决定孩子们在这几分钟内的感受。

就像很多小学生一样，一些青少年也渴望上体育课。然而，有些人并不那么迫切要上体育课；有些学生甚至不愿意上体育课，因为他们又要忍受一堂体育课。对于初中生和高中生来说，教师开始上课的方式同等重要，甚至更加重要（Smith & St Pierre，2009）。本章讲述了几种成功的体育课的开启模式。

即时活动

大多数儿童，希望大多数青少年也是如此，上体育课就是准备进行运动的。学生更期待运动一下，而不是一直听教师讲话。对于上体育课的初中生和高中生而言，他们的感觉要么是疲惫不堪，要么是昏昏沉沉。即时活动是一个唤醒学生的不错的方式，可以让他们的身体热起来、动起来。来到体育馆门口或站在室外时，鼓励他们活动活动。这是年初既定的计划之一（见第 2 章）。

即时活动的内容可与当天的课程有关，也可以是复习之前学过的内容。你可以利用短时间的即时活动教一些技能、常规实践（如跳绳）或热身。

为什么做即时活动

在进入体育馆之前，学生安静地坐等运动的开始，有些体育教师担心学生会失控。经观察，很少有教师利用即时活动开始上课。几分钟的剧烈运动后，学生很容易听从教师的指令。即时活动还能促使青少年离开更衣室主动去上课，特别是在可以选择更广泛的能力培养活动和兴趣爱好时。在开学初期，需要指导学生如何开始每一堂课（见第 2 章）。

相反，我们也观察到，在做活动前，有些教师会让学生在体育馆内或在操场上静静地坐成一排或一圈。这几分钟时间常常被浪费掉了，由于学生耐不住性子，身体开始扭动，交头接耳地聊天或是互相推来推去，其实这会使他们坐着的时间更长。

即时活动的另一个好处就是，学生可以在这一时段同你聊天，甚至他们相互聊天也不会影响到整个班级。任何一个小学教师都可以证明，尤其是低年级教师。他们发现总会有那么一两个孩子会讲话，内容包括从上一节课的内容到现在他们家里发生的一些琐事：买新电视机，掉牙，有关小妹妹或小狗的事情，街道上的事故，周末比赛或者新的电玩游戏。

　　青少年经常喜欢分享他们的一些经历和问题。有些人喜欢分享他们上一周曲棍球比赛时所发生的事情，另一些人则喜欢分享家人或朋友的问题，例如他们如何艰难地考取了驾驶证，甚至天气变化等问题。在开始上课的前几分钟，在学生做活动的时候，可以允许学生私下里和你分享一些时光。

即时活动需要多长时间

　　简单地说"需要多久就多久"。除了想让学生清醒、热身和活动身体，即时活动还能让他们做好学习前的预备活动。一般情况下，做几分钟的即时活动就可以，但有时也会花上 5 分钟或更长的时间。一分钟高强度的活动其实足以促使学生将注意力转移到当天的体育课上。活动时间的长短当然取决于学生本身，但是有些东西能够决定即时活动的时间的长短。碰到刮大风的日子或经历一个长周末后、节假日或临近同学会、学校集体照当天或雨天，再或者是校队重大的足球赛事来临之际等，即时活动可能需要花费稍微长一点的时间。因此，即时活动所需时间要通过观察课前和即时活动当中的情况来决定，不必限定时间长短。

技术秘诀 **即时活动二维码**

　　　　利用二维码开始即时活动是一个很好的方式。学生进入体育馆后马上就可以开始活动，接下来几分钟内应确保他们在执行任务。把 4 ~ 6 种不同颜色的二维码贴到四面墙上。给每位学生指定一种颜色，并按照顺时针方向做完所有二维码上扫出来的活动。你需要一部由学校提供的智能设备（如 iPad、iPod、智能手机），并从应用程序中下载免费的二维码阅读器（有些学校允许学生携带并使用他们的个人设备，可在这个时候用）。确保每位学生都有一部智能设备。将学生分成若干个小组可以减少所需的设备数量。创建二维码既简单又便捷。访问任何一个免费的二维码生成网站，就可以创建属于自己的二维码。友情提示：如果接入 Wi-Fi 受限，也可以创建一个文本格式的二维码。

与学生交流什么是即时活动

　　可以利用海报、公告、口头提示、学生设计的常规活动以及音乐等方式，使学生尽快融入活动中。

海报和公告栏

　　根据实际环境，可以在体育馆内张贴公告，告知学生如何开始即时活动（例如，去拿一根跳绳并开始跳绳）。也可以在体育馆外张贴附有以下指示的海报：

小学生海报

- 姓氏以 A 到 L 开头的同学，请在垫子上与搭档练习一组动作。
- 姓氏以 M 到 Z 开头的同学，请去取一个球，练习运球。
- 音乐停止时，请将器材移开，并围坐成一圈。

初中和高中生海报

- 请从体育馆四个角落里，选择任何一个你喜欢的器材，自己先开始练习，也可以与其他一名或多名同学一起练习。
- 听到信号后，开始做团队热身活动。团队是上节课由你组建的。

文字性的标语很奏效。以多样的方式提供任务的好处（而不是将同样的任务布置给整个班级），在于能够促使学生去阅读海报或公告，而不是简单地看一下前面几个学生都在做什么。

口头提示

当然，很多低年级孩子还不能阅读。在这种情况下，应确保采用学生都比较熟悉的即时活动，这样就不需要任何指令并能迅速开始活动。在课堂结尾时，可以以口头形式向学生传达下节课开始的方式，这样做效果也不错。例如，你可以说："下节课，长勺手套和球会靠墙放，进入体育馆后，请迅速地去取一个长勺手套和一个球，然后开始投接球活动。"由于两节课之间会相隔几天，很多学生会忘记上节课讲的内容。但是总会有那么几个学生记得，他们会快速提醒其他人。这可以成为常态，在刚开学时就可以开始实践。这能培养孩子认真听讲的习惯，并学着记住下节课应怎样开始。

和低年级学生一样，部分青少年学生会记得上节课的指示，但有些也会不记得。例如，在山地自行车的前两课上，教学生如何实施安全检测和安全骑行。在平坦的路面上进行短暂的试骑行之前，学生应学会先检查一下自行车的刹车、车链子、车胎以及头盔的状况。接下来正式上课时，以口头形式提醒学生："先进行安全检查，然后再骑车"。鼓励学生将此作为常规的即时活动。

学生自己设计常规活动

常规的即时活动可以由学生自己设计。在小学，教师一般喜欢让学生自己设计有趣的即时活动。例如，在投掷球课上，可以给每组学生一箱器材（5 种球、6 个锥筒、3 根跳绳、2 个橡皮鸡、8 个点标识），让他们自己设计出一套投掷球活动规则。可以将学生设计的活动作为隔天或下周上课时的即时活动，鼓励学生自已去拿器材，然后开始做上周自己设计的活动。

同样的方式也适用于中学生。每位学生都可以开发和制定自己的热身活动，包括跑步和一系列活动，例如卷腹、俯卧撑、引体向上及跳箱。这些活动可以作为持续好几堂课的即时活动。曲棍球队的即时活动由队员们自行开发设计，形成了每天 5 ~ 10 分钟的训练单元。该训练内容日后就可以成为曲棍球课堂的即时活动。

音乐

另一种方式就是以播放音乐的形式开始上课。在学生都到齐后把音乐打开，他们开始做即时活动，直到音乐停止。利用音乐的好处是准备活动时间可以较为固定。大部分歌曲一般时长都是 2~3 分钟，正好对应课前活动的时长。这也为中学生的课堂节约了时间。音乐可以把大部分的学生都调动起来，但要明智地选择适当的音乐，提前检查一下歌曲里是否包含不适宜的歌词。让行为规范好的学生为下一节课挑选音乐也是一种积极有效的做法，当然，在正式播放前，一定要先检查一下所有音乐。K–12 体育教育相关网站也提供了很多有关即时活动的建议。

沟通课程宗旨

几分钟后，即时活动结束。学生会围绕在你身旁，静静地听你讲有关当天课程的说明。作为上课开头的一部分，教师可以和学生一起围坐成一个圈；另一种做法就是，让学生靠近你站着或坐在你身旁。这正是说明当天课堂宗旨的好时机（Dyson & Pine，1996）。

实施入门指导和纲要说明，可以帮助学生更好地了解课程之间的关联性，诸如如何将体育课程与他们今天的生活联系起来，甚至体育教育会如何影响未来 20 年的生活。不需要花太多时间在这些宏观方面的描述上，回答以下关键问题其实最有帮助："体育教育的宗旨是什么？"以及"我们为什么要做这些？"

入门指导

作为一名成功的教师，不仅要告诉学生在课堂上他们需要做什么，还必须想方设法地去激发他们的兴趣和热情，使他们自愿参与到课堂教学中去。这种教学策略的技术术语叫作入门指导（也叫作认知指导或先期指导）。

入门指导旨在激发学生的兴趣，使其对体育课产生兴趣，了解上课的目的，并促使他们积极有效地开展训练。入门指导的优点是帮助学生了解为什么要在课堂上做某些特定的运动或任务，从某种程度上讲，这也是一种预习（Dyson & Pine，1996），有些人认为这是一种课程营销手段（Weiller，1992）。

技术秘诀 **制作动画演示**

想在电子互动板上简单地演示并介绍课堂内容吗？除了 PowerPoint，试着使用免费软件 PowToon 制作一个两三分钟的动画演示。制作时，可以运用 PowToon 数据库里的图片、声音以及文字，你还可以上传自己的音乐、照片甚至录音。学生很乐于制作 PowToons。

教师运用入门指导提高学生课程兴趣的示例如下：

- "进行跳跃运动时，如何安静地着地呢？能做到像小猫一样的静音着地吗？能做到如鸿羽一般着地吗？今天我想帮助大家练习安静地着地。"
- "还记得上周我们做了什么测试吗？没错，是引体向上。引体向上考验的是上肢力量。今天的课堂宗旨是教大家如何在家一边看电视一边提高我们的上肢力量。"
- "打篮球时，有人曾从你的手中夺走你的球吗？今天的课，我们要练习如何防止其他人夺走你的球的两个秘诀。"
- 站在离墙壁大概 3 米的位置上，球不脱手地快速击墙 10 次。然后说"今天的课，我想展示一下如何成为好的网球运动员的两个提示。"
- "比赛时，曾对朋友生过气吗？你们互相说过一些伤人的话语吗？今天的课堂宗旨是了解我们为什么会说一些伤人的话语，并找到避免让对方难受的讲话方式。"
- "有人说，如果你能投进篮，我给你 5 美元，你会选择从哪里投篮呢？为什么？当越靠近篮筐时，投中的机会就越大。今天的课堂宗旨是学习如何利用大屏幕和防守策略，让你的队友在打比赛时可以更近距离的投篮。"
- 把 3 支铅笔粘在黏土球上，然后问问班上的学生，怎样做才能使这个物体立稳。学生最后想出了将支架距离放宽并把球放低的做法。你跟他们讲："今天的课，我们就要采用与支撑基础和重心相同的原理来实现平衡。"

绝大部分情况下，教师都很清楚课堂的宗旨是什么，然而学生却一无所知。

通常在课堂结尾时，教师与同学们聊天时才会意识到这点，因为他们根本无法回想起课堂重点是什么。

今天我们要练习弹跳后落地的动作。我要教你们一个秘诀，帮助你们像一只小猫一样轻盈地落地。

做好入门指导其实不太容易，因为教师往往要在同一天给多个班级重复讲相同的内容。教完四五个班相同的体操课后，就会开始例行公事似的上课，而不再关心课堂的趣味性了。但是，教师需要铭记的是，不管你教过多少遍，对于学生来说，课堂内容都是崭新的。

这里发生了什么

观看一节体育课的前 5 分钟，事先录好的或是现场的体育课都可以。试着进入学生的世界，从学生的视角观察课堂的开头部分。课堂宗旨是否清晰？学生们知道要做什么吗？学生们有兴致上课吗？

纲要说明

当你自己还是一名学生时，有没有出现过这种困惑："我们在做什么？我不太清楚这堂课的宗旨是什么或教师说的重点是什么？一头雾水。"做完入门指导后，纲要说明就是有关课堂宗旨的一种交流，它将之前的课程和之后的课程贯穿在一起。纲要说明串联的是当年的一系列课堂和技能。学生通常很难认识到，课程其实是按照相应顺序编排好的，而且可以帮他更好地了解技能、概念或运动（例如，认识到课堂之间存在相关性）。把课程前后串联起来有助于学生更好地理解并做到正确看待课程。

111

这对儿童和青少年尤为重要，因为他们往往只专注于当下的生活。孩子们可能不会联想到，用球拍练习击球有朝一日会帮助他们得心应手地打网球、羽毛球或壁球，而且进步迅速。青少年很难认识到某项运动与坚持积极运动和适应生活之间存在某种联系。给学生讲解运动和运动之间的相关性，更多地像是建设初期在大楼外先搭建脚手架。这样可以帮助他们梳理出一个有关某一特定主题下的一系列课程宗旨的纲要。过去几年里，如果你比较擅长教学，通过多年的复习单元课程，可以逐渐丰富你的纲要。

可以采用不同的方式为学生制作纲要，包括张贴年度计划，教体育词汇以及坚持让学生记体育课笔记或日志。

张贴年度计划

有些教师，尤其是那些在一所学校里教学多年的教师，会在公告板上张贴年度计划（课程范围和顺序，见第 3 章）。这样就可以向学生展示整个课程的顺序和年度课程之间的相互关系，并附有指南。体育教师在大厅和自助厅与学生互动时，上述做法可以最大限度地减少普遍存在的疑问：我们今天要在体育课上做什么？按照上述做法，学生进入体育馆后，可以迅速看到当天的课程主题，立刻就知道接下来会发生什么。

虽然张贴年度计划很管用，但教师仍然很难清楚地了解一整年的活动所需花费的时间，尤其对于学校的新教师而言。有了在同一所学校多年的教育经历，你就可以较为准确合理地得出某个特定主题或单元所需的时间。

体育教育词汇

另一个有助于青少年（特别是小学生）理解体育教育纲要的技巧是，把项目词汇张贴在体育馆的墙上或体育教育公告栏上。不仅要以口头形式向孩子讲解课程，还应该以文字形式展示给他们看。这特别有助于学生提前学习日后要涉及的术语，而且对于学习阅读的孩子来说也有一定的意义。把这些词汇与班主任一起分享，协助他们把体育教育融入课堂教学。

笔记本

教高年级学生时（如 4 年级或更高年级），可以要求学生坚持记体育课笔记或日志。这有多种用途，其中一个用途是帮助学生用相同的术语和概念关联不同的课程（单元）。

笔记本可用作记录和参考：

• 把学生自行设计的游戏、动作序列或舞蹈，以文字形式描述出来，或以图画形式画出来，这样在以后的课堂中很容易回想起来。
• 制作全年学习项目的工作表（如肌肉和骨骼的名称）。
• 个人心率监测器或计步器结果可作为测试个人进步的一个标准。
• 记录在家做运动的表现（例如，对比一下做体育活动的时间和看电视、玩乐或打电玩的时间）。

显然，学生可以在不同时间、以不同方式使用笔记本。笔记本有助于学生理解体育教育项目的框架，从而理解整个课程。

采用传统方式开始上课

在本章结尾部分，我们想再次评论一下教师通常是如何以体操和跑圈等传统方式开始上课的，然后解释为什么有些人认为可以有更好的体育课开启模式。从以往的经验来看，一部分体育教师喜欢采用跑圈模式开始每堂课，然后再做操。例如做 20 个开合跳、20 个俯卧撑及 20 个仰卧起坐。从技术上讲，这只能算作一种即时活动。然而，显然有很多更有趣、更适当、更有效的方法开始一堂课，而不是一圈又一圈地绕着操场跑，以及一整年都在做单调乏味的体操。有些人可能认为体操和跑圈有强身健体的好处，但即时活动的宗旨是把学生从教室过渡到体育馆，或从室外过渡到准备学习的状态。

技术秘诀 **出勤记录应用程序**

清点人数比较花费时间，没有多少时间是可以浪费的，因为与学生在一起的时间很有限。有很多出勤记录应用程序可以帮助你快速记录学生的出勤情况，包括日期、迟到情况、学生调皮情况，等等。有一个比较容易操作的应用程序是Attendance。

体操

同以往一样，调查研究导致人们质疑体操的价值（例如，作为热身活动，学生们每节课都会做相同的体操）（Branner，1989；Graham et al.，1992）。体操是拉伸运动和肌肉锻炼的结合体，不需要任何运动器材（如仰卧起坐、俯卧撑、开合跳及跳板）。我们知道有很多种热身方法，理想的情况就是，通过运用体操和拉伸运动设计出热身活动，使学生的身体为参加某种活动做好准备（Anderson，1980）。

我们同样也知道，在过去做的某些体操无论什么时候做都对身体不太好。直腿触碰脚趾、直腿仰卧起坐和双手抱在头后面做的仰卧起坐，这些都有可能对儿童造成伤害，对成人也是如此（Anderson，1980；Branner，1989）。

研究表明，活动前的静态拉伸不能防止损伤（Weerapong Hume & Kolt，2004）。此外，许多专家也建议将拉伸运动作为课堂的放松运动，而不是热身运动。拉伸运动可以帮助学生放松和静下来，使他们可以重返教室，不仅如此，拉伸运动还有健身的好处，例如提高身体柔韧性等。

很多学校对体育课都有时限要求，而且在了解上述研究结果后，有些教师索性不做体操了。他们的即时活动是热身运动。放弃做操，他们采用传统方式开始体育课，如果你觉得对学习本领有帮助，也可以试着采用这种方法。应该教学生正确的做操方法，并且告知他们做操（或不做操）的缘由。例如，在教学生拉伸运动和柔韧运动时，可以把重点放在了解长、慢、静态的拉伸运动和动态的拉伸运动之间有什么差别上，当然这两种动作都要做到位（S3.M9.8；SHAPE America，2014）。高年级引入了 Tabata 操、高强度健身锻炼和健身站。我们并不是说所有的体操都是不好的，我们提倡在适当的场合下做它们，而不是将它们作为开始上课的即时活动。

跑圈

有些教师质疑用跑圈方式开始体育课的意义。将 3 ~ 5 分钟的慢跑（跑圈）作为热身活动可能有点帮助，但这样做其实无法改善心肺功能，因为改善心肺功能需要至少 15 分钟或更长时间（S3.H10.L2；SHAPE America，2014）。显然作为热身活动，体育课上的跑圈运动不是为了改善心肺功能，即时活动可以是跑圈的一个很好的替代。对学生来说，跑步不仅枯燥乏味，而且浪费时间，因为学生根本学不到东西，从中也得不到任何益处。

可以先让学生跑几圈，教他们如何调整速度进行快跑或慢跑，然后拉长一点时间，做过长跑测试的学生都会知道这些。然而没有学过控制节奏的学生往往会在跑第一圈时速度很快，到后半场时，基本上都是走下来的。注意控制跑步节奏有助于学生更好地理解跑步起初速度需要慢一些，这样可以避免跑到后面只能靠走来完成目标。

越来越多的小学在开学之初就提供慢跑或快走的机会。与其让到校的孩子坐着等 15 ~ 20 分钟，不如给孩子提供一个有关快走或慢跑的课程，并鼓励他们去实践。这样的课程项目把专注力放在孩子需要学习的重要技能、知识、意向和行为规范上，家长、监护人、班主任和助理教师都可以协助监督这项课前慢跑或快走计划。

与体操一样，我们并不是说在体育课上慢跑或快走是不妥当的。这无疑是一项重要的教学技能，从 2 年级开始，孩子会学习更加正式的跑步模式（S1.E2.2a；SHAPE America，2014），并了解慢跑和冲刺的区别；到 8 年级时，学生应该会参加各种自选的有氧运动，并制订一个包括有氧运动在内的交叉训练计划（S3.M4.8；SHAPE America，2014）。可以将跑步纳入各种健身课程，例如一系列针对高中生的高强度有氧运动训练。本章的目的是鼓励人们思考为什么要选择以体操和跑圈开启一节体育课，难道因为它们是传统模式？人们的初衷是想让学生学到东西吗？

小结

体育课最初的几分钟尤为重要。学生刚接触课堂，他们的好奇心和理解力被迅速激发出来，这样一来他们不仅能够成为热心参与者，还能从中学到很多东西。以即时活动开始上课可以帮助学生清醒大脑，让全身动起来，还能热身。有多种方式可以带领学生进入即时活动，包括张贴公告、口头提醒、学生自行设计的常规活动以及音乐。一旦学生准备好开始学习了，在上入门课时，就可以告诉他们即将学什么，为什么要学习这些内容。让学生参与其中，激发他们的好奇心和智慧，激励他们学习和实践，这样对课堂氛围乃至整个课程都有很大的帮助。

相应的网站、公告板和学生笔记本等方法都有助于构建整个学年课程的纲要，还有助于学生掌握需要在课堂上从何做起，以及即将开始做什么。最后，重要的是记住，不能因为在过去以某种形式开始体育课，就认为这是当今学校最好的教学方式。应该有更有效的方法，可以替代跑圈和做操来开始上课，还能顾及到每个学生的兴趣和能力。

本章相关的例子和讨论内容都说明了几种可以调动学生兴趣和热情的课堂开启模式。这当然不是开始体育课的唯一途径。本章重点介绍了开始上课这一阶段十分重要，成功的教师会想尽办法确保开始上课的方式与当天课堂的内容有关联，不仅如此，还会做到与以往和今后课堂的有关联。这促使学生对当天的体育课产生兴趣，还能帮助他们更好地理解课程是如何贯穿始末并影响未来的。

思考题

1. 已经在教室里待了好几个小时，终于到了去户外或体育馆的时间了，回想一下你会是什么感觉。相比坐着听开头几分钟的课，如果以即时活动替代，描述一下你的感受以及会作何种反应。

2. 如果不和学生说两句就直接让他们进入体育馆开始即时活动，有些教师会感到不适应，他们为什么会这样呢？如果教师要求学生立即开始活动，他们的感受会有什么不同吗？

3. 入门指导普遍存在于我们生活的许多方面，包括电视节目、书籍和讲座。提供三个能够激励儿童以及青少年的例子。

4. 想想入门指导的概念，以及它是如何激发学生对一门课的兴趣的。教师怎么说、怎么做才能让不同年龄段的学生对课程产生兴趣呢？

5. 一般优秀的教师会提供学生课程纲要，帮助他们更好地理解整个课程。还能想起来教师提供的纲要吗？还记得有些人不提供纲要吗？从学习者的角度，形容和分析一下它们二者的区别。

6. 如何看待以做操和跑圈作为开启体育课的方法？试着找一个持不同观点的人，并与其讨论你以这种方式开始上课的理由。

参考文献

Anderson, B. (1980). *Stretching*. Bolinas, CA: Shelter.

Branner, T.T. (1989). *The safe exercise handbook.* Dubuque, IA: Kendall/Hunt.

Dyson, B., & Pine, S. (1996). Start and end class right. *Strategies, 9* (6), 5-9.

Graham, G., Castenada, R., Hopple, C., Manross, M., & Sanders, S. (1992). Developmentally appropriate physical education for children: A position statement of the Council on Physical Education for Children (COPEC). Reston, VA: National Association for Sport and Physical Education.

SHAPE America. (2014). *National standards & grade-level outcomes for K-12 physical education.* Champaign, IL: Human Kinetics.

Smith, M.A., & St. Pierre, P.E. (2009). Secondary students' perceptions of enjoyment in physical education: An American and English perspective. *Physical Educator, 66* (4), 209-221.

Weerapong, P., Hume, P.A., & Kolt, G.S. (2004). Stretching: Mechanisms and benefits for sport performance and injury prevention. *Physical Therapy Reviews, 9* (4), 189-206.

Weiller, K.H. (1992). Successful learning = clear objectives. *Strategies, 5* (5), 5-8.

7

指导与演示

同样的内容已经讲了三遍，说第一遍时我就已经明白了。

> 我在教呼吸系统课程，说到'会厌'时，有个学生举手说：'布鲁克（Brooker）小姐，会厌听起来就像是高档意大利餐厅里的一道菜名。'

阿曼达·布鲁克（Amanda Brooker），
蒂格公园，卡里布市，缅因州
经体育中心许可后转载

阅读本章后，你应该能做到以下几点：

- 解释两种指导方式的区别：组织型和信息型。
- 列出有效的信息型指导原则。
- 描述教师和学生所展现的有效演示的特点。
- 分析课堂用时方式。
- 解释准确的定位以及如何有效运用它。
- 描绘理解度检验技巧及其在指导和演示中的作用。
- 讨论娱－教－娱模式在讲课和演示过程中的作用。
- 解释视频和其他科技如何激发学生对体育课的兴趣和理解。

课程已经开始 4 分钟了。2 年级学生一到达操场，就被要求跑动并采用不同的方式跳过地面上的地垫。3 小时室内课储存的能量爆发了。不断跳跃和充满笑声的连续奔跑，说明孩子的活动不仅可以而且应该在户外进行。在没有墙壁和桌椅限制的空间中，不受限制地自由活动几分钟，就可以营造真正的快乐。录音机里播放的范·海伦（Van Halen）演唱的"跳跃"一结束，孩子就知道这是停止信号，此时应该聚集起来围在教师身边。他们动作迅速，知道教师不会讲太久，而且听完后很快就会散开。完成入门指导和纲要说明后进行很短的指导和演示，可以帮助学生准确地了解将会做什么以及如何实践。等学生没有问题了，一声"开始"后，他们会迅速聚集到器材边上，开始执行第一个任务。

本章重点介绍课程开始阶段教师可以运用的两个教学技能：指导与演示。如果有效实施前几章介绍的理论，可帮助你在课堂上更好地发挥指导与演示的作用。当然你还会注意到，在要求学生做什么的时候，他们如果没有听或没有按要求中止，授课的质量就谈不上了，因为他们根本没有听你说什么。进行成功的指导与演示之前，无论你对这部分教学有多熟，必须让学生们注意你，让他们做好准备。一旦奠定好这样的基础（见第 2 章），学生就可以从你提供的指导与演示中获益。

指导

指导主要是给学生提供信息，而且不仅仅是用语言提供信息。多年来，有很多针对体育课的分析研究，这些研究无论是由个人完成还是由多人完成的，都给出了明确的结论：很多体育教师的大部分时间都花在讲话上，很多学生把大量的时间花在倾听、等待和纪律整顿上，而不是组织有意义的体育活动（Fairclough & Stratton，2006；Metzler，1985；Siedentop & Tannehill，2000）。教师需要讲话，但体育课上的学生需要的却是活动。本章阐述了在学生的活动时间不被占用的情况下，还能让他们学到东西的交流方式。

根据讨论目的的不同，可以人为地将授课指导分为两种类型：组织型和信息型。这种划分其实过于简单粗暴，而且是个错误的划分，因为这两种指导方式往往相互交织在一起。然而，我们还是希望通过上述划分，使教师向学生传达信息的过程更加清晰。

组织型指导

体育教育的挑战之一是在非限定的空间内组织大批学生进行活动。教室里有桌椅，有明确的位置。相反，在室外空间和体育馆里，只有线和墙等边界，草地上或许有几棵树或一个篮球架。那么体育馆、操场或球场的边界是什么呢？学生去哪里上课？如何避免他们彼此碰撞？

组织型指导会告诉学生需要与谁、在哪儿、用什么器材及做什么。在大多数课程开始时，这是必要的程序，一般情况下会在引导性活动后做这件事。清楚地说明并且学生也理解后，学生们就可以迅速开始活动了。但首先要确保学生已经知道第2章中提及的相关管理规范要求。如果他们不知道需要遵守规范要求，则应该要求他们这样做。因为如果学生交头接耳、随便玩器材或在体育馆里四处溜达，那么指导与演示就达不到预期的教学效果。

越过边界

在教育心理学课程中，老师应该明白的一点是，幼儿还没有成人的空间意识和概念。当我们观察到小学教师没能描绘清楚空间时，总会联想到这一点。通常，对规范进行解释说明后，教师问孩子："你们知道哪里是边界线吗？"，然后所有29名6岁的孩子一齐点头并异口同声地回答："知道"。接着教师会说"开始吧"。10秒过后，7个孩子兴高采烈地跑过边线，而且根本没有意识到自己已经越界了。检查孩子是否已经理解边界线概念的一个较好的方法是说："当我说'开始'时，请大家站在边界线上。"

组织型指导不会教学生如何投球或如何做静态拉伸运动，而是教他们如何安全愉快地投入活动而不必被打断。有效的组织型指导会回答谁、什么、在哪儿以及和谁一起完成活动等问题：

- 我在哪里做活动？什么是边界线？
- 我是自己做还是与其他人一起做活动？我与他人怎样组成一个小组？
- 我需要器材吗？在哪里可以找到它们？
- 我什么时候开始？什么时候停止？如果我提前做完了，应该做什么？
- 如果我有疑问怎么办？

显然这对于学生来说信息量很大，尤其是对于低年级儿童或新生来说。让组织型指导更明确的一种方法是：要求一个或多个学生（取决于活动）向其他人展示任务是如何完成的。

要求学生做完整个演示过程看似有点浪费时间，实则是在节省时间，因为学生可以在大脑中先想象活动是如何组织起来的。通过口头（教师解释）和视觉（学生展示）形式传达信息会更有效。运用这样的技巧对于低年级学生来说很重要，尤其是在刚开学时；在某种情况下，这种技巧对中学生也有很大的帮助（Valentin，2004；Weiss et al.，1992；Wiese-Bjornstal，1993）。

例如，在告诉3年级学生，他们需要选择一个搭档，去拿一个球和两个锥筒，并选择一个地方开始游戏后，你可以叫出其中两个学生，让他们讲解一下任务的开始阶段。你可以这样说：

> 洛伊斯（Lois），给我们展示一下如何开始可以吗？她首先选择了一个搭档麦肯齐（Mckenzie）。现在她和麦肯齐从一堆器材里面选择了一个球和两个锥筒，然后找了个位置。现在他们准备开始他们的活动了。感谢他们帮我们展示了如何开展这项活动。当我走过来轻拍你的肩膀时，请选择你自己的搭档并开始活动吧。

是否需要学生做演示取决于任务和班级的情况。如果班级之前已经做过这项任务了，而且学生都是好听众，就不需要再做演示了。

一般来说，通过演示来说明如何组织活动比较清楚一些。优秀的教师往往喜欢同时展示并说明组织活动的方向（例如，他们会边演示边说明）。在此期间，学生可以掌握学习捷径。例如，前几天当我（GG）观察一个课堂的结束部分时，教师说："现在我需要你们坐在两条线上"。我就想知道她所指的是体育馆里的哪两条线。孩子都知道，他们很快坐到门口的两条红线上并准备移动到走廊。

技术秘诀　视频演示的二维码

从分组训练到实践技能期间，你可以将自己录制的有关教课视频的二维码发布出来。这样做可以防止重复指示，同时不断地提醒学生有分组任务，并通过影像视频形式展示正确的执行方法。

信息型指导

通过组织型授课形式告诉学生们即将做什么，但却不能告诉他们活动应该怎样进行。有关跳跃落地、做成对称图形、长跑、区域防守或组建小组相关的指导都属于信息型指导。这也被称为讲课（Mustain，1990）。

成功的教师在提供技能（信息）指导时会遵循以下四个原则。

教学不仅仅是指导

指导只是教学的一部分，但是一般人认为这就是教学的全部。机智聪明的教师往往会考量其有效性。有经验的教师知道真正的成败取决于学生在做什么，以及他们对所做的事有何感受。这是在培养一种对体育活动的热爱。激励学生努力学习并继续实践，教师需要做的不仅仅是提供一套高效的讲课指导。如果教学和讲课是同义词，那么这本书可能只需要包含一章内容！

1. 一次一项内容

四项原则中的第一项就是保持简洁。对于初学者来说，在一节课上，听如何握球拍、如何发球、准备挥拍到如何真正挥拍等解释，信息量真的很大，甚至对于成人来说也是如此（Schmidt & Wrisberg，2008）。你可能差点被一个开车时发短信的人撞上。无法平稳开车是因为人不能同时做两件事，既发短信又开车。我们可以把注意力从一件事转移到另一件事上，但我们实际上无法同时专注于两件事。解释并演示一个内容时（如水平挥拍），学生会更加容易记住相应的概念，并将其结合到自己现有的知识框架里。如果你同时解释多个概念，学生在实践时就不知道应该采取哪种做法了。给学生如何（或没有做到）水平挥拍提供反馈时，一次指导一个事项尤为有效（即，与指导一致的反馈，见第9章）。

显然，在某些情况下，特别是其中一个概念如果是对过去某节课的回顾时，你可以展开多个概念。然而在绝大多数情况下，教师提供的信息量都超出了学生

我喜欢他
通俗易懂的讲解
方式。

的消化能力，虽然学生竭尽全力地想要记住所有概念。这里的关键点在于你不是在展示整个技能或概念，而是在展示某个特定部分（Oslin et al., 1997；Parson, 1998）。这并不是说在一节课上只能教一项内容或一个概念，可以教若干个内容或概念，但不应该同时教。根据你对学生的观察，我们再看看下一个概念。

2. 保持简短

一次解释一个想法的另一个好处是可以做到言简意赅，这也是有效指导的第二个原则。学生更愿意倾听，因为他们知道指导会很简短，他们很快就可以回去做活动了。想一想如何将指导时间控制在 60 秒之内，或许你也可以采用简短指导与学生的技能或概念演示相互交替的方式。

坚持这一原则，避免养成重复解释两三遍的习惯。新教师特别容易养成这样的习惯，因为他们试图用词汇来提高解释力度，或是注意到学生脸上的困惑表情。在许多情况下，是因为他们没有探讨过他们想要教什么，内容对教师来说也比较新（Brown & Brown, 1996）。接下来就是一些学生一开始还听得进去，到了下一个内容他们早已没了耐心，有些人宁愿直接等到第二或第三个解释说明，因为他们知道教师会不止一次地解释一个内容。再者，第一次可以通过边说边演示的方式，以更加清晰地指明方向，减少学生的困惑。

"呃" "嗯" "好吧" 和 "你知道的"

对于教师来说这种情况很普遍，尤其是刚入职没多久的教师，当他们不擅长在公开场合讲话或第一次说明相关信息时，会使用某些让听众分心的短语或口头禅。最普遍用到的就是"呃""嗯""好吧"以及"你们知道的"等，还有用其他的短语。这事出有因，他们可以借此拖延时间，有时间想下一步应该说什么。这也会分散注意力。发现这些习惯最快的方式是录一堂课下来，然后观察这些习惯是否已经渗透到你的教学中。如果回答是肯定的，那么仅仅是意识到这个问题存在，就可以将它们从你的演讲中消除。然而，在某些情况下，根深蒂固的习惯很难改掉。幸运的是有一种消除这些习惯的好方法，挑选一个与你关系不错的班级，让学生帮你改掉这个习惯。每当你习惯性地说出分心的短语时，让他们重复你说的短语。例如，每次你说"好吧"，让他们也一起说"好吧"。虽然你教的课程可能不那么好，但你很快就会停止使用这个词。这很有用，而且学生也很乐意帮助你改掉这个习惯。

3. 提示语或短语

必要的解释需要大量的文字。当我们说的提示语或短语可以帮助学生更容易地回想起一些内容，这就是有效指导的第三个原则（Buchanan & Briggs，1998；Dillard，2003；Melville，1988；Parson，1998）。提示语或短语可以呈现出容易记住的画面。例如，初学者用球杆击球时常用的提示是：球被击中时，身体的侧面（而不是身体的前部）应该转向目标。"侧面"这个词汇可以作为记住这个概念的捷径（Dillard，2003）。提示语或短语还可以使反馈变得很容易，因为你可以简单地说"侧面"，提醒学生把侧面转向目标。虽然这在一开始时可能并不那么重要，但是在七八节课后，这样的捷径就会很有帮助（见表7.1）。

当提示语不那么容易创建时，有时学生可以帮助你。例如，与跳起着地时的弯曲膝盖、髋部和脚踝相关的提示语，就是由打壁球的学生想出来的。

表 7.1　动作技能口头提示

技能	口头提示
躲闪	
快速转变方向和速度，避开追赶的人或物体	快跑或改变方向
跳跃	
用弯曲的膝盖跳来吸收力量并保持平衡	壁球
在跳单绳时，动作幅度要小，弹跳不要太高	跳、跳
运球	
用手指柔软的部分推动运球	指垫
护球并且身体保持在球和防守队员中间	护球
翻滚	
带球跑、跳跃或跳下落地后摔倒翻滚时，要屈背并收紧下巴和膝盖	弯曲身体
击球	
用冰球棍击打球或冰球时，用棍子的两边移动障碍物	两侧
向对手的弱侧凌空抽射（通常是反手位置）	击中弱点
比赛策略	
继续移动，即使没有球或盘也要这样做，为队友创造空间	远离球（或盘）
防守时，站位要背对着球门，然后盯着球和你的队友，扰乱传球路线和对手的动作	返回到球门

源自：G. Graham, S. Holt/Hale, and M. Parker, 2012, *Children moving: A reflective approach to teaching physical education*, 9th ed. (New York, NY: McGraw-Hill).

一名足球运动员正在帮另一名学生了解有关踢球距离的内容。该运动员不想让学生用脚趾作为提示语，学生也不想用脚内侧作为提示语。在试图描述脚趾头和脚中间的位置时（实际上是第一跖骨关节），她想出了术语"大脚趾关节"。这个词或许不够精准，但很容易记住。

4. 基于观察

如同之前解释的那样，班级教学需要变化。优秀的教师会观察班级，对学生的活动情况进行思考，根据学生们对技能的理解程度和学习方法选择适当的提示。观察是有效教学的第四个原则。例如在教用手运球时，以下提示（见第 4 章）会有帮助：

- 利用指垫拍球。
- 快速运球，不要拍球。
- 不要只盯着球，要注意远处。
- 低重心运球。
- 保持球不落入对方手中（SHAPE America，2014）。

面对初学者，可能每次都要强调前两个或前三个提示语。稍微有点技能的学生可能会更加受益于后两个提示语。根据你的观察判断使用哪个提示语或细化强调（见第 4 章）更为适合，而不是根据预设的概念，就像是所有 3 年级学生都需要做到那样（见第 5 章）。然后，将这项内容融合为你认为最能使学生受益的提示语。在某些情况下，学生已经对提示语有所了解，此时针对不同的技能，你可以少花点时间做指导和演示。例如，投球技能与排球发球、网球发球以及羽毛球发球都是一个系列的（Wilkinson，2000）。

观察一个班级并做出这些决定并不是件容易的事情。与教育学工具箱中的许多其他工具一样，学习需要时间和实践。一开始，先在脑海里搜罗几个提示语，然后环顾四周看一下整个班级，再决定哪个提示语对这个班级最有益。如果大多数学生握球拍姿势都是正确的，那么向全班解释握拍技术就没什么意义。可以单独教授不会的学生。相反，如果大多数学生握球拍不稳，导致错过或误击球，则需要花时间教他们如何挥拍。最好通过观察做出这样的决定。

中学教师容易犯的错误是不认真观察学生，然后根据已知的提示语或概念进行指导和演示。可以回想一下，在过去 9 年或 10 年的体育课上，你教过多少遍运球和传球相关的基本知识。

演示

演示也是指导的一部分，更多的是用于展示动作，而不是描述动作。演示对于低年级学生来说尤为重要，因为他们可能很难理解口头的理论讲解（Valentin，2004）。演示对于那些语言不太熟练的孩子或有听力障碍的孩子来说也很重要。

大部分教学都是通过语言来描绘如何执行运动技能的。语言固然有帮助，但是不如演示技巧那么有效。对于音乐或美术也是如此。虽然语言有帮助，但在试图理解一件艺术品或一首乐曲时，听交响乐或在美术馆里看肖像画更有启发。语言显然能有效地将注意力集中在某一特定的方面、阶段或运动的序列上，尤其是与演示结合使用时能发挥更大的功效。如同指导一样，好的演示有四个基本要素（Adams, 1993; Darden, 1997; Rink & Werner, 1987; Wiese-Bjornstal, 1993)）。

位置

在做演示时，站在所有学生都能看到并且没有任何遮挡物的地方。在户外，站在阳光不要直射到学生们眼睛的地方。与其他班级共享室外或室内空间时，尽量背靠墙或建筑物站立，确保其他班级在你学生的后面，而不是在你的后面。还要确保你能看到所有的学生。这一点虽然显而易见却经常被忘记。这部分其

实没有什么可进一步说明的——只是想要试着了解学生他们在看什么和听什么
就可以了。

整体或部分

一般来说，无论是信息型演示还是组织型演示，第一个演示都应该是整体的
动作或任务。这可以让学生在脑海里形成一个完整的有关技能的画面（Darden，
1997；Housner & Griffey，1994；Rink & Werner，1987），而这正是第二个
有效演示的基本要素。如果想展示的技能是将排球传给二传手，那么你（或者一
名技能纯熟的学生）应该展示一下整个传球过程。下一阶段的演示应该将重点放
在细节上（例如，演示肩膀应该正对着目标二传手）。你可能会也可能不会按照
这个要点来演示其他的整个过程。在演示前先口头强调一下要点或提示是非常重
要的，这样做可以让学生明确他们在观看动作（或产品）演示时应该重点看什么，
而不是一直在那里强调提示（或过程）。

正常速度或慢速

有时学生需要看正常速度的技能演示；其他时候，在演示提示语时，放慢速
度可能会很有帮助。以正常速度或慢速进行演示便是成功演示的第三个基本要素。
很多学生看不清动作，除非放慢动作。例如，在全速情况下，想要看清投球或挥
杆时的臀部旋转动作是很困难的，动作基本上看不清。尤其是在想要分解高技能
学生做的复杂运动时（例如，挥动高尔夫球杆、球拍或投球），其重点可能是臀部、
手臂和肩膀如何相互协调运作。

如果无法演示技巧呢？

新教师经常问的问题是"如果我没有足够的技能做演示怎么办？"。
我们的回答是"不要做"。大多数时候，你会知道有一两个学生可以演示
这些技能。他们还能展示技能的细节，这正好也是你想要强调的部分，
而且是以慢动作完成的。有证据表明，搭档示范对孩子更具激励作用，
因为动作看起来更像是他们自己做的动作，而不是成年人或专家的动作
（Darden，1997）。你可能因为自己每次都不太会做高难技术动作而感
到懊恼，如果你足够坦荡，学生不会觉得这是丢人的事情。这是一个好机
会用来说明需要多长时间才能精通一项技能，很少有人精通每项技能。事
实上，我们教学中最感欣慰的一方面就是，学生试图教我们一种我们不擅
长的技能。当学生试图教我们做倒立或单腿旋转时，他们展现出的分享、

爱心和支持，会营造出一种氛围，那就是不懂得所有事情也没关系。我们要了解学习和尝试很有趣，在我们的班级里，我们能够坦然地尝试和失败，因为失败是学习的一部分。

口头提示的重点

最后，想要在演示中有所收获，学生必须知道演示时要注意什么（例如，观察踢球的脚；注意它在球边上）。成功演示的第四个基本要素就是吸引学生的注意力。如果你没能做到，将球踢出去时，很多学生只会注意飞出去的球，然后兴奋地大叫，却忘记要注意观察踢球的脚放在哪里。

示范

示范是在解释和展示完技能后使用的一个技巧。有些学生要么理解不了，要么只关注结果而非提示。想要做示范环节，首先应选择两名或多名可以准确运用关键元素的学生，然后让他们展示给全班同学看。例如说："停下来。我现在要你们看一下斯达拉（Starla）和托德（Todd）。请注意观察他们是如何在手臂完全伸展开后，在平衡木上平稳地行走的。"也许斯达拉和托德不是班级里技术最好的学生，但他们可以正确地展示相关的关键元素（例如，手臂完全伸展）。

示范可以巩固先前所做的指导与演示，让学生知道教师更加关注的是他们如何保持平衡（技术方面），而不是他们是否从平衡木上掉下来（Darden，1997）。每次由两个或多名学生一起做示范效果最好。学生往往怯于一个人站在全班面前表演。当几个学生一起进行表演时，可以大大减轻怯场的情况。尽量避免总是让技术好的学生进行示范，即使平衡技术稍微欠佳的学生，也能够展示手臂放平保持平衡的动作。这会间接地告诉学生："即使技术不够好，依然可以做这一动作。教师注重的是学生能否敢于尝试去做，而非结果如何。"这正好也是需要说给正在努力尝试，但还未能把全部动作协调做好的学生听的（见第12章）。

一个有关学生对教学策略的看法的研究（Cothran & Kulinna，2006）中提到，有个叫杰西卡（Jessica）的学生对准确解释教学技能有这样的见解："青少年有不听大人说什么的倾向，但如果是一个孩子告诉他们应该做什么，以及怎么做能做得更好时，他们反倒能听进去并愿意接受他的观点。"尼克（Nick）也同意这一点："比起听大人讲话，孩子的确更容易听其他孩子讲话。"对于儿童和青少年来说尤为如此。

注意看德米特里（Demetri）和简（Jan）的手臂。看他们是如何把手臂放平保持平衡的。

检查理解程度

在指导与演示过程中最关键的阶段，快速检查学生是否完全理解指导与演示内容是一个比较好的技巧。有多种方法可以检查学生是否掌握教师所传达的内容（Wiese-Bjornstal，1993）。采用哪种方法很大程度上取决于学生的成长发育水平、可用时间以及教学内容。三个检查理解程度的技巧是：识别检查、口头检查和表现检查。

识别检查

检查理解程度最快的技巧之一是展示一个动作，然后让学生竖起大拇指，或以其他方式示意这个动作是对还是错。例如，你可以说："如果我的肘部在中间位置，则大拇指朝上；如果不在中间位置，则大拇指朝下。"当然这个技巧存在的问题是，学生在表达出自己的意见之前，往往会先看四周其他人的反应。所以问题需要混着问，展示的动作不用都是对的。

口头检查

第二种检查理解程度的技巧是让学生口头回答课堂上提到过的提示和教学内容，最好能让几名学生同时回答。例如，口头回答三个有关接球的提示，当然在一堂课里是无法用到所有提示的。如果同时询问全班同学一个问题，25名学生一起答，则很难辨别哪些学生真正掌握了所学的概念。另一种技巧就是让学生在离开体育馆或离开操场时，用他们自己的语言重述一遍课堂内容。这样，就可以在课堂上与每个孩子进行快速互动，从而评估他们整体的理解程度。

表现检查

　　"展示一下如何跳跃后落地"或者"展示一下在做仰卧起坐时手臂不能放哪里"，这些都是检查学生的表现的例子，即检查学生理解程度的第三个技巧。学生采用展示的方式来展现他们的理解程度，这在体育教育中很有效。因为当学生跟着教师的示范做动作时，很容易看出他们是否真正理解了动作要领。

　　检查学生的表现也是评估学生是否理解提示的一种方法。考虑到普通小学体育教育班级的实际数量，评估 300~600 名孩子是有难度的，因此这种技巧有助于评估学生的进步情况。环顾四周看一下有多少学生理解了教学内容，可以轻而易举地把动作做出来。这也能看出学生仅仅是记住了理论内容，还是真正地理解了为什么提示或概念比较重要。上课时尽早检查学生的表现情况，这有助于确保学生有的放矢地去理解课堂内容。想象一下如果直到课堂结束再去检查学生的理解程度，才发现大部分学生都理解错误的情形！上述三个技巧中，学生的表现检查可能最为重要，因为通过学生的展示，可以直观迅速地了解学生是否真正理解了提示或概念。

总结

　　检查理解程度一个比较好的时机就是在课堂结束时，通常花两三分钟的时间进行总结比较好。通过让学生回顾一下课堂上所学的内容，并与课程整体框架（如纲要）进行关联，有助于你总结当天课堂的内容。

　　在体育课接近尾声时，可以让学生坐得近一些，然后有选择地进行以下活动：

- 快速复习课程要点———一般情况下需要强调关键元素或概念。可以采用叙述形式做总结，或者采用上述提到的三种理解程度检查技巧进行提问。
- 让学生做一个与课堂相关的简单书面评估（见第 13 章）。
- 点评一下课堂表现。通常在刚开学建立班级规矩时，课堂点评会做的多一些。
- 布置作业。例如：
  - 在下节课开始前进行至少 10 分钟的运球练习。
  - 在下节课之前，至少在三个电视广告期间做过拉伸运动（仰卧起坐或俯卧撑）。
  - 至少在社区指定一个场地（网球或壁球场、邻居后院的羽毛球网）练习击球技巧。
- 提醒学生要在下节课做即时活动（见第 6 章）。可以对他们说："周三来教室时拿一个球来，练一下运球；或者拿一根跳绳来，练习一下跳跃。音乐一停止，放下手中的器材，到我这里集合。都记住了吗？好的，我们下次见。"

　　课堂总结部分对于学生来说是短暂的休息时光，在步入教室前，可以放松一下心情。教育心理学家告诉我们，这是一段宝贵的学习时间，因为学生更容易记住课堂结束和开头时所发生的事情。

娱 - 教 - 娱

　　大家都知道，学生不喜欢听过长的解释说明，他们想马上行动。这也正说明了孩子们喜欢把注意力集中在眼前事物上（例如，他们很少能看到练习技能的长远好处），他们很难把今天的练习和几年后的熟练联系起来。他们只想玩，而非练习。因此他们往往不太关注指导与演示。除了准确解释和检查理解之外，还有另一种有效办法，即娱 - 教 - 娱，这也是指导与演示程序的一部分。这种方法可以用在任何年龄段，但更适合小学高年级学生，以及有兴趣玩游戏而不喜欢练习的孩子，虽然他们可能需要做练习。娱 - 教 - 娱的方式有两个优点：

- 可提高学生的兴趣，因为指导与演示都能融入游戏（或活动）中去。这就类似于汽车换轮胎。如果我们上课讲到换胎的部分，可能就会被直接略过，但是如果真的在高速公路上遇到爆胎，相关换胎指导与演示就变得非常迫切。当学生知道即将返回到游戏，他们会更加饶有兴趣地听讲，向学生们传授提高游戏成功率的方法。

● 可以在实际生活场景中应用所学到的内容时，体育活动会变得更有意义，尤其是对于喜欢游戏的中学生来说。

我们一般有结构化的单元（课程），先是练习（训练），然后才是游戏。青少年尤其喜欢玩游戏而不是练习，因为在他们的头脑中，两者似乎是不相关的。练习和游戏之间的关联，会在最初的小规模游戏（涉及完整的动作或技能组合）中展现得更为清晰，还有助于学生和教师了解并决定技能和组合技巧的方法。在很多投接球活动中，学生都觉得很难一边移动一边投球。一般情况下，接球人（目标人）也在移动，或许在他周围还有对方的球员防守。当学生做边跑边投球或接球持续失败时，对此技能的说明讲解（和练习的机会）对他们来说很有意义。他们知道这种练习与游戏有关，而不是孤立的。练习完后，学生可以重新开始游戏。他们先玩，然后做练习，接着再玩。

显然，只做几分钟的练习是无法使学生学会一边移动一边投接球的，因此可以间隔一段时间停下来练习一会儿。这种做法的优点是，学生可以清楚地了解他们需要练习什么和为什么练习。

并非总是需要把练习从游戏中剥离出来。让我们看看用手运球的情况。学生在没有对手的情况下独自练习时，通常会将球高高地举到前面。一旦有人试图抢球，他们的运球位置就会低一些，而且经常运到身体的两侧。如果可以把这一点指出来，运球练习可能更加有意义。尤其是当学生意识到再过几分钟，他们即将回到游戏中，而且将再次有人试图抢球。

由你来决定娱－教（指导与演示）－娱的次数和时间。有些时候玩一小会儿即可，有些时候需要更长一点儿时间。在此期间，娱－教－娱的循环可能要重复多次。有时候不需要这样的循环，因为对于学生来说，练习非常有趣和有益，他们已经不再需要返回到游戏中去。教学方法繁多，决定哪种方法取决于每个班级的特点。

娱－教－娱的模式似乎更适合每天课堂大部分时间都是玩游戏的学生。游戏开始时，你就不会再被"我们什么时候开始游戏呢？"这样的问题困扰。学生清楚地知道，要想真正玩好一场游戏，必须练习好某些技能。

发球 － 捡球 － 发球 － 捡球

这一节让我（GG）想起我观察到的一场排球比赛，学生既不会发球，也不会拦网。当比赛中出现重复的发球和捡球以及丢球再去捡球的情况时，比赛就变得十分无聊。技术不太好的学生在打网球时就会重复这种模式。把比赛放在课堂一开始的时候，这样有助于学生立刻看到练习接发球技巧的必要性。

娱－教－娱的教学方式与这本书中探讨过的许多观点一样，有时对某些课程很有帮助。我们的经验是，随着学生习惯于指导性的体育教育（强调通过练习来学习），而不是娱乐性的体育教育（用最少的指导进行游戏），娱－教－娱的教学技巧就会用得越来越少，因为学生明白体育课是一个学习（指导）时间，而不是一个没有指导的（消遣）娱乐时间。

利用影像视频技术

另一种提高学生对指导与演示的兴趣的方法就是影像视频。越来越多的商业公司正在开发和销售用于体育活动指导的在线资源，你也可以通过不同的网站搜索到大量个人制作的影像视频。重要的是，需要筛选和甄别适当的影像资料，特别是为公众制作的视频和材料，以确保内容是安全、适宜和准确的。与任何产品一样，影像资料的品质参差不齐，为成人设计的资源很少适合于儿童。

最新科技为课程影像的制作提供了便利。iPad 和其他具有录像功能的器材现在在学校里也很普遍。教师发现影像视频在体育教育中有十分广泛的用途。以下列举几个例子加以说明：

- 课堂上为学生播放网站上的一些节目片段，作为教学的一部分来展示某一特定技能、规则或比赛，或激励学生加倍努力地去练习（见第 6 章）。
- 让学生互相录像，然后即刻观察自己的动作，以便分析动作或评估自己技能的运用情况。
- 将录制好的高年级学生的动作或练习活动播放给低年级的学生看（Melville，1993）。
- 当你缺席课堂时，可以用录像提供指导，由代课教师照顾好你的班级。这样不仅会使得教学变得很轻松，还能最大限度地减少学生脱离任务的行为。
- 鉴于当前由不规范操作导致的法律诉讼持续增多，在学年初期建议录制有关学生管理条款、规定和期望的视频录像（Adams，1993）。你还可以要求新生在开始上体育课之前观看该视频。
- 解释某些活动，那些被视为高风险活动（如登山绳、探险运动、体育器材的使用）的惯例和规则时，应该以同样的方式录制下来（Adams，1993）。通过这种方式，学生就有了关于参与这些活动的可视指南（见第 2 章）。
- 允许学生自己录制内容，然后播放给其他学生看。这既起到了教学指导的作用，又起到了激励作用。其中筛选出的较为有趣的片段和视频可以在今后的教学中使用。

- 把班级、课堂和教学技巧的录像片段播放给其他教师、家长、监护人以及管理人员看。

技术秘诀　**利用视频提问**

在免费网站上面发布一些包含问题的视频，检查学生理解的情况。你也可以上传一分钟的视频，展示肩上传球技巧。当学生看完一遍，再次观看时，暂停视频，此时有关肩上传球的问题就会出现。

分析学生的用时情况

结束本章时，我们担心的是，大部分课堂时间都用于入门指导、演示、示范以及理解程度检查等等。我们希望你不会这样做。专家建议在课堂上学生至少要有 50% 的时间进行体育锻炼。我们也认同此观点！

在最后一部分，描述了一种分析学生在课堂上如何花费时间的方法，以确保他们大部分的时间确实花在了活动上。我们提倡为低年级学生安排少于一分种时间的指导、演示和理解程度检查。这显然是一个武断的限制，但它强调了这样一个观点，即对于许多技能和活动来说，整个周期可以在一分钟或更少的时间内完成，并易于被学生理解。本节的时间分析表有助于你系统地观察自己的教学，了解学生如何运用他们的时间（例如，听你讲话还是自主活动）。

分类的定义

时间分析也称为持续时间记录（Siedentop & Tannehill, 2000）。图 7.1 中的形式通常用于时间分析，提供比较粗略的而非精准的估算。可将课堂用时分为以下四种：

- 管理——取出和放回器材、分组等所花费的时间。
- 活动——课堂内容所包含的活动时间（理想情况是 50% 以上）。
- 教学指导——听教学指导、观看演示、示范、口头回答问题以及听其他学生讲话所花费的时间。
- 等待——等待换球或取球、等待拿出器材或找对歌曲等所花费的时间。

编制学生的课堂所用的时间

要记录课堂中所用的时间，可以使用秒表和图 7.1 的复印件。学生走到户外或进入体育馆后就开始启动秒表。每条线表示 15 秒，每个数字表示 1 分钟，这个表格可以记录 30 分钟的课堂。在做此分析时，应关注大部分学生（至少 51%）在做什么。重点应该放在学生身上，而不是教师身上。例如，在你讲话时有学生开始活动，你就应该记录活动的时间，而非记录教学指导时间。用线随时记录下 51% 的学生在做什么；用 A 表示学生在花时间做活动；用 I（指导）表示他们在听你讲话而没有移动；用 M 表示他们去拿器材或组成小组；如果他们等待你拿器材或超过一半的学生在等待接力赛，则用 W 表示。请参阅图 7.1 所示的例子：

- 如果学生花费前 30 秒取一个器材，则用一条线标记，然后用一个 M 表示学生已经花了时间管理。
- 如果接下来的 180 秒学生都在活动，则用 A 表示。
- 如果下面 30 秒学生在听你讲话（学生没有移动），则用 I 表示。

显然，学生不会在 15 秒的时间间隔内完全改变活动类别。准确估计转换活动类别的最佳时长，用线标出来。

可以通过分析课堂或影像视频来判断学生是怎么利用时间的。在分析录制好的课堂时，需要通过 51% 以上的学生数量来做出判断，当然只能根据画面看到的学生人数来判断。

分析和解读结果

一节课结束或观察活动终止时，第一步是把整个课堂的所用秒数加起来。如图 7.1 所示，课堂总时长为 27 分钟（1620 秒）。所有的时间都应以秒为单位计算，因此这四类的分母都是 1620。将学生所花费的秒数分别记录在四个类别里面。根据课程的总长度（以秒为单位）划分每个类别的秒数，然后乘以 100，以确定这四个类别中的每一个类别的百分比。例如，在这节课中，学生花了 1170 秒的时间完成了活动，占到课程的 72.22% 的时间，只有不到 3% 的时间花在了等待上。

显然，有很多阐释学生课堂用时的方式。例如，有些课程需要更多的指导。因此，必须从课程的内容、授课情况、年级等方面来解读这个表格。然而，一般来说，我们鼓励本科生尝试设计并自授他们的课程，使至少 60% 的学生都活跃起来。我们还鼓励学生将目标制定为不再包含有等待的时间。我们也假设几乎每一堂课都包含一些指导时间和管理时间。

教师　马克（Mark）　　　　　　编码者　克里斯汀（Christine）
日期　12/20　学生人数 29　　50% 以上的学生 16

时间分析规则：结果取决于在那一刻 51% 的被观察到的学生在做什么

M= 管理（Management）：大部分的学生（超过 50%）没有在接收指令或没有参与到课堂活动的时间（如改变活动、拿出器材或收起器材、聆听规则或提示）

A= 活动（Activity）：大部分的学生（超过 50%）都参与到了体育活动的时间（如抓球、扔到目标上和跑）

I= 指导（Instruction）：大部分的学生（超过 50%）正在接收有关如何移动或展现一种技能所用的时间（例如，如何利用所有空间移动、观看演示和听指令）

W= 等待（Waiting）：大部分的学生（超过 50%）没有参与到其他类别活动的时间（例如，小组活动时，只有一两个学生参与其中，大部分学生要么等待变换活动项目，要么脱离任务行为，要么等待教师给指示）

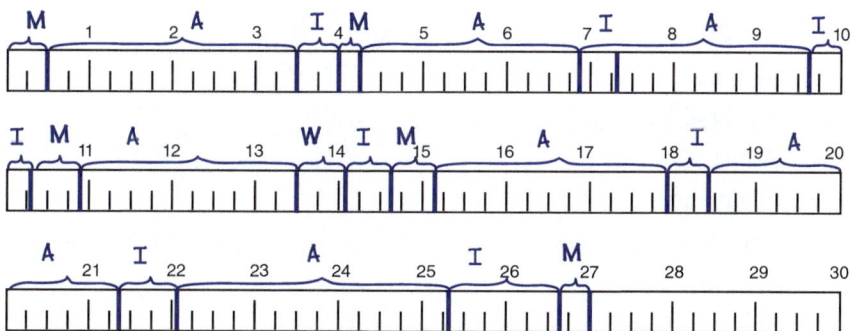

M 的时间占比 =	$\dfrac{120}{\text{M 的总计秒数}}$	÷	$\dfrac{1620 \times 100}{\text{课堂总计秒数}}$	7.41 %
A 的时间占比 =	$\dfrac{1170}{\text{A 的总计秒数}}$	÷	$\dfrac{1620 \times 100}{\text{课堂总计秒数}}$	72.22 %
I 的时间占比 =	$\dfrac{285}{\text{I 的总计秒数}}$	÷	$\dfrac{1620 \times 100}{\text{课堂总计秒数}}$	17.59 %
W 的时间占比 =	$\dfrac{37}{\text{W 的总计秒数}}$	÷	$\dfrac{1620 \times 100}{\text{课堂总计秒数}}$	2.28 %

图 7.1　学生用时编码形式

小结

实施有效的指导与演示策略是高品质的教育项目的关键。指导过程包括组织型指导（告诉学生该做什么，与谁，在哪里，用什么器材）和信息型指导（告诉学生如何正确地完成任务）。提供信息型指导的四个指导原则是：一次一项内容、保持简短、使用提示语或短语，以及使用基于观察的教学指导。演示是教学指导的一部分，良好的演示涉及演示的位置，演示技能的全部和部分，以正常速度和慢速演示，并口头讲述其中的重点。其他技能包括让学生作示范演示、检查学生的理解程度、娱 – 教 – 娱、课堂总结，以及利用影像视频技术。

分析工具有助于让你了解学生的课堂用时情况。可以看出他们花多长时间在运动、等待、管理和聆听课堂指示上。这是一个重要信息，可以帮助你确保学生在课堂上的大部分时间内都在运动，很少或根本不存在等待时间，而且没有在指导与演示上花太多的时间。

思考题

1. 为什么要区分组织型指导和信息型指导？

2. 体育教师试图告诉学生的内容往往超出了他们需要知道或理解的范围。为什么会这样？为什么限定教师一次只讲一个内容比较难？

3. 体育教师上课时似乎不经常做演示。能解释一下为什么会这样吗？

4. 有些课可能需要更多的指导与演示。想想各种例子，要考虑时间、年级和课程内容。

5. 示范是另一种形式的演示。在什么情况下它会成为教师演示的替代方法呢？

6. 检验理解程度是一项有用的技能。但有趣的是人们并不经常使用它，这是为什么呢？

7. 娱 – 教 – 娱是一种兼备优缺点的教学模式。描述其中一个，并说出什么时候它会有效，什么时候它会无效。

8. 思考你在课堂中会如何使用视频。不要考虑成本问题，想象一下预算无封顶的情况，不要忽视互联网的可能性。

参考文献

Adams, S.H. (1993). Duty to properly instruct. *Journal of Physical Education, Recreation and Dance, 64* (2), 22-23.

Brown, S.C., & Brown, D.G. (1996). Giving directions: It's how you say it. *Journal of Physical*

Education, Recreation and Dance, 67 (6), 22-24.

Buchanan, A., & Briggs, J. (1998). Making cues meaningful: A guide for creating your own. *Teaching Elementary Physical Education, 9* (3), 16-18.

Cothran, D.J., & Kulinna, P.H. (2006). Students' perspectives on direct, peer, and inquiry teaching strategies. *Journal of Teaching in Physical Education, 25,* 166-181.

Darden, G. (1997). Demonstrating motor skills: Rethinking that expert demonstration. *Journal of Physical Education, Recreation and Dance, 68* (6), 31-35.

Dillard, K. (2003, November/December). Using key words to develop sport skills. *Strategies,* 32-34.

Fairclough, S.J., & Stratton, G. (2006). A review of physical activity levels during elementary school physical education. *Journal of Teaching in Physical Education, 25* (2), 239-257.

Graham, G., Holt/Hale, S., & Parker, M. (2012). *Children moving: A reflective approach to teaching physical education* (9th ed.). New York, NY: McGraw-Hill.

Housner, L.D., & Griffey, D.C. (1994). Wax on, wax off: Pedagogical content knowledge in motor skill instruction. *Journal of Physical Education, Recreation and Dance, 65* (2), 63-68.

Melville, S. (1988). Thinking and moving. *Strategies, 2* (1), 18-20.

Melville, S. (1993). Videotaping: An assist for large classes. *Strategies, 6* (4), 26-28.

Metzler, M. (1985). An overview of academic learning time research in physical education. In C. Vendien & J. Nixon (Eds.), *Physical education teacher education* (pp. 147-152). New York: Wiley.

Mustain, W. (1990). Are you the best teacher you can be? *Journal of Physical Education, Recreation and Dance, 61* (2), 69-73.

Oslin, J.L., Stroot, S., & Siedentop, D. (1997). Use of component-specific instruction to promote development of the overarm throw. *Journal of Teaching in Physical Education, 16* (3), 340-356.

Parson, M.L. (1998). Focus student attention with verbal cues. *Strategies, 11* (3), 30-33.

Rink, J., & Werner, P. (1987). Student responses as a measure of teacher effectiveness. In G. Barrette, R. Feingold, C. Rees, & M. Pieron (Eds.), *Myths, models and methods in sport pedagogy* (pp. 199-206). Champaign, IL: Human Kinetics.

Schmidt, R.A., & Wrisberg, C.A. (2008). *Motor learning and performance* (4th ed.). Champaign, IL: Human Kinetics.

SHAPE America. (2014). *National standards & grade-level outcomes for K-12 physical education.* Champaign, IL: Human Kinetics.

Siedentop, D., & Tannehill, D. (2000). *Developing teaching skills in physical education* (4th ed.). Palo Alto, CA: Mayfield.

Valentin, N. (2004). Visual cues, verbal cues and child development. *Strategies, 17* (3), 21-23.

Weiss, M.R., Ebbeck, V., & Rose, D.J. (1992). Show and tell in the gymnasium revisited: Developmental differences in modeling and verbal rehearsal effects on motor skill learning and performance. *Research Quarterly for Exercise and Sport, 63* (3), 292-301.

Wiese-Bjornstal, D.M. (1993). Giving and evaluating demonstrations. *Strategies, 6* (7), 13-15.

Wilkinson, S. (2000). Transfer of qualitative skill analysis ability to similar sport-specific skills. *Journal of Physical Education, Recreation and Dance, 71* (2), 16-18, 23.

激励学生练习

" 我们在户外上课时，一个小女孩不想与班上的同学一起热身，她跑到阴凉处。我要求她加入到班级中，她说：'我从我的表弟那里传染上了哮喘，现在我对阳光过敏。' "

埃米尔·米勒（Emil Milev），
佛罗里达州坦帕市
经体育中心许可后转载

阅读本章后，你应该能做到以下几点：

- 列出并提供可激励学生练习的三个关键点示例。

- 讲解如何通过教学邀请来激励学生。

- 讨论教学邀请和任务内变化之间的区别。

- 描述任务单、学习中心、学生设计的活动和同伴指导等方法如何增加学生的学习动力。

- 讨论如何使用学生设计活动和录视频让学生积极参与。

- 解释为什么帮助学生设定现实的期待可以起到激励作用。

家长和监护人都知道激励孩子、让孩子保持参与富有成效的和有意义的活动会面临哪些挑战（只在极少的情况下，学生把看电视和电子游戏视为值得做的事情）。教师知道要保持 25 名或更多学生充满热情地参与同一个活动是多么难的一件事情，这得到研究学习动机的研究人员的支持（Bagøien et al.，2010；Ryan & Deci，2000）。本章将重点介绍如何激励学生持续练习，从而学习知识增进理解。

辅导

我们通常认为一对一教学不是很难，也不会太复杂（如妈妈教女儿，哥哥教弟弟，祖父教孙子）。你可以轻松改变任务，以适应学习者的需要和兴趣。困难之处就在于，在学校，教师需要对很多学生负责，资源有限，而且要在一个受限的空间中学习，这是一项了不起的任务，从这个角度来看，大多数教师都做得非常好。

激励学生的三个关键点

儿童可以通过做事情学习知识，这是常识，对教师效能的研究清楚地证实了这一前提。教师的难处在于让所有学生在大部分的活动时间内都能参与活动，这些活动需要适合不同技能水平的学生。优秀的教师通过营造一种以成功为导向、自主支持和适应发展的学习氛围来激励儿童和青少年（Block，1995；Hastie et al.，2013；Tjeerdsma，1995）。

成功导向

失败让我们想放弃尝试，尤其当我们从来没有体验到成功时。如果我们从来没有成功过，就会觉得没有理由相信这种不断的尝试，也不会相信失败的过程最终会让人有所提高。这是没有认识到大量练习与成功之间的关联的学生的典型说辞（Lee，2004）。为了激励学生不断练习，给予学生的任务需要是一个能够让他们成功，而且非常成功的任务。研究文献以及常识表明，我们在学习一项新技能时，成功率接近 80% 是比较合适的（Brophy & Good，1986；Pellet & Harrison，1996；Siedentop & Tannehill，2000；Tjeerdsma，1995）。

随着经验和年龄的增加，我们开始了解练习和经验之间的关系（Lee，2004）。例如，一个成年人可能会想，"如果我想成为一名优秀的滑冰者，我需要大量练习，可能需要花费数月，甚至几年的时间去练习。"相较而言，一个孩子可能会想，"我想成为一个不错的滑冰者，可我今天已经尝试过了，我摔倒了很多次，我学不会滑冰。"

要想成为优秀的体育教师，你需要创造和改变任务，让学生有较高的成功率。第4章描述的各种任务就为班上不同水平的学生提供了合适的选择。教师还可以鼓励学生根据自己的能力水平把任务修改得更简单，或者更难一些。同时，不要鼓励学生相互比较（Lee，2004）。最后，试着让任务变得有趣，让学生享受这些任务，他们不一定要认识到自己正在取得进步。以下是从实际教学中获得的三个例子，展示了如何设计让学生可以取得成功的任务。

自己调整投掷目标

每个学生有一个沙袋和一个纸板箱。让学生把沙袋扔到箱子里面，但不要告诉他们应该在离箱子多远的地方站立。观察他们如何根据自己的能力调整距离。技能低的学生站得离箱子比较近；技能高的学生站得离箱子比较远。几次成功的投掷之后，学生可能会站得离箱子更远一点；几次失败的尝试后，学生可能会靠近箱子几步。还需要注意，技能水平较高的学生比技能低的学生能够忍受更低的成功率（Rogers et al.，1991）。这个例子主要适用于小学生，但也适用于青少年。例如，在教排球时，可以让学生选择他们可以发球成功的位置；在教足球时，可以让学生自己设定锥筒球门，自己调整锥筒球门的大小。

自调洗发水

一天早上我（GG）洗澡时，看到洗发水瓶子上的标签上写着这款洗发水可以自动调节其净化作用，以满足每个人发质的特殊需求。我当时想到，这正是我们在课上所需要的，根据学生的能力和兴趣来自主调整任务！

倾斜的绳子

这是另一个设计任务来推动实现成功的例子。在小学生的课上，准备两条绳子，斜斜地放在地面上（Mosston & Ashworth，2002）。两条绳子的一头彼此靠近，另外一头则相隔较远。让学生跳过"河"（两条绳子），且不能落入河中间。观察学生选择从哪个符合自己能力的位置跳过去，技能较低的学生是从两绳较窄距离的位置跳过去，技能高的学生会从两绳较宽距离的位置跳过去。

倾斜绳子的原理也可以用于初中生和高中生。例如，横穿攀登练习墙（学生向墙面的一侧爬行，双脚位于不高于地面约 1 米的位置），墙上有许多支撑物。低技能的学生在爬行中会使用任何他们想用的支撑物。可以给技能高一些的学生制定特定路线，路线用彩色带子标记，支撑点更小而且更难把握。技能最高的学生也会找到合适的挑战路线。任何时候，学生都会选择一条更加容易通过，且有大一些支撑物的路线。

关键在于这是具有不同难度系数的任务。学生可以选择从倾斜绳子的任何位置跳过去，或选择最适合他们爬行的路线。

不同的篮球目标高度

第三个让学生体验成功的例子是，为小学生制定不同的篮球投篮高度，然后观察这几个投篮目标。如果让学生选择，许多学生会选择最低的目标投篮，因为这会增加他们投篮成功的机会。器材厂商也认识到这个问题，现在出售的篮球投篮器材都可以调节高度。

教师也可以对初中生和高中生使用同样的原则。例如，在排球、长曲棍球或陆上曲棍球运动中，让学生选择组成联盟参加活动。排球联盟可以包括娱乐活动（改变规则，例如允许排球反弹、和排球教练一起游戏、使用低位网、从任何位置发球）、业余活动（不允许连击，从任何位置发球，让发球者选择要使用的球）和专业活动（允许连击，遵循正式规则）。学生选择最适合自己的联盟，他们可以转换到不同的联盟中去。

有趣的是，选择前面的任何一个例子，可以对比一下，如果没有为学生提供难易不同的选择（即距离或高度对每个人都一样），那么学生的参与性和兴趣会如何呢？通常，缺少选择的活动方式会导致练习减少，分心行为增加。低水平的学生有挫败感，高水平的学生则感觉无聊（Mandigo & Thompson，1998）。设计和调整任务的目的，是让学生可以成功完成任务，从而鼓励他们继续尝试，这对课内和课后同样适用。例如，关于数学作业，专家建议分配给小孩的作业应该能够让他们以百分之百的正确率完成，以此提升他们做课外作业的动力。

我（GG）多么希望过去我有一个可以让我顺利完成数学家庭作业的教师。在我的记忆里，数学家庭作业让我充满挫败感，导致我很愤怒，那时我只能完成10道数学题中的2道。我想知道这对我如今产生对数学无能感的影响有多大。

显然，并不是每个教师设计的任务都可以让学生自我调整并不断取得成功。然而，原则在于成功完成任务需要是有趣且具有激发作用的，让学生对自己的体育能力感觉良好。他们会有大量的机会体验失败和挫败，你不需要故意营造这些体验。

学生成功率

确定学生成功率的一个方法是使用编码表格提供客观证据（见图8.1）。这种表格使用起来很容易，有些学生使用得相当好（Wolfe & Sharpe，1996）。然而，使用容易计算的练习次数时最有效，强调排球投掷、接球、脚击球和发球的课程是最理想的。通过计算一个技能水平不足和一个高技能水平学生的成功和失败次数，教师可以合理地估算出学生的成功率。不过要记住一点，80%是一个普通的目标，可能对有些学生来说并不合适。再强调一次，去观察和了解学生。如果一个学生经常走神，这说明这个成功率并不是最佳的，这个任务不是太难就是太容易了。

自主支持教学

除了营造以成功为导向的学习氛围，教师还应该尝试以下方法，帮助学生发展参与练习的内在动机。这称为自主支持教学。

自主（Autonomy）是指一个人的自我控制感。我们知道具有自主意识的学生在体育课上更加积极地参与活动，在体育课和校外也会更加积极地锻炼（Bagøien

& Halvari, 2005; Halvari et al., 2009）。具有自主支持性的教师会展现出本书中的许多教学技巧，提供有激励作用的入门指导来抓住学生的兴趣（见第6章），使用纲要说明让学生看到他们正在学习的内容之间的相关性（见第6章），营造一个安全的学习环境，在这个环境中，有清楚的规范和规则（见第2章），这些都是自主支持教学的特征。为了营造一个自主支持的氛围，需要为学生提供以下内容：

- 各种不同的任务。
- 提供决定任务的机会。
- 表现性反馈（个人认识和评价）。
- 学生根据自己的能力完成任务指示和选择任务。
- 衡量个人进步的方法，并避免社会性比较。
- 尝试和自我激励的机会。
- 合作学习机会。

教师姓名：＿＿＿＿＿＿＿＿＿　　观测者姓名：＿＿＿＿＿＿＿＿＿

指导：选出两名学生（最好一个是高技能水平，一个则技能水平不足）。他们每次试图尝试任务中的技能（脚背踢球、接球等）时，如果尝试成功，则标上S；如果不成功，则标上U。每隔一分钟把关注点从一个学生换到另一个学生身上。

标准技能：＿＿＿＿＿＿＿＿＿

学生1
成功总数：＿＿＿＿＿＿
失败总数：＿＿＿＿＿＿
尝试总数：＿＿＿＿＿＿
成功总数 ÷ 尝试总数 ＝＿＿＿＿

学生2
成功总数：＿＿＿＿＿＿
失败总数：＿＿＿＿＿＿
尝试总数：＿＿＿＿＿＿
成功总数 ÷ 尝试总数 ＝＿＿＿＿

图8.1　分析练习机会和成功率的表格

自主支持性学习氛围鼓励学生发展高度的独立性，从而激发学生内在的驱动力（Valentini & Rudisill, 2004）。教师可以通过避免社会性比较，包括避免与班上的其他同学比较以及与外在有效的准则进行比较，帮助学生建立和维持内在动力。避免确定谁可以投篮最多，谁做的仰卧起坐最多，或者谁取得最多分数这样的竞争比赛。不要怂恿学生把自己的表现与国家体能测试标准进行比较。而是应该让学生将他们目前的成绩与自己过去的成绩相比较，让他们认识到自己正在不断进步，向他们展示练习和努力最终会有收获（Alderman et al., 2006; Lee,

146

2004; Rink, 2004; Valentini & Rudisill, 2004）。

技术秘诀 追踪参与性

使用计步器或一些其他性价比高的工具（每个大约 20~30 美元）来记录学生的参与数据。MOVbands 和 Sqord Boosters 可以让学生快速将他们的运动数据上传至一个网站上，教师和学生都可以对这些数据进行监控。你可以为个别学生或全班学生制定挑战任务。Sqord Boosters 可以让学生制作一个化身，随着他们自己的活动量的增加，化身会变得更强壮。

也许你能在大众活动背景中对内在驱动的重要性有最好的了解，例如慢跑（Xiang et al., 2005）。大多数还没有开始慢跑的成年人，都期望自己赢得比赛或创造纪录。有些人慢跑是因为能增进健康，也许还能减肥。如果他们想慢跑，可以戴上一个体育活动追踪器来记录自己的进步。如果一些人是被迫跑步，希望创造纪录并登上报纸，我们怀疑这些人迟早会放弃慢跑。然而，许多人不时地参加一些比赛。重要的一点在于他们选择比赛是出于自己的原因，而不是出于不得已。儿童和青少年不应该有同样的选择吗？

没有办法阻止学生把自己的成绩与其他同学进行比较。他们确实会相互比较成绩，尤其是和高技能水平的学生进行比较。无论如何，教师通过弱化对比，避免营造竞争氛围，鼓励学生通过自己的努力获得成功。

就像他们付出的任何努力一样，对高技能的学生来讲，他们会通过与其他人比较来寻求内在动机，通常是通过竞争。教师可以给他们提供这样的机会，但是再一次申明，只是对那些选择竞争的学生这样做。

禁止拼字比赛

最违背避免竞争原则的活动之一就是拼字比赛，该比赛应该允许学生选择是与人合作，还是把自己的表现与其他同学进行比较。对班上一些优秀的拼字学生来说，这是一个非凡的竞争比赛。对于班上其他知道自己不擅长拼字的学生来说，拼字比赛不仅是一种羞辱，而且公然强化了他们一直以来的想法：我不会拼字，现在全班都知道了（Valentini & Rudisill, 2004）。拼字比赛在美国存在了多年，在每年华盛顿特区的国家比赛中，都会把该项目推向高潮。这项比赛带来一个满是优秀拼字者的国家了吗？

适当发展

具有激励作用的学习氛围的第三个特征，是能反映出年龄和身体相关的差异。

一个注重适当发展的学习环境会鼓励学生努力学习和继续执行任务（Graham et al., 1992; NASPE, 2009; Stork & Sanders, 1996）。

随着儿童不断发展，他们会被不同的机会和经验激励。例如，小学阶段的学生热切地取悦教师，因此教师的赞扬和鼓励会是他们最大的驱动力。观察任何幼儿园的班级，你会听到学生整天说，"看我！看我！"。此外，如果学生还没有学会待在一个位置不动，教师最终会被一群5岁大的孩子追赶着，希望教师在他们每次尝试跳过绳子或把沙袋扔进箱子里后对他们说"棒极了！"。

随着儿童年龄的增长，他们取悦教师的同时也会有让搭档高兴的欲望（在很多情况下，追逐对象显然已经从教师改为搭档）。他们也会完善自己区分运动技能和努力（尝试的努力程度）的能力。来自搭档的关注和尊重，对初中生的激励起着重要作用。小组设计活动或解决问题的机会通常也激励着对搭档互动感兴趣的青少年，这样的活动包括设计游戏、舞蹈或运动序列，以及制作视频等，或许还可以向全班展示这些活动（Valentini & Rudisill, 2004）。

技能水平除了与年龄差距有关（Garcia, 1994），还影响有效的支持类型。即使根据学生自己的能力调整了任务，有些学生仍然只能取得最低程度的成功体验，这时他们需要表扬和鼓励，然后才能继续努力和尝试。而且还需要让他们知道，熟练的运动技能需要大量的适当训练（Rink, 2004）。

从不同任务中获得成功满足感的高技能水平学生，似乎可以通过表扬他们执行任务的方式（有时是结果）来提供激励，而不是表扬他们的努力。事实上，高技能水平的学生成功地完成对他们来说相对容易的任务并因此得到表扬，可能会让他们觉得体育课只适合技能水平不足的学生。我们相信这种情况在许多运动员的身上发生过，因为他们在体育课上没有任何困难。他们因为比班上其他同学成绩突出而获得了大量的称赞，但是对他们来说，却只需付出相当小的努力。

激励学生的八大技巧

教师使用各种技巧营造良好的学习氛围，从而激励学生，让学生体验较高的成功率，避免社会性比较，并适应个体差异发展。这些技巧包括教学邀请、任务内变化、任务单、同伴指导和合作学习、设置活动站点或学习中心、学生设计活动、录视频，以及课外作业练习。

教学邀请

学生喜欢有不同的选择，尤其在他们年龄稍大后（Hastie et al., 2013; Prusak et al., 2004）。为了调整任务或活动，使其适合个体差异，最好的技巧就是使用教学邀请。这涉及为学生提供两个或多个任务，让学生选择最适合自己能力的任务。这里有几个例子：

- "你可能希望击打气球、乙烯球或游戏场球。"
- "如果这对你来说很容易，跳起来时尝试转身，面朝不同方向下落。"
- "你和你的搭档可以连续10次接球，你可能想让你们的方毯离得更远一些。"
- "现在我打算播放一些音乐。如果你和你的小搭档已经准备好了，可以根据音乐完成你们的常规练习。"
- "我希望今天你至少可以做25个仰卧起坐（你知道每个学生至少可以完成这个数量）。如果你想做更多，可以继续。"
- "你可能想独自练习，或者与一个搭档一起练习。"
- "在你们的游戏中是否记录分数，这由你们自己决定。"
- "骑山地自行车到每个障碍物附近时，可以选择越过去或绕过去。"
- "在锥筒之间或旁边玩直排滑轮。"

使用教学邀请时，注意不要让一种选择看起来或听起来比另外一种更好，没有哪一个更好，这只是让学生挑战任务，是让他们成功、被挑战和享受练习的一种方法。你可能发现学生会自动调整任务，使其更符合自己的能力。其实，即使你没有使用教学邀请，有些学生也会这样做。

观察学生决定接受哪种任务，是一件很有趣的事情。有些学生选择放下气球，使用海绵球进行练习。如果没有成功，他们很快又会选择气球。这同样适用于选择圆球或泡沫足球进行凌空踢球的学生（Pease & Lively，1994）。

如果有选择，年龄大一些的儿童和青少年通常会选择和一个小搭档或一组人一起练习，但并非总是如此。在很多情况下，我们让通常选择与搭档一起练习的学生在某天单独练习。教师会询问他们这样是否感觉不错，有些学生承认感觉并不很好；有些学生宁愿独自练习也不愿意跟其他学生一起练。我们有时也是这样的。

显然，教学邀请只是教学工具中的一种。有时为了安全考虑，使用教学邀请可能并不合适，而在另外一些时候，教师有理由让全班学生同时进行相同的任务。

我们自己选择击什么球时，我会做得更好。

任务内变化

与教学邀请一样，任务内变化技巧只适合某些班级和课程。这个技巧还允许教师根据学生的能力和兴趣来改变任务，或者在学生选择并不适合自己能力水平的任务时（教学邀请）更改任务。任务内变化不同于教学邀请，任务内变化是教师为学生提供多种选择（也就是说，对某个学生或一组学生，教师决定需要简化或增加任务的难度）（Pellet & Harrison, 1996; Tjeerdsma, 1995）。这个技巧可能应用起来更加困难，因此教师必须观察学生，然后根据观察结果做出一系列决定。通常情况下，任务内变化适用于技能水平不足的学生，教师可为他们制定一项更容易的任务（例如，使用不同类型的球，可以选择双脚落地而非单脚落地，跳起时不转身，与技能不太熟练的团队一起），或者为高技能水平的学生制定难度更大的任务。

任务内变化为不需要基本技能练习的高技能水平的学生提供了机会，他们因此可以参加自己早已胜任了的游戏。例如，一个中学的班级正在练习排球的前臂传球，其中可能包括四五个排球俱乐部的球员。高技能水平的球员可以根据指示进行快速直投（即，搭档 1 用前臂传球给搭档 2，然后搭档 2 把球传回给搭档 1，搭档 1 再把球传给搭档 2，然后再传球，如此循环），同时其他学生对着墙或一个搭档练习前臂传球。

技术秘诀 活动追踪设备和应用

　　有大量的体育活动追踪设备和应用可用来激励学生参与体育课上和课后的活动练习。把这些器材和应用介绍给你的学生；他们会从中选择一个最适合的来监测他们的日常活动量和实现目标。许多应用可以让用户与其他人（如教师或朋友）分享数据。

　　使用我（GG）在教学中的一个例子来说明任务内变化的方法。我在教一个5年级班级的学生如何用手运球时，大多数学生难以在运球的同时移动。有几个学生很容易就做到了，因为他们已经参加团队篮球运动很多年了。在向全班学生展示慢速带球后，我让6个技能水平高的学生到前面来，然后发出指令："去操场的另一边随意进行涉及运球动作的游戏。只要你们相安无事，在我让其他同学停下来对他们讲解时，不要发出太多声响，你们就可以继续玩你们的游戏。"其间发生了以下几件事情：

- 正如你所想到的，这6个学生决定一起打一场改良版的篮球。他们玩了整整一节课，有几次我为他们提出了更有效运球的建议。
- 班上其他同学继续练习带球移动，以及运球时如何让球远离对手。
- 有些学生问为什么他们不能和那6个学生一起玩。我告诉他们，当他们能够做到很好地运球时，就可以和那6个同学一起玩。我鼓励学生努力练习，不仅在学校练习，在家也要练习。

　　任务内变化方式使得教师可以对所教每个班级的所有学生用不同的任务来匹配不同的水平。这种方式尤其适合高技能水平的学生，他们经常想打比赛。事实上，在许多情况下，他们已准备好从比赛中获益。你可能认为当班上的其他学生进行一项游戏或任务的改良版时，有些学生对此会感到不公平。通常学生会习惯任务内变化的方式，因为他们意识到选择参加改良版或调整过的活动的学生并不总是那几个人。我们还发现，学习新技能时，技能水平低的学生也会因为不用一直和高技能学生一起练习而感到高兴。

　　大多数时候，教师可以针对个别学生或几个小组使用任务内变化的方法，班上其他的学生甚至不会注意到任务有任何变化。再用运球来举例说明，如果你没有为技能较高的学生安排一项游戏，那么随着课堂不断推进，你可能会私下对他们提出难题："你可以倒退运球吗？可以在双腿之间运球吗？可以以'8'字轨迹运球吗？"同时，为技能较低的学生准备较容易的任务："试着向你的更前方控制球。偶尔使用双手也是可以的。"关键是在每一个班级中，学生的技能水平各不相同。任务内变化的方式和教学邀请（对全班提出不同的选择建议）承认学生之间有差距，试图为不同水平的学生提供合适的任务，从而将要求25名学生进行相同任务而产生的无聊感或挫败感降至最低。

任务单

第三个方法是任务单，它也可以提高学生的成功率，并让学生按照自己的节奏取得进步（Iserbyt & Byra，2013）。让学生自己进行测试活动（如跳绳和平衡活动）时，使用这些任务单尤其有帮助，但是也可以将任务单用在个体运动（如单排滑轮、爬山和骑山地自行车）和团队体育运动（如篮球、极限运动、垒球）中（Kozub，2011）。通常情况下，任务单列出了从简到难的各种情况，学生以自己的节奏进行练习（见图8.2）。任务单通常列出了个人技能，而不是团体技能。

指导：该项任务单列出了15项任务，有些容易，有些很难。遇到你不会的任务时，需要花时间练习这项任务。不要担心班上其他同学的态度，只管进行大量的练习，你就会取得进步。在练习时，我会帮助你们。在你能完成的任务旁边写下你的名字缩写。在进行每项任务时，你需要一个波板球拍。

1. ___ 我可以用球拍连续击打气球10次，而且气球没有掉到地上。
2. ___ 我可以用球拍击打气球15次，同时保持站在地毯上。
3. ___ 我可以在每次用拍击球的同时拼出我姓名的一个字母，而且没有出现一次失误。
4. ___ 我可以用球拍连续击球20次，而且双脚没有离开我站的地毯，也没有让球掉到地上。
5. ___ 我可以向地面练习击球（运球）16次，而且没有出现一次失误。
6. ___ 我可以双手交换连续击打泡沫球18次。用一侧拍球，然后再用另一侧拍球。
7. ___ 每次球拍击打键球的同时，我可以拼出所居住城市名称的一个字母。
8. ___ 我可以向墙面连续击球13次，而且没有让球弹到地面2次。
9. ___ 我可以向墙面连续击球9次，而且没有让球掉到地上。
10. ___ 我可以对着墙面击球，而且不让球掉到地上，也没有离开我站立的地毯。
11. ___ 搭档和我可以来回连续击球9次，而且没有让球弹到地面2次。
12. ___ 搭档和我可以来回连续击球11次，而且没有让球掉到地上。
13. ___ 我可以对着墙面正手击球、反手击球、正手击球、反手击球，如此进行14次，而且没有让球连续弹到地面2次。
14. ___ 搭档和我可以在球网两边连续打羽毛球21次，而且没有出现一次失误。
15. ___ 搭档和我可以连续把球击给对方25次，而且没有把球掉到地上。每次击球时，我可以从正手击球变换到反手击球，然后再正手击球……

图8.2 球拍击球任务单

要点：这不是比赛！慢慢来，努力做好每项任务。我会在这里帮助你。我们今年会多次用到这个任务单。

图 8.2　球拍击球任务单（续）

教师可以想出一个办法让学生保有对自己的进步负责任的态度，也可以设计出让搭档可以相互观察的任务单。如果正确完成一项任务，负责观察的搭档就会在任务单上写上姓名缩写，表示这项任务已经完成。你可能更愿意在学生准备好接受检查时向你展示任务表现。

几乎与本书中所提到的其他所有观念一样，这个办法对有些班级和教师更适用。显然，学生需要能够独立地完成阅读和练习（即自我指导），以便使用任务单。而且，注重任务单中的运动质量是比较困难的，如果重点在结果而非过程，可能会导致学生养成无效的运动习惯。

纽瑟姆（Newsome，2005）建议你设计的任务单包括让技能水平最低的学生至少可以完成几项任务。他还提议列出足量的技能任务，使得班上的任何一个学生都无法在所分配的时间内完成所有列出的技能，同时还应该让学生放心，他们不需要在一节课的时间里完成任务单上的所有任务。学生完成任务单上的任务时，这为教师提供了强调诚实和正直的机会（Newsome，2005）。图 8.3 是定向运动的任务单。每一条路线比前面的一个更难，学生可以按照自己的节奏向前推进。

任务单最好在几个月的期间内使用，在此期间，学生可以时不时地再次查看任务单。这可以鼓励学生自己练习，因为他们知道这张任务单在后面还需要用到。教师可以轻松地把任务单收放在文件夹中供以后使用。

任务单的另外一个好处在于，它们是评估学生进步的极好方式，你可以在学年末与学生家长和监护人分享它。如果你所在学校的转学率比较低，同样的任务单可以使用好几年。

体育中心的要求

体育中心提出的两大要求可以改成可供使用几个月甚至几年的任务单。一大要求是注重六大基础运动技能任务，包括投掷、接球，以及用球拍击球；另外一大要求是注重体能，包括与搭档一起进行仰卧起坐和俯卧撑等六项任务。许多任务要求注重学生与搭档一起完成，推动实现团队作业和搭档间的相互鼓励。

同伴指导与交互教学

同伴指导与交互教学是激励学生练习和努力的又一方法，与任务单方法一起使用通常更有效（Block, 1995, 1996; Ellery, 1995; Kolovelonis & Goudas, 2012）。特别是同伴指导课程可以激发那些在体育课上有特殊需要的学生，以及技能水平不足的学生。如果打算在课程中制定同伴指导的内容，应仔细挑选助教（Ellery，1995）；然后教他们如何指导其他同学（Block, 1995; Block,

路线 1

120°	10 步
240°	10 步
0°	10 步

路线 2

300°	8 步
60°	8 步
180°	8 步

路线 3

90°	12 步
180°	12 步
270°	12 步
0°	12 步

路线 4

90°	6 步
180°	8 步
330°	10 步

路线 5

130°	3 步
220°	4 步
310°	6 步
100°	5 步

路线 6

110°	6 步
120°	8 步
290°	12 步
80°	10 步

罗盘提示

1. 把罗盘刻度转到所需方位。

2. 把罗盘底部贴靠在腹部。

3. 把你的红色汽车停在车库里（身体转圈，直到红色的磁针与罗盘刻度中的箭头对齐）。

4. 选择箭头所指方位的一个参考点。

5. 把罗盘放在口袋中，然后走到参考点。

如果你完成了所有这些步骤，可以尝试制定自己的路线。

图 8.3　定向运动任务单

1996）。埃勒里（Ellery，1995）建议在选择搭档助教时应遵循以下标准：

- 年龄。他们应该与接受指导的学生年龄相同或略大一些。
- 成熟度。他们应该能够接受搭档以低水平学习的状况，并保持积极心态和提供鼓励。
- 沟通能力。他们应该具备良好的语言和非语言表达能力。
- 身体技能水平。他们经常需要示范，所以应该具备足够的技能展示水平。
- 自愿。他们应该愿意以这样的角色为同学提供帮助。

选择助教之后，需要教他们如何指导其他同学。他们需要了解各种技能组成部分（运动技能提示），以便能够给所指导的同学提供有益的反馈（Block，1995）。

同伴指导的另一种形式叫作交互教学，也可以用来激励学生（Kraft et al.，1997；Mosston & Ashworth，2002）。在这个过程中，一个学生担任助教角色，另外一个担任学习者角色。但他们轮流担任助教和学习者的角色。交互教学通常与任务单一起使用，学生一起努力帮助彼此提高。图 8.4 提供了学生使用的交互任务单，用以评估彼此挥动棒球或垒球的动作。交互任务单上必须包括各种提示，这样学生才能熟悉这些提示。同伴指导和交互教学都可以成为激励学生的好方法。然而，如同本书中任何其他建议的概念一样，运用该方法能否成功取决于你、你的学生以及学校的氛围。

设置活动站点或学习中心

另外一个常用的激励学生方法，就是设置活动站点或学习中心。在体育馆或户外举办大量的活动，每项活动的使用空间由锥筒或地面上的线来确定，用来说明一些活动的海报也经常粘贴在活动站点处，而且为每项活动提供了所需的器材。学生从一项活动转换到另外一项活动，每项活动进行数分钟。显然，在体育课上设置活动站点有不同的方法，以及不同的目的。请考虑以下因素：

- 活动站点对复习技能很有帮助。设置 5 个或 6 个站点，用于学生复习前几节课或前几周所学习的技能（如旋转、运球、用球拍击球）。
- 活动站点也适用于健身训练。设置 15 个或更多的站点，学生短暂地拜访每个站点，因为每个站点的活动较剧烈（如健身椅踏步、仰卧起坐、跳绳、跳进和跳出圆圈）。
- 设置站点很适用于小学低年级。因为他们的技能水平较低且活动的变化较

姓名：_____　　　搭档姓名：_____

与搭档一起拿 10 个球、一个球棒，以及一个目标标识（或自己投掷）。一个搭档拿着球棒击球（击球手），尝试打出平飞球。另外一个搭档（教练）给出以下反馈：

- 记住，从搭档做的正确的地方开始。
- 反馈应该是："我喜欢你眼睛保持在球上的方式，但要确保你的前脚只迈出约 8~15 厘米，而你迈出了大约 60 厘米。"
- 根据以下提示内容追踪搭档的表现，每次挥动球棒至少标注 2 个提示。

提示	是	否
准备姿态：侧身朝向目标，双脚分开，比肩稍宽，重心放在前脚掌上		
反手在上，前侧肩部略低于后侧肩部		
在挥动球棒前，朝着投手或目标向前迈出约 8~15 厘米		
从下颌处于前侧肩部开始；挥动球棒，至下颌处于后侧肩部		
髋部转向投手或目标		
随球动作：上侧的手推动下侧的手		

图 8.4　棒球挥棒交互任务单

少，儿童通常很快就会对一项活动失去兴趣。设置活动站点给他们一个尝试多种活动的机会，即使他们可能都在练习同样的技能。一个站点可能涉及朝墙上的一个方块扔球；另外一个站点可能需要向箱子里扔沙袋；第 3 个站点可能要求学生扔网球来击倒保龄球。

- 在器材有限的情况下，运用站点法是非常有用的。学生不用再排队轮流使用器材，因为不同的站点会放置不同的器材。

与体育课上传授的许多其他主题内容一样，最初学生需要学习站点使用规范

（见第 2 章）。规范通常强调以下方面：

- 在变换站点之前把器材放在固定站点。
- 学习变换站点（从站点 1 到站点 2），避免出现混乱。
- 在开始活动前阅读每个站点的海报（根据学生能力水平的不同，在同一个站点有多个活动选择时，这一点尤其重要）。

技术秘诀 保持学生积极参与活动的应用

　　许多不错的应用和程序都可以激发学生的学习积极性。通过使用二维码、增强现实技术，乃至 Google Drive 使课堂充满新鲜感。扫描二维码或增强现实表单，所有这些工具让学生可以根据自己的能力水平独立地练习。例如，对于某个体操单元，教师可以在每个站点设置一部 iPad，通过照片和视频展示多种不同水平的体操技能，然后学生根据自己的节奏和技能水平逐步完成本单元的内容。

学生设计的活动

　　年长一点的孩子通常喜欢与小组成员一起设计他们的游戏、舞蹈、体操动作或团队练习。图 8.5 的训练表可指引中学生设计自己的垒球练习。这样做具有激发作用，因为学生与自己的搭档一起学习，互相鼓励发挥自己的创造力来解决问题或迎接挑战。

　　动作雕塑是学生设计活动的一个不错的例子，学生一起努力解决一个问题。4~6 个学生一组进行动作雕塑。例如，要求学生创作以下某个动作雕塑：

- 对称或非对称运动。
- 快速或缓慢运动。
- 诠释性动作（如他们自创的自动扶梯、自行车、火山），或即兴运动（只是一个有趣的动作）。

　　不要求做具体的哪一类运动，所以高低水平的学生可以在同一组中一起努力，将其作为雕塑动作的一部分。随着学生年龄逐渐增长，责任感成为一个重要的学习成果。一项游戏、练习或体操常规任务可能要确保所有组员都参与其中，并面对适当的挑战。

　　分配学生分组进行动作雕塑，而不是让学生进行选择，然后观察他们的各种不同能力水平。在 5 人一组中，2 个技能水平较高的学生可能在动作雕塑的底部进行倒立，他们的腿支撑在旁边的 2 个学生身上。雕塑的中间段可能是采取爬行

垒球练习

团队成员名称：_____

设计一项可以在运动场一半的区域内进行的练习。

1. 确定全队想要关注的技能。

2. 从列表中选择活动作为练习使用。从每一个技能种类中，必须至少选择一项活动，共有六项活动。

3. 确定在该活动中所花的时间。

4. 确定该项活动中所关注的提示。

5. 团队中的每个人必须保持积极性，练习尝试的次数相同。

击打任务	提示
发球	击球姿势，前侧肩部略低，助跑，双手翻动，髋部先动
搭档温和地投掷，将球击向帐幕	
弹跳球，将球击向帐幕	
投球，将球击向帐幕	将球击到开阔地方
玩越区游戏	

防守任务	提示
传球	看着球，体侧接球，用双手，送球，快速变化投球的手，脚快速移动，以便进行侧向投掷
传球，扔触地球和高飞球	
一名成员打出触地球或高飞球到外场手。与搭档轮换	
玩越区游戏（错过球的击球手把球扔给外场手）	

投掷任务	提示
投球和接球。一分钟内你可以扔球多少次	助跑，重心转移，体侧投掷，手肘向上
在开阔的开放空间处进行团队杂耍游戏	
投掷传递	
接住高飞球或触地球；然后尽量快速地把球传给搭档	脚快速移动，髋部先动

练习大纲

活动	时间	提示

图 8.5 学生设计垒球练习的训练表

姿势的相对较低能力水平的学生，5 个学生作为一个整体缓慢地来回摇动。在小组共同解决问题后，集体的感受通常是非常正面和积极的，所有组员对一起完成任务都感觉良好。

录视频

学生以小组合作的形式进行动作雕塑等任务时，通常会产生积极的感受。然而，教师可能会觉得他们的运动缺乏质量。朝着最后的目标前进时，学生会投入艰苦的努力。例如，在学生展现他们的作品时，同样的方式他们绝对不会重复两次。除了简单地组合一些动作，很难激励学生去完善他们的舞蹈或体操动作。

录视频是一个非常好的方法，可以用来帮助实现这个过程，因为学生可以观察和分析他们的作品，然后开始真正地改善作品，从而提高质量水平：放缓的动作是真的慢下来了；动作是协调同步的。在与其他同学一起协同完成任务时，学生看到自己的作品演变成一个有趣的设计，他们通常会受到激励并继续练习下去。如果没有这个视觉反馈，除了最初创造一个动作序列，学生可能不愿意继续努力把这些任务发展成为一件真正的艺术品。

此外，录视频还有激励作用，因为学生可以观看他们的运动技能表现，例如，击球、踢球、旋转以及防守。他们可以看到自己做得多么好，以及哪些地方可以改进。对学生来说，没有什么话题比他们的表现更有趣了。录视频让教师可以利用人性的这一特点，在体育课上把录视频作为一个具有激励作用的教学工具。

课外作业练习

在激励学生的八大方法中，最后一个方法是有些学校所采用的课外作业练习法（Kraft et al.，1997）。教师可以提供一张课外作业任务卡，上面列出一系列任务，让学生和家长或监护人一起完成。图 8.6 是有关排球前臂传球的任务卡。可以要求初中生或高中生在家中与朋友或兄弟姐妹一起散步、滑冰、骑自行车或玩滑板车。他们可以画一张图，确认可以进入安全的公园，以及可以使用其他锻炼器材的开阔空间，在那里，他们可以积极地进行体育锻炼（见图 8.7）。教师可以把器材借给家中没有这些器材（如泡沫球拍、曲棍球球棍、杂耍高级丝巾）的学生。虽然无法保证所有器材都会归还，但如果这可以鼓励学生在校外进行积极锻炼，还是值得尝试的。

建立现实期待

到目前为止，我们介绍了可以在全班使用的八个学生激励方法。显然，你在亲爱的家长或监护人：

我借给你的孩子一个排球，以便完成体育课的家庭作业。你的孩子必须完成以下所列出的任务，三个学习日之内把排球归还给体育教师。请你在下方签字，确认你的孩子完成了每项任务。

学生姓名：_____ 年级：_____

班主任：_____ 排球借出日：_____

指导：使用排球完成以下任务。完成所有任务之后，请让家长或监护人在下面签字，确保你向家长或监护人展示了你是如何完成的！

• 向上抛球，让球在你的双臂上撞击一次后接住球。

• 向上抛球，让球在双臂上撞击两次，然后接住球。

• 尝试连续尽可能多地用双臂撞击排球。你可以做几次？
  _____

• 把排球抛向墙面，撞击墙面后，再接住排球。

• 尝试尽可能多次连续把排球击打到墙面。你可以做几次？
  _____

• 和一个家庭成员一起，尽可能多地来回击打排球。你可以做几次？
  _____

家长 / 监护人签字：_____

图 8.6　课外作业任务卡

源自：Kraft, Smith, and Buzby 1997.

很多方面可以有所不同。一个更长效的方法是引导学生拥有现实的期待，让学生知道学习一项技能需要大量的时间和练习，当然这不完全属于方法的范畴。

儿童和青少年常常期望在一节 30 分钟的课上很好地掌握一项技能。教师可能提供明确和有趣的指导，以及一个良好的展示，但可能因为疏忽而没有告诉他们这项技能不可能在 20 分钟或 35 分钟内就学会，他们需要比这长得多的练习时间。教师不断提醒学生学习这项技能需要很长的时间后，学生就会更好地认识到他们并没有失败（Rink, 2004; Schmidt & Wrisberg, 2013）。学会一项技能需要大量的练习，这也可以帮助学生认识到课后练习的必要性。以下概念是学生可以相对快速掌握的：

• 为了提高准确率或者离目标很近时，用低手投掷；为了投掷得更远或更有

名字：_____　课时：_____

这项体育课外作业任务相当于 15 分，截止日期为：_____

从你的家到哪里是你可以安全骑车的路线？有地方可去吗？你会采取什么样的骑车路线到达那里？关于这项任务，请完成以下内容：

1. 制作一张地图。在另外一张纸上或这张纸的背面绘制出骑车的路线图，起点是你的家，为你的路线命名。

2. 完成以下内容：
   a. 标注小路和街道名称。
   b. 用 X 标注你会穿过的街道或小路。
   c. 用一种连续的线条画出路线，用不同颜色的钢笔或马克笔指出道路的右侧。
   d. 估计全程的总长度，骑完全程需要多长时间。把这些填写到地图的上端。

3. 同家人或监护人一起讨论你制作的路线图。让他或她回答以下问题：
   a. 我如何安全地骑过这段路程？
   b. 你认为我可能忘记将哪些其他障碍或困难考虑进这张地图？
   c. 你允许我安全地测试这条路线吗？如果可以，你给我的指导会是什么？如果不可以，为什么呢？

4. 让一位家长或监护人在地图的底部签字，以确定你完成了这项任务。

家长或监护人签字：_____

家长或监护人，请说出你对你的孩子正在使用的体育活动计划有何看法：

_____

_____

_____

图 8.7　为课外作业练习制定活动路线图

力量，使用肩上投掷。
- 双脚分开较宽可带来更加稳定的平衡。
- 踢足球时要不断地移动位置，即使没有得到球也是如此，这让防守人员很难控制你。创造开阔的路线使接球变得更容易。
- 飞跃是指一只脚起跳，然后另一只脚落地。
- 从低位运球的人手中夺球比从高位运球的人手中夺球要难得多。

需要大量的练习和时间才能掌握一项运动技能，对此许多成年人显然也不是完全了解。观察四人一组的高尔夫球手。如果一个人比其他三个人的技能水平低，看看高技能的高尔夫球手是如何不断地给低水平高尔夫球手提供建议的。似乎如果有人能给技能不足的高尔夫球手提供一些有效提示，他就会立刻变成一个优秀的高尔夫球手（见第 4 章）。

作为体育教育者，我们知道有些人不会因为一条神奇的提示而突然变成一个优秀的高尔夫球手。可能提示是适当的，但要把提示变成一项高尔夫挥杆模式的一部分则需要花很长的时间，需要把提示整合到一项功能性的运动计划中（Schmidt & Wrisberg，2013）。教师的目标之一是帮助学生理解这个概念：擅长某项体育运动的人，是通过练习、练习、再练习才获得成功的，他们不是天生如此。

放弃体育活动的人

有时我们在想，促使学生过早地放弃体育或对体育失去兴趣的原因之一，是否因为拥有不现实的期待。班上有些人在课后与团队或街坊邻里一起玩可以学到很多不同的技能，而不是在体育课上。如果期待学生在几节课后变得和搭档一样优秀，就不要怪他们会有挫败感，以及会如此早地得出这样的结论：我不擅长体育活动。

教师作为啦啦队长

我们提供一个想法，教师作为啦啦队长会对学生起到激励作用。作为啦啦队长的教师，围绕着操场喊着"太棒了！真出色！真漂亮！了不起！"这类话，可以鼓励学生继续努力和尝试。这是一个不错的方法，但有明显的局限性。

第一个局限性就是，有些教师做不了啦啦队长。即使我们想当啦啦队长，但我们无法在一天的 10 节课上如此持续 30 年。第二个局限性就是，如果学生期待来自教师的这类外在激励，他们会依赖教师，而非自我鼓励和自己意识到进步。

技术秘诀 展示学生的风采！

你可以将学生的照片和视频剪辑（在家长或监护人允许的情况下）上传到学校网站上，展示你的课程计划。学生因为成为体育课上的一周明星而受到鼓舞。也许餐厅的显示屏也可以用来展示学生以及他们的作品。

幸运的是，可以作为或想要成为整个班级的全部动力来源的教师不会一直教这些学生，即使他们可以做到也不允许这样做。鉴于这个现实，让学生发展其内在满足感很重要，满足感来自于持续的尝试，以及认识到由于自己的努力，他们正在取得进步。你帮助学生意识到他们正在变得越来越好，可能没有他们所期待的那么快速，但是他们会逐渐提高技能。这样你可以做出特别重大的贡献，让学生通过体育活动得到最终的享受和满足。对有些学生、有些班级和有些主题，并不是说成为啦啦队长不重要，成为啦啦队长很重要，但是学生也需要体会到源于他们自己内在的满足感和动力，这样他们才会继续努力和尝试。

小结

教师面临的一个主要难题是如何激励学生，让学生不依赖教师，自发地想继续学习。激励学生的三个要点是提供以成功为导向的任务、自主支持教学以及适合发展。激励学生的策略包括教学邀请、任务内变化、任务单、设置学习站点或学习中心、课外作业练习以及录视频。引导学生设计他们自己的游戏、任务和活动，也可以激励学生参与体育活动。大多数这些技巧让教师有机会向学生提供适合所有能力的任务，这很重要，因为班上的每个学生都是独特的。

如同很多教学方法一样，单独一种方法不会持续起到激励学生的作用。教师需要营造学习氛围和环境，让学生想要去学习，不是因为你的魅力，而是因为课程的设计可以让他们取得成功，并对自己的进步感觉良好。

思考题

1. 想一想是什么激励你在练习，是失败还是成功？你对不同的体育运动或活动有着什么不同看法？你的看法是否随着经历而产生变化，是否随着年龄增长而发生变化？

2. 有些教师把他们的班级视为无过错地带。这个概念如何适用于本章所讨论的观念？

3. 本章介绍了更改任务来提高成功率的方法。你可以想出为了取得成功而改变任务（或放宽规则）的方法吗？

4. 观察学生在一起玩耍。注意他们如何发明和改变游戏规则。你认为他们为什么会这样做？在成年人一起玩耍时，他们会何时改变规则？

5. 作为教师，本章所述的哪个方法你感觉使用起来最舒服？最令你不舒服的方法是哪一个？为什么会这样？

6. 学生依赖于你的鼓励吗？你希望他们这样吗？你是否找到了帮助他们建立现实的期待和内在动力的方法？解释你的答案。

参考文献

Alderman, B.L., Beighle, A., & Pangrazi, R.P. (2006). Enhancing motivation in physical education. *Journal of Physical Education, Recreation and Dance, 77* (2), 41-45, 51.

Bagøien, T.E., & Halvari, H. (2005). Autonomous motivation: Involvement in physical activity, and perceived sport competence: Structural and mediator models. *Perceptual and Motor Skills, 100* (1), 3-21.

Bagøien, T.E., Halvari, H., & Nesheim, H. (2010). Self-determined motivation in physical education and its links to motivation for leisure-time physical activity, physical activity, and well-being in general. *Perceptual andMotor Skills, 111* (2), 407-432.

Block, M.E. (1995). Use peer tutors and task sheets. *Strategies, 8* (7), 9-11.

Block, M.E. (1996). Modify instruction: Include all students. *Strategies, 9* (4), 9-12.

Brophy, J., & Good, T.L. (1986). Teacher behavior and student achievement. In C.M. Wittrock (Ed.), *Handbook of research on teaching* (3rd ed., pp. 328-375). New York: Macmillan.

Ellery, P.J. (1995). Peer tutors work. *Strategies, 8* (7), 12-14.

Garcia, C. (1994). Gender differences in young children's interactions when learning motor skills. *Research Quarterly for Exercise and Sport, 65 (3)*, 213-225.

Graham, G., Castenada, R., Hopple, C., Manross, M., & Sanders, S. (1992). Developmentally appropriate physical education for children: A position statement of the Council on Physical Education for Children (COPEC). Reston, VA: National Association for Sport and Physical Education.

Halvari, H., Ulstad, S.O., Bagøien, T.E., & Skjesol, K. (2009). Autonomy support and its links to physical activity and competitive performance: Mediations through motivation, competence, action orientation and harmonious passion, and the moderator role of autonomy support by perceived competence. *Scandinavian Journal of Educational Research, 53* (6), 533 555.

Hastie, P.A., Rudisill, M.E., & Wadsworth, D.D. (2013). Providing students with voice and choice: Lessons from intervention research on autonomy-supportive climates in physical education. *Sport, Education & Society,18* (1), 38-56.

Iserbyt, P., & Byra, M. (2013). Design and use of task cards in the reciprocal style of teaching. *Journal of Physical Education, Recreation and Dance, 84* (2), 20-26.

Kolovelonis, A., & Goudas, M. (2012). Students' recording accuracy in the reciprocal and the self-check teaching styles in physical education. *Educational Research & Evaluation, 18* (8), 733-747.

Kozub, F.M. (2001). Using task cards to help beginner basketball players self-assess. *Strategies, 14* (5), 18-22.

Kraft, R.E., Smith, J.A., & Buzby, J.H. (1997). Teach throwing and catching to large classes. *Strategies, 10* (3), 12-15.

Lee, A.M. (2004). Promoting lifelong physical activity through quality physical education. *Journal of Physical Education, Recreation and Dance, 75* (5), 21-24.

Mandigo, J.L., & Thompson, L.P. (1998). Go with their flow: How flow theory can help practitioners to intrinsically motivate children to be physically active. *Physical Educator, 55* (3), 145.

Mosston, M., & Ashworth, S. (2002). *Teaching physical education* (5th ed.). Columbus, OH: Bell & Howell.

National Association for Sport and Physical Education (NASPE). (2009). *Appropriate practices in physical education*. Reston, VA: AAHPERD.

Newsome, J.A. (2005). Task sheets and stations: Busy, happy and learning. *Strategies, 18* (6), 22-23, 31.

Pease, D.A., & Lively, M.J.A. (1994). Variation: A tool for teachers. *Strategies, 7* (4), 5-8.

Pellet, T.L., & Harrison, J.M. (1996). Individualize to maximize student success. *Strategies, 9* (7), 20-22.

Prusak, K.A., Treasure, D.C., Darst, P.W., & Pangrazi, R.P. (2004). The effects of choice on the motivation of adolescent girls in physical education. *Journal of Teaching in Physical Education, 23,* 19-29.

Rink, J.E. (2004). It's okay to be a beginner. *Journal of Physical Education, Recreation and Dance, 75* (6), 31-34.

Rogers, C.S., Ponish, K.P., & Sawyers, J.K. (1991). Control of level of challenge: Effects in intrinsic motivation to play. Unpublished manuscript.

Ryan, R.M., & Deci, E.L. (2000). Self-determination theory and the facilitation of intrinsic motivation, social development, and well-being. *American Psychologist, 55* (1), 68-78.

Schmidt, R.A., & Wrisberg, C.A. (2013). *Motor learning and performance* (5th ed.). Champaign, IL: Human Kinetics.

Siedentop, D., & Tannehill, D. (2000). *Developing teaching skills in physical education* (4th ed.). Palo Alto, CA: Mayfield.

Stork, S., & Sanders, S. (1996). Developmentally appropriate physical education: A rating scale. *Journal of Physical Education, Recreation and Dance, 67* (6), 52-58.

Tjeerdsma, B.L. (1995). How to motivate students . . . without standing on your head! *Journal of Physical Education, Recreation and Dance, 66* (5), 36-39.

Valentini, N., & Rudisill, M. (2004). Motivational climate, motor-skill development, and perceived competence: Two studies of developmentally delayed kindergarten children. *Journal of Teaching in Physical Education, 23,* 216-234.

Wolfe, P., & Sharpe, T. (1996). Improve your teaching with student coders. *Strategies, 9* (7), 5-9.

Xiang, P., Chen, A., & Bruene, A. (2005). Interactive impact of intrinsic motivators and extrinsic rewards on behavior and motivation outcomes. *Journal of Teaching in Physical Education, 24,* 179-197.

这次你很棒地运用了"快脚"方法!

提供反馈

> 我们在幼儿园的课堂上开始学习用球杆击球。在课堂上根据体育教师的指示，在球杆击中球时保持手腕稳定。随堂教师接这些孩子，一个学生情绪非常激动，喊道：'我本来玩那些平底锅非常开心！'我猜想这个联想来自于我们用稳固的手腕扔和接豆包时使用的'翻煎饼'方式。

宝拉·葛林（Paula Green），
普莱斯福克小学，
弗吉尼亚州，布莱克斯堡
经体育中心许可后转载

阅读本章后，你应该能做到以下几点：
- 描述反馈的好处和效用。
- 评估哪些学生正在接收反馈。
- 分析反馈的类型。
- 讲解反馈在体育教育中的价值。

在一堂体育课上，当你观察到：

- 任务适合学生。
- 学生不需要费力，只需要按照要求进行练习。
- 学生理解提示要点或关键点。

这正是给学生提供反馈的好时机。逐个观察学生，告诉他们如何移动，以及他们该做些什么来提高水平。为学生提供反馈有以下几个好处：

- 提供反馈可以激励学生继续练习，因为学生知道你正在观察他们的动作（Silverman et al.，1992）。
- 反馈加上练习可促进学生获取技能和知识（SHAPE America，2014）。
- 提供反馈时，你需要环绕整个教学区巡视，而不是站在一个地方，这是一项有效的教学行为（见第10章）。
- 反馈有助于学生更好地评估自己的表现。
- 反馈使你能够评估每一个学生，从而确定学生（最近）学习各种技能的速度（Stroot & Oslin，1993）。
- 反馈有助于增加与那些对活动没有太大兴趣的学生的接触（Pollock，2011）。
- 反馈不仅促进了学生对运动技能和表现的功能性了解，还对他们的学习有激励作用（Wulf et al.，2010）。

反馈类型

优秀的教师会给学生提供多种类型的反馈，以达到以上所列出的目的（Nicaise et al.，2006）。通常，有质量的反馈分为具体反馈、一致反馈、简单反馈，以及常用的正面反馈或中性反馈（Sharpe，1993）。

KP 还是 KR

可以按照许多方式对反馈进行分类（Lee et al.，1993; Schmidt & Wrisberg，2013; Silverman et al.，1992）。一个最常见的区分方法是表现获知（KP）和结果获知（KR）。结果获知是指运动的结果或成果（如球击中目标）。表现获知是指运动的特征（运动提示或关键要点），表现获知也称为运动过程（Boyce et al.，1996; Schmidt & Wrisberg，2013）。本章重点关注表现获知，或称为运动过程。

具体反馈

准确告诉学生如何进行练习或如何进行运动，这就是具体反馈（Claxton & Fredenburg, 1989; Mustain, 1990; Pellett & Harrison, 1995; Rink & Werner, 1987; Silverman et al., 1992; Wiggins, 2012）。反馈不是指任何一个因素时，这样的反馈是笼统的；它可能会涉及学生的运动、行为或服饰等。

在教学中，运用最多的笼统反馈可能就是"不错"。不幸的是，这样的反馈并没有为学生提供需要改进哪些方面的信息。学生会想知道到底是结果、成绩，还是过程（表现）"不错"。或者说，这仅仅是一次不错的尝试？

"不错""真棒""棒极了""哇""正确"等反馈有助于促进积极和友善的学习环境的形成，尤其是渴望得到教师称赞但尚未取得运动技能的幼童，用这样的反馈表达有助于他们以不断取得进步的方式获得内在满足（Sharpe, 1993）。笼统的反馈有利于鼓励学生继续运动和继续尝试。

随着学生年龄的增长，他们会从教师提供的信息中获益，学生无法自己获得这些信息。例如，学生知道球不会朝着所希望的方向运动，他们只是不知道需要如何做才能以不同的方式来完成动作。具体反馈可以告诉学生他们需要注意是把球抛向空中还是让球直行。有效反馈是具体的，涉及具体行动。学生应该从教师的反馈中明白下次该如何去做。

以下是具体反馈（表现获知）的一些例子：

- "这次看看能否弯曲你的双膝和脚踝。"
- "一定要把你身体的一侧朝向目标。"

- "很好！这次你们俩同步了。"
- "可以把身体打得更大一点吗？"
- "这次看看能否在放缓阶段更慢一点。"
- "尝试随球动作，这样手和手臂就会直接朝向目标。"

学生对相关术语很熟悉后，你用一两个词（提示或关键要点；见第 4 章）就可以对学生如何运动给予具体反馈。当所给予的反馈与最近讲解的提示或细节相关时，这样的反馈就是最好的。

技术秘诀　视频分析应用

学生可以使用视频分析应用给自己或搭档提供具体反馈。学生可以录下一些技能或活动；使用定格技术分析视频，加入音频旁白，甚至在视频上涂画。这就形成一个新的视频，由学生、搭档或教师进行评估，以提供适当的反馈。

一致反馈

之前（见第 4 章）介绍过，关注提示或细节，而且通常是向整个班级展示的反馈（第 7 章）叫作一致反馈。一致反馈与前面刚刚提出的观念相对应，在理想情况下，一致反馈也是学生在移动时要思考的东西（Masser, 1993; Pellett & Harrison, 1995; Rink & Werner, 1987）。举一个例子帮助你理解这个概念。

在一节主要学习用球杆击球的课上。4 年级学生进行的任务是与一名搭档用球杆来回击球（S1.E24.4b）。教师让学生停止下来，然后展示快脚的概念（快速移动击球）。然后，教师让学生继续和搭档击球，教师四处走动，不断给予学生反馈，学生一边运动一边考虑要用快脚动作。一致反馈包括告诉学生他们正在如何使用（或没有）快脚移动球。

不一致反馈与球杆击球的其他关键元素方面有关，例如，如何握住球杆、观察球、随球运动、伸展手肘等。不一致反馈并非错误的反馈，只是与学生在练习中要求思考和关注的方面不相关。

在提供一致反馈时，将你的反馈内容限于你向全班讲解运动提示时所提供的信息内容。这并不意味着有些学生不需要关于其他提示的反馈——通常他们需要这样的反馈。然而，一致反馈可以让学生明白提示练习是如何进行的；学生接收到关于他们正在想和正在练习的反馈。教师可以通过准确描述（见第 7 章）来强化这一点，可以让几个学生向全班展示。

技术秘诀　使用 Video Delay

BaM Video Delay 应用是帮助学生观察和反思自己表现的一个极好的工具。这个应用可以一直记录你的运动，但是视频动作是放缓延迟播放的。学生结束运动后，他们可以分析自己的表现。你可以使用它在下一节课上向每个学生提供反馈。

简单反馈

提供一致反馈的好处之一是帮助你一次只专注一个部分（见第 7 章）。提供简单反馈更容易，而且无疑比你在课堂上四处走动，试图对全班学生做一次完整的生物力学分析要更加精确。简单反馈包括分析学生是否正确使用了 4 个、6 个，甚至 8 个关键元素。

不仅教师觉得简单反馈更容易，学生也能从简单反馈中获益，因为伴随着教师在教学区走来走去，学生会反复地听到教师的提示。显然，这种重复提示有利于学生的学习（Sharpe，1993）。而且当学生把提示纳入到他们的运动中时，教师会注意到这一点，这样教师可以更好地变换提示。

让我们看一个简单反馈的例子。如果你最近教授的提示与用指垫运球有关，那么以下是反馈的模式：

- "指垫，马克（Mark）。"
- "不错，是指垫，罗莎（Rosa）。"
- "费尔曼（Ferman），这是你的指垫吗？"
- "丽兹（Liz），指垫使用正确。"
- "指垫，维瑞达（Verenda）。"
- "用指垫，肖恩（Shawn）。"

简单反馈通常只包括几个字，教师可以用讲解运动提示时的几个关键词（见第 7 章）作为反馈。教师提供具体反馈、一致反馈和简单反馈时，学生（实际上是任何一个学生）会辨别出教师强调的是什么。教师可能会在 8 节课或更多的课上说出上百次"指垫"这个词，因而在一天结束时会对这个词感到厌倦。然而，当你知道，你所教的 200~300 个学生哪天回到家中，他们可以回答"今天你在体育课上学到些什么？"这个问题时，你会心满意足。真的，事实上大多数学生都能回答这个问题。

正面反馈与中立反馈

　　总的来讲，正面反馈是最好的反馈（Schmidt & Wrisberg, 2013; Sharpe, 1993; Silverman et al., 1992）。正面反馈可以鼓励学生，营造一种温和、友善的学习氛围，在挑剔、严厉的氛围中，学生会觉得他们总是做得不对。回顾前面反馈的例子，会发现这些反馈要么是正面反馈（"对，不错"），要么是中立反馈（"用指垫"）。很少有教师使用负面反馈（Silverman et al., 1992）。总之，教师应该让反馈的情感信息多样化：有时积极，有时中立，偶尔负面（Kniffen, 1988）。通过言语和形象提供反馈以展示一项技能，适当的时候，在运动中指导学生的身体动作也很有帮助（Sharpe，1993）。这样教师可以确保学生真正掌握了要领。

　　反馈除了影响技能表现，还可能影响感知能力（Nicaise et al.，2006）。来自教师、家长或监护人以及教练的反馈，会影响儿童和青少年了解自己执行任务的能力，或在游戏或团体活动中担任某个角色的能力。这又是一个为什么教师需要非常注意给儿童和青少年提供反馈的类型和语气的原因。

教练的反馈

　　在我（GG）的记忆中，在团队运动中我收到教练的反馈类型主要是负面反馈。如果我做的是正确的，我没有听到太多的反馈。但当我搞砸时，我一定会立刻得到反馈，而且通常是大声的负面反馈！为什么会这样？难道运动队的运动员不同于学校体育课上的学生吗？一个人的技能水平决定了所接受的反馈的类型，这样真的有益吗？难道如今的教练同过去 20 年的教练不同吗？

虽然很少建议你使用负面反馈，但是我们发现提供具体反馈、一致反馈和简单反馈的教师可以偶尔使用以下负面反馈，让学生知道自己的做法仍然不对。虽然是负面反馈，但我们的经验证明这样做可以，而且这样做是有帮助的，而并非完全是破坏性的。例如，私下你可以这样说"詹妮尔（Jenelle），这些是你的指尖，而不是指垫"，或者"迈克（Mike），记住在完成随球动作之前不要停止挥拍动作。"严格来讲，这些都是负面反馈，但在现实中会有用处。

有些学生不明白提示的意思，而且在教师反复给予反馈后，还是没有意识到他们始终没有正确使用提示，这时使用负面反馈尤其有用。学生是一名运动员或者运动技能较高，但不用心听教师讲课时，使用负面反馈也特别有用。他可能从2年级就加入了篮球队，认为自己了解这项运动并且非常确定自己了解有关像运球这样简单的技能。如果你是一名缺乏经验的教师，这处理起来可能比较麻烦，但是如果你经验丰富，很可能会知道真正了解该项运动的运动员有何特征。

作为有效教学分析的一部分，布鲁非（Brophy）和古德（Good）提供了有效称赞儿童的指南（见表9.1）。这个表总结了本章中有效反馈（具体、简单、一致和常见的正面反馈）的许多原则。

到目前为止，我们解决了直接向教师旁边的个别学生提供反馈的问题，这是教师经常会遇到的情况。但有时反馈可能是提供给某一个学生或某一组学生的，当你穿过教学区时，其他学生会听到你的反馈（Ryan & Ratliffe，2000）。这类反馈叫作跨组反馈，可以让学生专注于提示，也可以提醒学生，教师正在观察他们的练习。有时适合使用群组具体反馈，在你观察到班上大多数学生需要就某个具体提示进行纠正式反馈时，可让全班停止活动，就如何改正问题给予学生具体反馈，然后让学生进行更多的练习，这样，学生会努力改正错误表现（SHAPE America，2014）。跨组反馈和群组具体反馈都是很好的教学工具。

技术秘诀 **使用 Google Forms**

通过调查、测验和测试，Google Forms 为收集学生信息提供了非常简便的方式。因为在学生提交他们的信息后，教师会收到来自 Google Forms 的反馈，从而为学生提供及时反馈。

表 9.1 有效表扬指南

有效表扬	无效表扬
根据情况给予表扬	随意或无章法地给予表扬
说明成绩的细节	限于整体反应
表现出称赞的自发性、多样性和其他特性；建议密切关注学生的成绩	单调的相同回应表明没有密切关注学生，只能给予学生有限的反馈
为达到具体表现标准的学生提供奖励（可以包括努力标准）	只奖励参与者，没有考虑到表现过程或结果
为学生提供有关能力或成绩的价值信息	没有提供任何信息，也没有就学生的状态给出信息
引导学生更好地欣赏与自己任务相关的行为，以及思考如何解决问题	引导学生相互比较和竞争
使用学生之前的成绩作为对比来描述目前的成绩	在描述学生目前成绩时与他们搭档的成绩进行对比
在很困难的任务中（对某个学生来讲），表扬学生的努力或成功	没有针对学生投入的努力或者取得的成绩给予表扬
把成功归因于努力和能力，这暗示着未来可以取得同样的成功	把成功只归因于能力，或诸如运气或任务难度低等外因
培养内源性归因（学生努力完成任务，因为他们享受任务或者愿意发展与任务相关的技能）	培养外源性归因（学生因为外部原因而努力完成任务：取悦教师、赢得比赛或奖励等）
使学生的注意力集中在与自己任务相关的行为上	使学生的注意力集中在作为外在权威形象的教师身上，控制学生
在任务完成后，培养学生欣赏与任务相关的行为以及获得满足感	打扰学生正在进行的过程，使学生的注意力从任务相关的行为中转移开

源自：J. Brophy, 1981, "Teacher praise: A functional analysis," *Review of Educational Research* 51(1): 5-32.

分析你的反馈

图 9.1 是一个完整的样例，可以帮助教师分析给予学生的反馈，分析所提供的反馈类型，以及在一节课中给予了多少反馈。为了使用这个表格，你可以录下自己的授课过程（如果可能，可以使用无线话筒，这样你就可以听到与每个学生

日期：<u>11/20</u>　　　班级：<u>布朗（Brown）女士</u>　　　年级：<u>2 年级</u>

反馈分析表

本节课教授的重点是什么？

投掷——侧对目标（S1.E14.2）

反馈（在每一格中，写一个为学生提供反馈的实例）	反馈类型			
1. 泽维尔（Xavier），要侧面朝向目标	√技能 __行为	__笼统 √具体	__负面 __正面 √中立	√一致 __不一致
2. 凯西（Cathy），移动时请不要跑向其他同学	__技能 √行为	__笼统 √具体	√负面 __正面 __中立	__一致 √不一致
3. 投掷时，要一直记得侧面朝向目标	√技能 __行为	__笼统 √具体	__负面 __正面 √中立	√一致 __不一致
4. 索菲亚（Safia），我喜欢你的随球动作	√技能 __行为	__笼统 √具体	__负面 √正面 __中立	__一致 √不一致
5. 很棒，侧面朝向目标！（给奎恩（Quinn）和斯宾塞（Spencer）提供反馈）	√技能 __行为	__笼统 √具体	__负面 √正面 __中立	√一致 __不一致
6. 所有人，好样的!	√技能 √行为	√笼统 __具体	__负面 √正面 __中立	__一致 √不一致
7. 棒极了!	√技能 √行为	√笼统 __具体	__负面 √正面 __中立	__一致 √不一致
8. 侧面，玛凯拉（Makayla）	√技能 __行为	__笼统 √具体	__负面 __正面 __中立	√一致 __不一致
9. 想想你的侧面（给伊桑（Ethan）提供反馈）	√技能 __行为	__笼统 √具体	__负面 __正面 √中立	√一致 __不一致
10. 你没有侧面朝向目标，德温（Devin）	√技能 __行为	__笼统 √具体	√负面 __正面 __中立	√一致 __不一致
11. 随球动作，迈克（Mike）	√技能 __行为	__笼统 √具体	__负面 __正面 √中立	__一致 √不一致
12. 各位，请不要让球进入露天看台内	__技能 √行为	__笼统 √具体	__负面 __正面 √中立	__一致 √不一致
13. 所有人今天都很棒，坚持下去	__技能 √行为	√笼统 __具体	__负面 √正面 __中立	__一致 √不一致

图 9.1　反馈分析表

的互动）。然后分析视频，列出在课上给予学生的所有反馈。列出每个反馈实例，表明反馈是给某个学生或某一组的，还是给予所有人的。接下来，指出反馈是与技能相关还是与行为相关的（例如，分心或不恰当的行为）。然后记下反馈是笼统的还是具体的；积极的还是负面的；是一致反馈还是不一致反馈。

谁接收反馈？

如果你对自己很诚实，可能会注意到自己更喜欢某一类学生。你可能喜欢教技能强一些的学生或差一些的学生。理想的做法是，你应该为每种技能水平的学生提供同等数量的反馈（Sharpe, 1993; Tjeerdsma, 1997）。外表吸引力也可能影响教师的反馈倾向。例如，马蒂内克（Martinek, 1983）发现，外表具有吸引力的儿童比外表平平的学生会得到教师更多的反馈。有些教师给男孩提供更多的反馈；有些教师给女孩的反馈更多。谁应该获得教师的反馈？教师需要练习如何给班上所有学生同等数量的反馈吗？

教师回顾整节课并分析反馈后，考虑以下问题：

- 对某个学生，你提供了多少次反馈？哪一个学生（如果有）没有从你这里得到反馈？
- 你倾向于喜欢某种特定类型的学生（技能较高的学生、品貌兼优的学生、

男孩、女孩）吗？（Nicaise et al., 2006）

- 你为全班学生提供了多少次反馈？这些反馈更多情况下是与技能相关还是与行为相关？是适当和一致的反馈吗？
- 你倾向于使用具体反馈或笼统反馈吗？如何让反馈更具体呢？
- 你对正面反馈、中立反馈和负面反馈的比例感到满意吗？
- 是否能让你的正面反馈语言多样化？或者主要是"好""不错"这样的反馈？
- 在提供反馈时哪些地方做得很好？你可以做出哪些改变？

显然，关于反馈可以提出其他很多问题。定期进行分析有助于你更好地了解教学。

体育教师反馈研究

一直以来，人们都提醒体育教师说反馈是一项重要的能力，有助于帮助学生学习运动技能。这毫无疑问是正确的。但有些人也提出，反馈作为一项教学技能的作用可能被高估了（Lee, et al., 1993; Nicaise et al.,2006; Silverman et al., 1992）。

运动学习研究者在实验室的研究结果证明了反馈的价值（Lee et al., 1993; Schmidt & Wrisberg, 2013; Silverman et al.,1992）。他们营造了某种氛围，受试者在其中无论如何都不会得到任何反馈。例如，受试者按一个按钮，但她完全不知道自己是按得太快还是太慢。然后研究人员会向他们提供任何类型的反馈。这些研究显示，给予任何类型的反馈都要优于不给反馈。

与之形成对比的是，学生正在操场上学习一项运动技能时，他们一直收到某些类型的内在反馈。例如，他们知道球的去向、移动距离或高度。如果学生旋转或跳跃，他们会对正在进行的动作以及在哪里停下有感觉。虽然不同于教师或研究者给予的反馈，但学生获得的结果让他们知道自己是如何运动的。

一些在健身房和操场上进行的反馈研究也表明，给予反馈是有价值的（Pellett & Harrison, 1995; Sharpe,1993; Silverman et al., 1992; Stroot & Oslin, 1993）。遗憾的是，控制学生接受多少练习通常很困难。通常情况下，教师提供反馈时学生正在练习，因此接受更多反馈的学生会学习得更多或更好，而且练习得也会越多。然而，研究者很难知道学生的提升是教师反馈的结果，还是仅仅因为他们进行了更多的练习。越来越多的研究者开始控制练习量，使学生在不同练习环境下的练习量相同（Goldberger et al.,1982），并在实景的体育课上进行研究，这样我们就能进一步了解教师反馈以及反馈对学生学习的作用。

如今，我们相信教师反馈非常重要，尤其是具体的、一致的、简单的反馈，以及用得较多的正面和中立反馈。但是我们都知道高成功率的大量练习有助于学生不断学习并感受到满足感。记住，应该首先确定所有学生的练习量是适当的，然后给予个人反馈。在个别学生身上多花了时间会让其他学生分心，从而可能产生适得其反的效果。

电子游戏是一个好例子

想想你玩过或熟悉的一款电子游戏（如"愤怒的小鸟""糖果粉碎传奇"）。玩游戏的时候，你会经常得到及时反馈；这是一个反馈及时且持续的过程。如果游戏失败，你可以再一次从头开始，带着从之前反馈中学习到的知识，你可能玩得更好。这同样适用于体育课。通过在一节课上不断给予学生反馈，让他们有多次机会从教师的反馈中学习，从而提高运动表现（Wiggins，2012）。

小结

提供反馈有诸多好处，包括鼓励和激励学生保持参与性和继续练习。反馈可帮助学生增加技能和知识。本章讨论的反馈主要集中在表现获知（运动过程）方面。

所有学生都应该从教师那里得到适当数量的反馈。具体反馈（而不是笼统反馈）、一致反馈（而不是不一致反馈）、简单反馈（而不是复杂反馈），以及积极或中立反馈（而不是负面反馈）是最有效的。另外，学生应该得到适当的表扬。分析反馈有助于教师了解自己提供了哪些类型的反馈、哪些学生接收到反馈，以及在一节课上提供了多少反馈。应该定期进行反馈分析，提醒教师哪些地方做得好，以及哪些地方还有待提高。此外，反馈分析也是一个有益的教学工具。

思考题

1. 为什么给予反馈是一项重要的教学技能？教师完全不给学生反馈会给学生带来什么影响？

2. 你能想出哪些可能对全班学生有益的笼统反馈？举几个例子。

3. 想想你作为学生的体育课经历。反馈对你重要吗？你还记得收到的反馈类型吗？如果你是一名运动员，把从教练那里得到的反馈与从学校教师那里得到的反馈比较一下可能会很有趣。

4. 为什么一致反馈和简单反馈在体育活动课上很少用？为什么教师倾向于使学生超负荷运动？

5. 大量的反馈可能对某一个特别课程没有作用，你能想到几个例子？反馈对哪类学生没有用呢？

6. 使用本章中的表格，分析在一节课上你给学生提供的反馈。你做得如何？哪些地方需要提升？

7. 制订一个计划，要求在教学中使用反馈分析，帮助你成为更有效的教师。计划应该是怎样的（如何、何时、何地）？

8. 如何看待负面反馈？应该完全不使用负面反馈吗？还是应该尽量少用？负面反馈对学生的自我意识有害吗？使用多少是否取决于你提供负面反馈的方式？哪种情形下使用负面反馈会伤害学生？

参考文献

Boyce, B.A., Markos, N.J., Jenkins, D.W., & Loftus, J.R. (1996). How should feedback be delivered? *Journal of Physical Education, Recreation and Dance, 67* (1), 18-22.

Brophy, J. (1981). Teacher praise: A functional analysis. *Review of Educational Research, 51* (1), 5-32.

Brophy, J., & Good, T.L. (1986). Teacher behavior and student achievement. In C.M. Wittrock (Ed.), *Handbook of research on teaching* (3rd ed., pp. 328-375). New York: Macmillan.

Claxton, D., & Fredenburg, K. (1989). Coaching young athletes: Strategies for success. *Strategies, 2* (2), 5-8, 19.

Goldberger, M., Gerney, P., & Chamberlin, J. (1982). The effects of three styles of teaching on the psychomotor performance and social skill development of fifth grade children. *Research Quarterly for Exercise and Sport, 53*, 116-124.

Kniffen, M. (1988). Instructional skills for student teachers. *Strategies, 1*, 5-10.

Lee, A.M., Keh, N.C., & Magill, R.A. (1993). Instructional effects of teacher feedback in physical education. *Journal of Teaching in Physical Education, 12* (3), 228-243.

Martinek, T. (1983). Creating Golem and Goleta effects during physical education instruction: A social psycho- logical perspective. In T. Templin & J. Olson (Eds.), *Teaching in physical education* (pp. 59-70). Champaign, IL: Human Kinetics.

Masser, L. (1993). Critical cues help first-grade students' achievement in handstands and forward rolls. *Journal of Teaching in Physical Education, 12* (3), 301-312.

Mustain, W. (1990). Are you the best teacher you can be? *Journal of Physical Education, Recreation and Dance, 61* (2), 69-73.

Nicaise, V., Cogerino, G., Bois, J., & Amorose, A.J. (2006). Students' perception of teacher feedback and physical competence in physical education classes: Gender effects. *Journal of Teaching in Physical Education, 25* (1), 36-57.

Pellett, T.L., & Harrison, J.M. (1995). The influence of a teacher's specific, congruent, and corrective feedback on female junior high school students' immediate volleyball practice success. *Journal of Teaching in Physical Education, 15* (1), 53-63.

Pollock, J. (2011). *Feedback: The hinge that joins teaching and learning*. Thousand Oaks, CA: Corwin.

Rink, J., & Werner, P. (1987). Student responses as a measure of teacher effectiveness. In G.T. Barrette, R.S. Feingold, C.R. Rees, & M. Pieron (Eds.), *Myths, models, and methods in sport pedagogy* (pp. 199-206). Champaign, IL: Human Kinetics.

Ryan, S., & Ratliffe, T. (2000, July/August). Keeping kids on-task with crossgroup feedback. Strategies, 34-35. Schmidt, R.A., & Wrisberg, C.A. (2013). *Motor learning and performance* (5th ed.). Champaign, IL: Human Kinetics.

SHAPE America. (2014). *National standards & grade-level outcomes for K-12 physical education.* Champaign, IL: Human Kinetics.

Sharpe, T. (1993). What are some guidelines on giving feedback to students in physical education? *Journal of Physical Education, Recreation and Dance, 64* (9), 13.

Silverman, S., Tyson, L., & Krampitz, J. (1992). Teacher feedback and achievement in physical education. *Teaching and Teacher Education, 8* (4), 333-334.

Stroot, S.A., & Oslin, J.L. (1993). Use of instructional statements by preservice teachers for overhand throwing performance of children. *Journal of Teaching in Physical Education, 13* (1), 24-25.

Tjeerdsma, B.L. (1997). A comparison of teacher and student perspectives of tasks and feedback. *Journal of Teaching in Physical Education, 16* (4), 388-400.

Wiggins, G. (2012). Seven keys to effective feedback. *Educational Leadership, 70* (1).

Wulf, G., Shea, C., & Lewthwaite, R. (2010). Motor skill learning and performance: A review of influential factors. *Medical Education, 44* (1): 75-84.

10

尽量减少分心行为和纪律问题

"在一节练习课上，我问 1
年级学生，'是什么让我
们的心跳加速？'一个在
我旁边的男孩靠近我的耳
朵小声对我说'是我的女
朋友。'"

塞布丽娜·拉尔默（Sabrina Larmer），
汤姆森贵族小学，
马里兰州，埃尔克顿
经体育中心许可后转载

阅读本章后，你应该能做到以下几点：

- 描述让分心行为出现最少的策略。
- 讲解如今学校使用的两大纪律系统的一般概念：李·坎特（Lee Canter）的严明纪律模式和海尔森（Hellison）的个人与社会责任模式。
- 探讨家长和监护人、校长和班主任在支持纪律系统中的作用。
- 描述在遇到纪律冲突时教师的感受和应对策略。

如果可以只上课，没有学生调皮，没有分心行为，而且每个学生都专心地听课和学习，那该多好，对吧？是很不错，但这是一个不现实的白日梦。即使教师按照第 2 章的描述内容建立班级管理规范，仍然有些学生会有不当行为。教学的现实情况就是，总会有那么几个学生，不管出于什么原因，会让班级不协调。我们要强调的是，这里描述的方法通常适用于班上的少数个别学生。大多数学生是尽力使教师高兴，遵守规矩，而且认真完成任务的。本章描述和分析了防止学生课堂分心行为的一些方法。

为什么学生会有这种行为

许多事情会导致分心行为；有些事情教师可以控制，然而有些事情则在教师的控制范围之外。是不是学生对教师的指导感到困惑，或是感觉任务太容易、太难或持续时间太长？是不是因为某些原因而感到为难或尴尬？是不是学生在寻求关注，感到有点疲乏或饥饿，或者有学习障碍或发展困难，以至于经常出现情绪爆发或沮丧？是假期要来临了吗？还是假期刚刚结束？是家里发生了什么事情，还是与朋友发生了不愉快的事情？

根据我们的经验，当一个班级（或学生）大多数时间都表现良好，但突然出现分心行为时，这时通常需要调整教学进程。教师可能不得不再一次展示一项任务或活动，以解答学生可能出现的任何困惑。为觉得任务太过容易而感到厌倦的学生提供难度更大的任务（第 5 章已经详述）。关键在于必须确定导致分心行为的原因，了解这一点后，就可以调整教学内容，使学生回到任务上来。

然而，有些学生很难做到天天坚持完成任务。库琳娜（Kulinna）、柯思伦（Cothran）和瑞高鲁斯（Regualos）的研究报告表明，据教师们反映，课堂上最常见的不当行为是学生讲话、不能静坐、争吵、注意力不集中、插嘴、未跟随指引、寻求关注、咯咯笑和偷懒。正如我们所知，这些不当行为可能是由于校外的情况导致；不过，教师有责任与班上的所有学生一起解决所遇到的难题。

让分心行为减至最少的策略

通常，合适的、专注于任务的行为被描述成积极的行为，这与教育设置的目标相符（Siedentop & Tannehill，2000）。一个班级的学生在一节课的大部分时间都应专注于任务，这有助于营造一个积极的学习氛围，不太可能会出现纪律问题。即使已经向学生讲授了第 2 章中展示的行为规范，仍然会有分心行为的发生。因此，教师需要有最大限度地减少学生不当行为的策略方法。然而，这些只是策略，不是保证。有些策略只在某些时候对某些学生有效。我们都希望拥有一直有用且万无一失的策略，但并不存在这种策略；也没有人拥有这样的办法。优秀的教师似乎有一个策略清单，有时会有意识地使用策略，有时运用起来完全不需要多加思考。这些策略包括背对墙、近距离控制、透视力、选择性忽视、重叠执行、记住学生的名字，以及正面定位。

背对墙

　　最简单的策略之一就是背对墙。教师使用这个方法实现形成性评估（见第 5 章）和行为管理。站在界限外侧（健身房的墙边或操场的边缘）教师可以看见整个班的情况。教师站在班级中间时，大约 50% 的学生会不在视野范围内；因此，即使学生的分心行为已经持续了一段时间，教师可能也无法及时发现。

　　从分心行为一开始就能迅速察觉这种情况，这是优秀教师的一个特征。立即察觉分心行为可以防止该行为的升级。当分心行为持续几分钟后，可能会有多名学生参与其中。因此，一个相对较小的事件会上升为一件大事（例如，一个学生试图从另一个学生手中抢球）。这就是所谓的连锁反应（Kounin，1970）。教师发现这类事件的苗头后，应迅速防止事件扩大升级，因为关注学生并及时发现分心行为才是教师适当的做法。所以，正确和快速地确定分心学生可以防止情况发展到难以控制。

近距离控制

防止抢球事件进一步升级的一个方法就是近距离控制。就是朝着分心的学生方向走过去，让他知道你看到他了。给学生一个眼神，让他知道自己已经偏离了任务。

有经验的教师知道使用眼神表情的意义，眼神是教师使用的一种特定方式，相当于看着学生说，"你分心了；立刻回到任务上来。"但显而易见的是，教师需要离学生足够近时才能让学生看到他们的表情。

有时甚至不需要眼神表情，仅仅站在一群处于分心边缘的学生旁边，就足以使他们知道教师正观察着他们，并希望他们保持专注。

近距离控制意味着教师需要围着操场走动。在教师教学生涯的初期，他们习惯于站在一个地方不动。虽然站在一个地方可能比四处走动更舒服，但是不够有效。几乎毫无例外，优秀的教师都会绕着教室、健身房和户外教学区走动。

透视力

背对墙和近距离控制策略给全班学生一种印象，教师具备透视力，就像脑袋后面有双眼睛一样（Kounin，1970）。库宁（Kounin）开始有关纪律的一系列研究时，他假设那些行为良好，而且始终跟进任务的学生是受到教师威胁的，基本上是教师吓唬学生去守规矩。他发现这不是事实。经历纪律问题最少的教师是用一种平稳和肯定的方式与班上同学交流，教师知道自己的学生正在干什么，了解学生的小把戏，因此学生甚至不会去尝试那些小把戏。通过背对墙和快速盯准即将有分心行为的学生，让自己的学生相信教师确实有透视力。

有透视力与没有透视力

在小学任职时，我记得一位 6 年级教师很独特，拥有透视力。她为人友善热情，而从第一天开始，我们就认为她不会放过任何一个有分心行为的学生。神奇的是，她能轻松辨认出学生分心的类型，并用眼神表情和近距离控制法使学生在那一年的大部分时间中都遵守纪律，没有不当行为。但下一年，新来的一位教师则不具备这种能力，同一个班级的学生很快就变成了一群吵闹的学生，不断大喊大叫，虽然教师用了威胁的方式，但仍然没有太大的起色。我可以肯定，那年我们几位教师的课都上得很艰难。基本上我们面对的是相同的学生，但除此之外，就看教师是否具有"透视力"了。

选择性忽视

最近，我（GG）观察了 1 年级的一节课，学生在课上专注地进行各种身体姿势练习。有时学生在原地练习；有时一边做动作一边围绕着健身房四处移动。只要教师给予学生机会，允许学生跑动时，布莱恩（Bryan）就会这样做。我以及在旁边观察的大学同学的反应都是应该立刻阻止布莱恩四处跑动。然而，那个教师忽视了他的这种行为。随着我们继续观察，发现布莱恩并没有打扰其他同学，事实上，其他学生也没有理睬他。其他教师可能会认为布莱恩分心了，但布莱恩的教师不这么认为。在观察整节课后，我认为那位教师是对的。布莱恩是一个精力旺盛的学生，有些人可能会给他贴上多动症的标签。他正在按照教师的要求进行，只是以很快的速度进行而已。教师显然看到了布莱恩，但选择性地忽视了他。在那堂课上，这是一个有效的策略。

帮助其他学生了解为什么某个学生会有如此的行为后，可以使用选择性忽视法。学习接受有些学生在规矩之外的行为方式，已经成为有些学校的主要优势之一。当我们观察那些与特殊学生一起上课的学生时，我们一直被他们的理解他人和真心帮助他人感动。然而，这种理解不是自动形成的。优秀的教师有意地指导班上的学生去了解特殊的学生并与他们一起学习。

尼克（Nick）的洞察力

我（GG）的大儿子尼克上 4 年级时，记得在我观察他的班上同学后，我与尼克谈论班上的有些同学。我对一个在课上不断有分心行为，而且明显打扰到教师的男孩进行了评论。我说，那个捣乱的男孩似乎成为班上同学的干扰和麻烦。我期待着尼克同意我的说法。然而，令我吃惊的是，他说道："爸爸，这不全是他的错，教师并不理解他。如果你给他一个机会，他真的是一个不错的家伙。教师从来没有给他一个机会。"这让我窥见一次孩子看待世界的视角。当我的班上有一个调皮不守规矩的学生时，我试着记住尼克的深刻见解。

重叠执行

背对墙是一个简单易学的策略，而重叠执行则需要不断练习。重叠执行是指一次专注于几个事务的能力，而且仍然能够使课程朝着预期的方向前进。

作为一名教师，需要不断同时应对几个学生或几种情况。譬如，你可能朝着几个学生点头同意他们去洗手间；朝着一个说"看我"的学生微笑；把手放在一个想跟你说话的学生的肩膀上，以此示意"稍等一会儿"；继续观察全班同学，同时决定是否改变任务或让原来的任务多持续几分钟。第 1 章中的洛克插图展现出需要发展重叠执行任务的能力。

重叠执行是需要通过经验才能习得的一项教学技能，是一项非常关键的技能，因为如果一个班上有 30 名或更多的学生，教师有时必须同时应对多件事情，以保持教学持续进行。显然，确定规定和规范可以最大限度减少对重叠执行的需求，但有时仍然需要采用这种方法。

技术秘诀　**使用 ClassDojo**

　　ClassDojo 是一个很棒的应用，教师可以用它鼓励学生，记录学生课堂行为，鼓励家长和监护人参与教学。ClassDojo 兼容苹果和安卓系统，可以及时对个别学生的行为或技能给予反馈，帮助他们快速发现自己的进步。家长和监护人可以每天看到自己孩子的所作所为，教师甚至可以通过该应用向家长发送信息，让家长和监护人了解和参与孩子的学习过程。

记住学生的名字

　　记住所有学生的名字很困难，但即使教师有 600 名或更多的学生，记住所有人名字也是有可能的。教学中令人沮丧的一件事就是：当教师试图引导某个学生的注意时，却叫不出他的名字。试图知道他们的名字时，教师可能会暂停上课，让学生报出名字，然后停止授课，考虑要对学生说些什么。如果教师知道学生的名字，就可以穿过健身房对他说话，让学生知道老师在观察他，对他给予奖励或提醒他回到任务当中。

　　对有些教师来讲，记住学生的名字要相对容易些，而对有些教师来讲，这是一件费力的事情。我们都听说过记名字的技巧（例如，押头韵；在对话中多次使用学生的名字；在学生进出健身房时，让他们告诉你他们的名字；还有就是拍下学生的照片）（Williams，1995）。体育中心在"新任教师的建议"板块给出了大量的建议。越来越多的教师为学生制作胸牌，学生带着胸牌去上体育课，直到教师记住学生的名字。对于在学生流动性较大的学校工作的教师来讲，记住学生的名字更具挑战性。在 9 月教的学生，有一半在 5 月就离开了，然后来了一群新学生。我们希望有一种神奇和快速的解决方法，能够帮助教师记住几百个学生的名字，但是没有这样的方法。然而，我们都知道，记住学生名字对于帮助防止学生出现课堂分心行为是非常有益的。

正面定位

　　指定一名或多名学生，把他们作为理想行为或技能的模范向其他同学介绍，这叫作正面定位。这种策略在小学很常用。"我喜欢维瑞达（Verenda）和汤米（Tommy）安静站立的样子"是一个正面定位的例子。根据我们的经验，这种策略对想取悦教师的学生更加有效。然而，这种方法也可能被过度使用。有些学生看上去并不在意，因为教师总是在说某个同学的做法如何正确。同其他任何策略一样，正面定位的作用取决于不同的学生、使用的方式以及使用频率。第 7 章讲解了如何在教授运动技能时使用正面定位。

我喜欢迈克（Mike）和盖尔（Gail）的做法，一听到信号后就停止，然后把球放在双腿之间。

很多策略或方法似乎源于成功教师的天赋。虽然很少有人传授或谈论这些策略，但很多教师仍会使用这些策略。然而，并非所有教师都会使用这些策略，尤其是在任教初期。新任教师通常在整节课上站在一个位置不动，或是因为他们背对着学生，没有发现学生分心。正如本书中讨论的许多技能一样，说起来容易，但在执教过程中使用时，实际上相当具有挑战性。然而，无论是新教师还是有经验的教师，我们希望你能反思教学技能和策略的用心编排，以及它们对减少分心行为的价值（Downing et al., 2005）。无论你如何运用这些策略和其他策略，有些学生仍然会拒绝教师要求做的事情（Timmreck, 1978）。这类学生不是分心，他们只是有纪律问题。

所有教师随时都会在课堂上遇到纪律问题。然而，有些教师能够把问题最小化。那么优秀的教师会用哪些策略来使纪律问题最小化呢？首先，在学年开始时，他们会花几天时间确定如第 2 章中描述的规定，并讲解管理规范；坚持让学生学习这些规定。优秀的教师还会使用刚才介绍的减少分心行为的策略。除此之外，不适当行为发生时，优秀的教师会审视自己的表现。课程对该水平的学生适合吗？我的行为会引发学生出现不良行为吗？他们是接受到负面互动或差别对待了吗？是教学氛围不够积极吗？学生是被动而非主动的吗？

主动还是被动

主动的教师会专注于保持或增加积极行为的策略，例如确定规则，规划合适的课程，以及表扬按照课上要求行动的学生（正面定位）。主动的教师尽量在纪律问题出现前进行规避。在理想情况下，他们会努力掌握主动性。

不当行为发生时，被动的教师的精力集中在阻止不当行为发生的策略上，例如表达不满或施加一个适当的惩罚。被动的教师会在事件发生后做出反应，试图避免纪律问题进一步恶化。在拥有良好纪律系统的情况下，有时我们必须被动反应，我们都知道后果会是什么，学生也知道。

纪律系统

大多数学校都有几套纪律系统，清楚地指明了学生和教师的可接受和不可接受行为，以及不当行为的后果。纪律系统在学校运用广泛，通常分为外在纪律系统和内在纪律系统。外在纪律系统通过外在鼓励或惩罚来鼓励及强化适当的行为。内在纪律系统鼓励年轻人出于内在原因做出适当行为（即做正确的事），而不是为了避免惩罚或获得奖励。本章专注于这两个广泛使用的纪律系统：坎特的严明纪律模式（外在系统）和海尔森的个人与社会责任模式（内在系统）。这些系统的基础是：假设学生会出现不当行为，为了这些学生以及班上的其他同学，教师需要想办法应对这些不当行为。

应该在学年的一开始就将纪律系统介绍给学生，然后根据需要进行使用（Downing，1996）。与希望学生不要行为不当形成对比，当有人发生不当行为时，该系统会试着在当场解决问题。任何教育者都能证明，能够在课堂上妙计迭出，总有办法制止分心行为的教师只存在于电影和电视中（Kulinna et al.，2006）。建立一个纪律系统的优势在于它为教师提供了一个结构，利于他们做出与纪律有关的决定，所以教师不会发现自己处于尴尬的处境：我该如何让这个学生停止讲话（或不要插嘴，或让他按照指导进行操作），并同时关注到其他 29 名学生？

严明纪律模式

美国各学校的一个趋势是启动依赖外在奖励和处罚结果的全校纪律计划。严明纪律模式是一个流行的全校范围的纪律计划例子，尽管存在争议，但是已经被很多学校采用了多年（Canter，2010；Hill，1990；Moone，1997；Sander，

1989）。艺术、音乐和体育教师发现全校纪律计划特别有帮助，因为这些教师在相对较短的一段时间内每天要教许多不同的班级。拥有适用全校的纪律计划时，这些教师对预期会有一个总体思路，并且知道行为规范在其他班级也得到贯彻。当所有教师都赞同行为规范和对行为不当的惩罚时，所有学生受到的待遇会更加一致，对专业教师来讲上课也会更轻松，因为至少在理论上，他们不需要花太多的时间来确定他们自己的纪律系统。坎特的严明纪律模式的主要概念见图 10.1。

我们认识到，采用全校纪律计划并不意味着统一执行。不同教师的严格程度和期待要求（见第 2 章）不同，一个班级的学生能力也各不相同。然而，全校纪律这个概念让一个学校的教师在有关规则和惩罚方面更加统一，从而为学生提供一个更加稳定的氛围，学生知道所有教师的期待是什么。

除了就学生的在校行为达成一致，还需要对学生不当行为的后果达成共识。图 10.2 提供了惩罚示例，这是严明纪律模式的部分内容（Hill, 1990）。

在有些学校，体育教师使用他们自己的纪律系统。在全校纪律系统之下，体育教师向班主任提供一个不当行为检查记录，然后班主任将这些检查加入到自己一周的检查记录中。虽然有些教师使用每日计划而非周计划，尤其是那些有行为不当倾向的班级的任课教师，但在周五发送奖励或给予自由时间的做法非常普遍，这允许学生在一节课的末尾几分钟从几项活动中自由选择活动。接受检查的学生则必须执行教师选择的活动。

1. 所有学生都能负责任地行事。
2. 严格的控制（不是被动或敌意的）是合理的。
3. 应该明确地说明合理的期望（规则、适当的行为等）。
4. 教师应该对学生有合理的行为期待，得到管理方和学生父母的支持，从而激发学生参与活动。
5. 强化适当行为；不当行为应该受到合理的惩罚。
6. 对没有达到预期要求的合理惩罚应该明确说明。
7. 应该在没有偏见的情况下强化惩罚。
8. 教师应该坚定地向学生传达所有口头和非口头指导，且师生之间有明确的眼神交流。
9. 教师应该一致地实施对学生的期待要求和惩罚。

图 10.1　坎特的严明纪律模式的主要概念

源自："Class management skills," A.N. Sander, Strategies, 1989, 2(3): 15, reprinted by permission of Taylor & Francis Taylor & Francis Ltd).

小学

- [ ] 第一次违反规则：给予学生警告
- [ ] 第二次违反规则：给予学生 5 分钟的暂停
- [ ] 第三次违反规则：给予学生 10 分钟的暂停
- [ ] 第四次违反规则：教师打电话通知家长或监护人
- [ ] 第五次违反规则：将学生送往校长办公室

中学

- [ ] 第一次违反规则：给予学生警告
- [ ] 第二次违反规则：学生当天失去一分，不再参与活动，而且接受课后留校的处罚
- [ ] 第三次违反规则：学生课后留校，从该班级或活动中脱离，教师通知家长或监护人
- [ ] 注意：对于严重的违规行为，例如打架和破坏学校财产，应立即将涉事学生送往校长办公室
- [ ] 记住这一点很重要，即每一天对每个学生而言都是新的开始。因此，无论那天或那周之前发生过什么，对于当天的首次不当行为，学生收到的都是警告

图 10.2　不当行为的惩罚

暂停

　　并不是每位教师、每个学校都在使用正规的纪律系统。其他防止不当行为发生的策略可能也是整体计划中的一部分。暂停是严明纪律系统的一部分，可能是体育教育中最常使用的一个方法。暂停方法尤其有效：有些学生可能把远离数学或科学课的时间视为奖励，他们享受体育活动，所以暂停对他们而言是相当有效的办法（Johnson，1999）。也有一些学生可能很喜欢暂停体育活动，因此暂停的办法不是很有效。在这样的情况下，教师可以运用其他惩罚措施，例如使用减分让暂停生效。然而，使用减分时需谨慎。体育课上的分数与其他课上的一样，应该根据学生的学习和表现进行打分，而不是根据努力程度、参与性或行为举止进行打分。给一个学生减掉一分，然后暂停他的活动，相当于让学生失去展示学习成果的机会。

　　在给予学生暂停惩罚之前，要给他一次警告（Moone，1997）。例如，"如果在我讲解时你再讲话，你将被暂停活动。"如果不当的行为再次发生，则告诉该学生暂停或不再参与活动。借用严明纪律系统的方法，当你确定有些学生在学年期间会时不时地需要被暂停时，使用暂停方式是最有效的。在学年开始时向学生说明暂停措施，这几乎可以作为一项管理规范，让学生能够了解这个过程。例如，

你可以在墙面或操场的不同位置处标上暂停区域的标记，然后告诉一个行为不当的学生到暂停区 4 号。这可以防止几个学生在暂停时间里聚在一起闲聊。

也可以用钟表或计时器对暂停进行计时，例如允许学生 2 分钟后回到课上。另外一个办法就是在写字板上让学生写下自己为什么会被处以暂停的惩罚（如，他们违反的规则），然后再让学生回到课上。体育中心给出了几个例子，学生处于暂停时需要完成的几个书写活动。查看第 13 章"笔试态度评估"章节的内容。还可以要求学生对教师说明自己为什么会被暂停，然后回到课上。

如果一个学生在一节课上受到两次暂停处罚，可考虑让他不再参加这节课的其他活动。这或许很严格，但有些学生非常具有破坏力和难以教导，他们若继续留下，会让班上其他正在努力完成任务的学生觉得受到不平等待遇。

满意的奖励和不合需要的惩罚

如果选择使用一个基于外在奖励的纪律系统（如严明纪律），奖励最好是令学生满意的，惩罚最好是学生不喜欢和不符合他们需要的。让我们用几个例子来说明一下。在某些情况下，爆米花派对非常受学生欢迎，然而，我们已经在小学的很多个星期五下午闻到空气中弥漫的爆米花味道。所以我们认为每个星期五的爆米花派对已经不是一个非常令学生满意的奖励，可能仅在学年的头几个周五管用。几周之后，学生开始觉得这是理所当然的事情。

另外，我们看到有的教师用周五的自由时间作为奖励。虽然这对有些学生具有激励作用，但这似乎更像是对教师而非给学生的奖励。有些班级经常面临失去自由时间的威胁，但周五课程的部分时间总是会无端成为自由时间。那么在学生有很多内容需要学习，但并没有很多时间去学习时，教师怎么证明自由时间是合理的？因此只把爆米花和自由时间作为奖励是不够的。有些教师创造出他们自己的奖励机制。金色运动鞋是最受欢迎的一个，把一双旧鞋喷上金黄色，然后固定在一块板上当作奖品。制作奖品的关键在于通过展示介绍赋予奖品以价值，这可能需要一点表演技巧。除了旧鞋，有些教师非常聪明，把老旧的泄了气的球、生锈的奖杯、口哨、破旧或打结的跳绳，以及其他准备丢弃的物件做成奖品。一定要记住，奖励的思想意义大于奖品本身的价值。

有些小学教师使用小贴纸来表达"做得好"；还有一些教师使用无毒的印章在孩子的手背盖上"棒极了"或"超级孩子"等字样。给中学生的奖励需要升级，包括在体育课外开放的健身时间，在体育课期间选择热身音乐或班级活动，以iTunes 的购物卡等作为奖品进行的抽奖。有些学生喜欢为特殊活动赢取积分，例如参加学校舞会或周五的额外健身时间。

对小学生最有效的惩罚，大概就是在体育课上让他失去活动时间。接受不当行为检查的小学生不被允许参加他们非常享受的活动时，对他们使用这种办法效果最好。降落伞活动经常在小学生中使用，篮球小组赛在中学生中经常使用，如果学生在某天或某周内行为不当，可以禁止他们参加这些活动。

有些中学生宁愿暂停也不想参加体育课，所以此时不让学生参加某项活动并不是有效的惩罚措施。然而，有时暂时把一个学生从一节课中移除可以阻止其不令人满意的行为；有时只需要一次警告或是用符合学生需要的奖励来强化正面行为，就会让中学生投入到学习中。如果学生继续出现不良行为，可使用其他策略，可能包括放学后留校、面谈、打电话通知家长或监护人（Rosenthal et al., 2010）。

外在奖励的重要理念在于：必须能够激励学生持续学习下去。如果他们并不在意奖励，那么说明外在奖励系统是无效的。

个人和社会责任模式

有些教师更喜欢给予学生内在奖励（内在激励式的奖励源自努力学习和与人和睦相处）。这些教师相信孩子天生希望表现好，正是长期以来的外在奖励使情况适得其反（Kohn, 1993）。这类教师希望学生纯粹为了自己而参与并享受体育活动，而不是因为可以获得外在奖励。

个人和社会责任模式在体育教育中是一个流行的内在激励系统，由唐·海尔森开发（Compagnone, 1995；Hartinger, 1997；Hellison, 2011；Hellison & Templin, 1991；Masser, 1990）。本质上，这个模式旨在帮助年轻人了解和践行自我责任感。儿童和青少年与生俱来的渴望是与人相处和为自己的行为负责，而不是为了教师给予他们奖励。与其他纪律计划一样，应该明确地向学生讲解这个模式，鼓励学生对自己的行为负责，与其他人一起努力。以下是海尔森个人和社会责任模式的五个层面：

0级：无责任感。在这个层级的学生无法对自己的行为负责，通常通过贬低、胁迫、欺凌或身体上伤害同学来妨碍他人。处于0级水平的学生会干扰学习氛围。

1级：尊重。这个水平的学生课堂参与性最低。处于1级水平的学生并不一定参与课堂或活动，但是会尊重其他同学，不会干扰课堂学习或阻止其他同学积极参与。

2级：参与。处于这个水平的学生积极参与学习，但通常只是在觉察到教师正在观察他们时才会如此。他们会做教师告诉他们做的或需要做的事情，但不会有更多的参与。

3级：自主性。处于这个水平的学生开始为自己的学习承担责任。这意味着，他们不需要教师的直接监管就能努力学习，关于需要学习什么以及如何学习，他们能够独立地做出决定。在这个水平下，学生通常被要求在小组内设计他们自己的游戏、动作序列或舞蹈。学生可以在没有教师的监管时保持积极参与。

4级：关怀。处于这个水平的学生不仅与其他人一起学习，还真心地支持和帮助班上的其他同学。例如，在没有被教师要求的情况下，这个水平的学生会在当天的活动中自愿成为一名不受欢迎的学生的搭档。

不用说，这个模式要求不仅是对学生进行讲解，而且期待所有学生都能达到4级水平。与严明纪律系统一样，教师需要在学年的开始对学生讲解这几个不同的层面，然后在整个学年期间进行使用，鼓励学生与教师和班上同学合作。可以专门设计课程，帮助学生以较高的水平参与活动。然后这个水平的要求会成为整个学年课程中的部分内容，以加强规则的执行和期望。例如，教师可以按照1级水平教育学生不要打扰课堂纪律（对处于0级水平的学生）。对于有些学生，给予他们自己冷静下来的机会，即使这意味着不让他们参与班级活动，但他们也会在正确的方向上迈出脚步。最终的目的是让所有学生以高水平的责任感持续参与学习。以下是使用责任水平教学的策略：

通用：适用所有水平的学生

- 询问学生如何看待让0级水平的学生远离器材这件事。那么如何看待1级水平、2级水平、3级水平和4级水平的学生呢？然后让学生走过去拿他们的器材，向教师展示他们认为自己可以在哪个水平层级学习（Masser，1990）。
- 把学生分组，为每组分配一个水平层级，要求学生把符合这一水平的行为用表演形式演绎出来。每个组在课堂的剩余时间里表演他们的短剧。最后，让所有学生谈论他们观察到的水平层级。

1 级：鼓励容易打扰课堂纪律的学生（0 级）离开活动，不去打扰其他同学

- 冷静区：学生可能会离开活动到冷静区，避免学生不使用文明用语、打扰课堂或不尊重其他同学。
- 交流长椅区：两个因为器材或使用空间而打架的学生（0 级）会被送往交流长椅区。让他们坐在那里，直到他们准备向教师解释解决办法。假如那节课非常有趣，大多数学生希望赶快回到活动中，打架的学生就会急切地找到解决冲突的办法（Hartinger，1997）。
- 学生抱怨：当一个学生抱怨另一个学生时，让这个学生先确定另一个同学所处的行为水平，然后就如何对待不同水平的同学给予建议（Masser，1990）。

2 级：包括常常脱离活动的学生（1 级）

- 全触规则：任何人在投球之前，团队中的每一个人都必须接触到球。

3 级：鼓励学生独立练习（2 ~ 3 级）

- 让学生独立完成任务表。
- 学生学习一项新技能时，让他们给处于不同水平层级的同学提出练习建议。然后鼓励学生朝着更高的水平努力，称赞学生作为一个团体一起努力，或使用正面定位（Masser，1990）。

4 级：鼓励学生主动承担责任

- 让学生担任搭档互助角色，要求学生具有决策能力且能主动承担责任。
- 让学生以组为单位进行学习。在开始前，学生应该讨论处于 4 级水平的学生如何在组队中效力。重点应该放在如何与可能处于 0 级水平或 1 级水平的学生一起学习（Masser，1990）。

了解社会责任水平

我（SP）曾经教过一个 7 年级班，课程的重点是社会责任水平。虽然课程内容是健身和体能训练的一部分，但真正的目的在于观察学生是如何理解社会责任水平的。我分发一些书面练习让学生选择并告诉他们，今天在他们进行练习时应该负责让自己处于 3 级水平（完全投入）。学生完成书面练习后，我提醒他们责任水平的几个层面，然后在心里对他们的水平

做了评估，我认为大部分学生都处于 2 级水平（部分投入）。在课程结束时，我让学生自我评估，然后要求他们用手指向他们在那节课上的大部分时间里所处的水平，几乎所有学生都指向 3 级或 4 级水平；我的观察结果是，学生大部分处于 1 级和 2 级水平。简而言之，学生认为自己比我观察到的更有责任感，他们尤其考虑到自己花了很多时间站在那里，可实际上他们并没有进行练习。在课程结束时，关于学生在整节课期间对练习的投入情况，我问他们是否对我或对他们自己很诚实。在他们离开进入下一节课之前，我几乎与所有学生进行了单独谈话，与他们分享了我的观察。逐渐地，学生开始了解这些水平层级真正的意义，以及如何更加准确地评估他们自己的参与性。在第三节课的末尾，除了一个学生外，我教的这个 7 年级班的所有学生的自我评估都与我观察到的完全相同。

有效纪律系统的特征

无论采用或适应基于外在激励（严明纪律系统）还是内在激励的纪律系统（个人和社会责任模式），三个因素都有助于你成功使用该系统。首先，教师应该在学年开始的时候认真地讲解纪律系统，让学生了解这个系统；其次，教师必须始终坚持标准一致；最后，校长、任课教师和其他学校职员，以及家长和监护人必须提供相关支持。

让学生了解纪律系统

纪律计划可以发挥作用，原因在于学生清楚地了解纪律计划是如何运行的，以及为什么存在。为了确保学生清楚地理解纪律系统，可在学年开始的时候向学生介绍纪律系统，用许多例子认真地讲解清楚，然后进行练习。你可以采用班会的形式介绍纪律系统；在班会上，学生可以提问，帮助他们了解这个计划是必需的。无论使用哪个纪律系统（外在或内在），整个班级都应该参与其中，让学生明白其中的重要性以及计划是如何运用的。

如果从一开始就没有制订好计划，那么不当行为会成为教师一方的主观判断。你会想：我该如何做？我对不当行为的惩罚力度应该如何？我能在 30 秒内讲解 0 级水平行为并让学生理解吗？

纪律系统类似于为了应对违章停车而建立的规则系统，其中包括允许车停在公园的时间，哪些地方可以或不可以停车。一旦建立了这些规则，不服从的后果也就确定了下来。在严明纪律系统中，学生清楚地了解不当行为的后果（见图

10.2)。在个人和社会责任模式中，要用例子讲解不同的水平层级。

纪律计划准备就绪后，在学年开始向学生讲解时，让学生知道做任何事的相应后果，违规和惩罚已经说明得相当清楚。许多人相信这有助于防止不当行为的发生。

教师的一致性

高质量纪律系统的第二个特征就是教师的一致性。一旦确定了规范和规则，教师每天都要使用相同的标准。这一点说起来容易，实行起来却很困难。不过，让学生知道教师具体的期望很重要。

教师可能有松懈的倾向。可能在开始阶段，教师能够始终如一地强调规范，例如，当教师说"停下"时，所有学生要把器材放在地上。在几节课后，教师可能开始松懈。有个学生并没有把器材放在地上，然而教师并没有在意，忽视了这一点。然后，渐渐地会有两个或三个这样的学生出现；再后来是五个或六个。教师可以通过一致性要求（严格要求）防止懈怠。学生很快就会知道教师真的要执行学年开始所讨论的规则。

速度限制：65英里还是72英里

在我（GG）写到教师有松懈倾向部分的内容时，我想起美国的车辆限速是每小时65英里（约每小时105千米）。司机似乎认为限速不是65英里。我所居住地方的人们的普遍观点是，限速实际上是每小时72英里（约每小时116千米）。这就是为什么我们要设置定速巡航，直到我们的雷达监测器发出声响，然后我们将速度放缓到65英里。儿童和青少年会看到他们的家长和监护人也有类似的行为。这里传达的信息显而易见：这些是制定好的规则，但规则可能是有弹性的。这同样适用于教学中。教师可以制定规则，然后允许一定的规则弹性存在；也就是说，允许一定的宽松处理。张贴到墙上的规则可能容许进行一定的协商（Tousignant & Siedentop, 1983）。作为教师，由我们决定规则是否可以有弹性及其弹性范围。

教职工的支持

有时教师会遇到这样的学生，他们不愿意甚至无法参加活动，几分钟后就会去打扰班上的其他同学。暂停无效，奖励和惩罚也没有用。在这些情况下，教师别无选择，只能不让这样的学生参加课程活动。出现这种情况时，学生的班主任、校长或咨询顾问可以从两个方面提供帮助。首先，他们可能需要找出学生行为不当的原因，提供有益的策略；其次，他们或许可以帮助在校内设定一个位置，当学生无法专心学习且打扰其他同学时，就让学生到这个地方去待着。

当然最好是让学生参加体育学习。然而，现实情况是，有些时候有些学生就是无法在小组中和大家一起学习。教师没有办法，只好让他们离开健身房或操场。出现这种情况时，学校中其他教职工的配合就非常重要。

家长或监护人的支持

有些家长或监护人可以起到帮助作用。在这种情况下，教师给家长打电话或写信是非常有效的。

有些教师把打电话或写信作为每周例程，给那些努力认真的学生的家长或监护人打电话，告诉他们的孩子在体育课上表现如何。教师也会给行为不当的学生的家长或监护人打电话。但是在可能的情况下，他们会尽快再次打电话告诉家长一些好消息，也就是说学生的行为表现进步了。这是一个强有力的组合方法。

无论教师决定写信还是打电话，关于学生行为的表达一定要具体，举例说明他们遵守或违反的具体规范或规则。这尤其适合打电话告诉家长坏消息的时候（Watson & Lounsbery, 2000）。

遗憾的是，让家长或监护人参与此事也并非在所有事情上都有效。在有些学校，因为无法依靠学生的家长或监护人以理想的方式起到作用，校长和教师被迫在教学日期间与学生一起上课。然而，当某个学生长期表现不当时，家长或监护人可以参与其中，这时会产生很好的效果。

便利贴

约翰·鲍勒（John Bowler）在弗吉尼亚州的都柏林教书时，当遇到一些学生行为不当时，他让学生在黄色便利贴上写上他们的名字、电话号码、不良行为以及日期，然后他把便利贴放在办公室的电话旁边一个星期。如果这个孩子在之后的一个星期中没有出现不当行为，他就把便利贴扔掉。如果学生再次出现不当行为，约翰就打电话给家长或监护人（Watson & Lounsbery, 2000）。让学生写便利贴就是给予他们明确的警告，告诉他们如果再出现不当行为会发生什么。这种方法对约翰和他的学生非常有用。

纪律对抗

目前为止所讨论的各种策略旨在减少和预防纪律问题的出现。尽管如此，在理想情况下，教师会偶尔面对行为不当学生的对抗。此时可能会令人感到生气和沮丧。一些策略可以使纪律对抗带来更少的麻烦，最终对你和学生都有利

（Cothran，1998）。

记住一点，学生的不当行为不是个人行为，不要生气。事实上，有时控制呼吸，把注意力集中在自己身上，然后去处理学生的问题是一种明智的做法。

面对学生的对抗行为，用相对隐私的方式进行处理通常最有效。穿过健身房对着一名学生大吼并不是什么好办法。你应该走过去，把他叫到旁边，然后进行简单的交流。给班上其他同学一个任务，这样其他学生可以继续活动，而不是站在那里观看这场冲突。这让处理这个学生的冲突也变得更容易一些，尤其是在这个学生年龄较大，而且很在意其他同学如何看待他时。

最好的策略就是冷静和平稳地叫学生的名字，然后解释他所违反的规则（规范），停止说其他更多的话。有时询问学生的想法是一种明智的做法。如果你问他是否有什么要说的，带着尊重倾听他说的话，试着从他的处境去理解他。然而，对于有些学生，询问他们对发生的事情有何看法时会适得其反。何时询问学生以及何时不询问，只有随着你对学生的不断了解来判断。无论哪种情况，在交流结束后，告诉该学生他的行为后果会是什么：接受检查、暂停和失去自由时间。如果教师认识到自己是过错方或是犯了一个错误，那么应该对学生说一声对不起！我们都是人，都会犯错，让你的学生知道你能承认自己的错误。

教师提前彻底地想清楚这种对抗过程，纪律问题处理起来也许会最有效。通常，当我们带着沮丧或激动和愤怒进入对抗时，会让问题处理起来没有在我们平静的时候更有效。我们不是说好教师绝对不应该生气。教师确实有时会生气，但是沉着的交流互动似乎比生气要有效得多。一旦学生受伤、生气或沮丧的感受有所消弭，教师需要让他知道他的行为违反了规则，但是作为一个人这是可以原谅的。

坚定果断的交流

富有成效的交流一直都是一个难题。尤其是在你生气或沮丧时。费尔南德斯－巴尔博（Fernandez-Balboa）建议新教师在发现学生行为不当时，用坚定果断的方式进行交流：

1. 用非评判性的方式描述行为。"奥斯丁（Austin），你把卡特（Carter）的器材拿得离他太远。"
2. 作为教师，表达你的感受。"我很恼怒，因为你一直没有听我讲话。"
3. 确认学生的感受。"你感到很……（挫败、难过、生气）吗？"
4. 讲解学生行为对教师和班上其他同学的影响。"当我讲课时你说话，这让我和班上的其他同学容易分心。"
5. 陈述对学生以后行为的期待。"我期望你能听我讲课，而不是在我讲课时说话。"

小结

能够把学生分心行为和纪律问题最小化的教师会思考是什么导致学生分心，并开发出许多策略来预防问题升级为更大的冲突。随着教师教学经验的不断丰富，他们会不断注意分心行为，然后运用许多策略把问题最小化。这些策略包括背对墙、近距离控制、扫视、选择性忽视、正面定位以及重叠执行。这些策略结合在一起，有助于教师展现出透视力。除此之外，教师通常会实施一项纪律系统，让学生明白教师的期待、不良行为的后果，以及与教师和其他同学合作的好处。有些纪律系统主要基于外在动机，如坎特的严明纪律模式；有些纪律系统的目的在于发展内在动机，如海尔森的个人和社会责任模式。无论你选择哪类纪律系统，都必须让学生清楚地理解该系统，并让学生知道你在尊重班上每个同学的尊严和感受的同时，一致和严格地使用了这个纪律系统。

思考题

1. 本章描述了几个减少分心行为和纪律问题的教学策略，思考一下你的教学。列出三个你使用起来最自然的策略。列出一两个在使用时不那么顺畅的策略。可以解释一下原因吗？
2. 书中列出了可供选择的两个纪律系统：外在纪律系统和内在纪律系统。哪一个对你更有吸引力？为什么？
3. 描述这些系统在各方面的运用。这些系统在使用中的效果如何？

4. 想一想内在和外在奖励的使用，为什么有些教师可能更喜欢使用其中的一个。在小学、初中或高中体育教育中选择一个典型的不良行为，描述教师如何使用外在纪律系统解决这个不良行为，然后描述如何使用内在纪律系统来解决这个不良行为。

5. 如果教师有自己教学的录像，请分析所使用的以下教学技能：背对墙、近距离控制、透视力、选择性忽视、重叠执行和正面定位。如果以不同的方式运用这些技能，会如何帮助教师把纪律问题最小化？

6. 有时教师确实会因为某个学生或整个班级而生气。你可以理解和解释其中的原因吗？面对某些不当行为，教师如何避免生气？

7. 有人认为如今的学生比过去的学生更难教，这样的说法会产生什么样的后果？这种想法会如何反映在处理学生分心行为的方式上？

8. 哪些事情会引起学生分心？哪些是教师可以控制的，哪些是教师无法控制的？

9. 如果运用外在纪律系统，哪些奖励和惩罚会对初中生或高中生有用？

参考文献

Canter, L. (2010). *Assertive discipline: Positive behavior management for today's classroom* (4th ed.). Bloomington, IN: Solution Tree Press.

Compagnone, N. (1995). Teaching responsibility to rural elementary youth. *Journal of Physical Education, Recreation and Dance, 66* (6), 58-63.

Cothran, D.J. (1998). Anger management in the gym. *Strategies, 12* (2), 16-18.

Downing, J.H. (1996). Establishing a discipline plan in elementary physical education. *Journal of Physical Education, Recreation and Dance, 67* (6), 25-30.

Downing, J., Keating, T., & Bennett, C. (2005). Effective reinforcement techniques in elementary physical education: The key to behavior management. *Physical Educator, 62* (3), 114-122.

Fernandez-Balboa, J.M. (1990). Helping novice teachers handle discipline problems. *Journal of Physical Education, Recreation and Dance, 67* (2), 50-54.

Hartinger, K. (1997). Teaching responsibility. *Teaching Secondary Physical Education, 3* (5), 15-17.

Hellison, D.R. (2011). *Teaching personal and social responsibility through physical activity* (3rd ed.). Champaign, IL: Human Kinetics.

Hellison, D.R., & Templin, T.J. (1991). *A reflective approach to teaching physical education*. Champaign, IL: Human Kinetics.

Hill, D. (1990, April). Order in the classroom. *Teacher*, 70-77.

Johnson, R. (1999). Time-out: Can it control misbehavior? *Journal of Physical Education, Recreation and Dance, 70* (8), 32-34, 42.

Kohn, A. (1993). *Punished by rewards: The trouble with gold stars, incentive plans, A's, praise, and other bribes*. Boston: Houghton Mifflin.

Kounin, J.S. (1970). *Discipline and group management in classrooms*. New York: Holt, Rinehart and Winston.

Kulinna, P.H., Cothran, D.J., & Regualos, R. (2006). Teachers' reports of student misbehavior in physical education. *Research Quarterly for Exercise and Sport, 77* (1), 32-40.

Masser, L.S. (1990). Teaching for affective learning in elementary physical education. *Journal of Physical Education, Recreation and Dance, 61* (7), 18-19.

Moone, T. (1997). Teaching students with respect. *Teaching Elementary Physical Education, 8* (5), 16-18.

Rosenthal, M., Pagnano-Richardson, K., & Burak, L. (2010). Alternatives to using exercise as punishment. *Journal of Physical Education, Recreation and Dance, 81* (5), 44-48.

Sander, A.N. (1989). Class management skills. *Strategies, 2* (3), 14-18.

Siedentop, D., & Tannehill, D. (2000). *Developing teaching skills in physical education* (4th ed.). Palo Alto, CA: Mayfield.

Timmreck, T.C. (1978). Will the real cause of classroom discipline problems please stand up! *Journal of School Health, 48* (8), 491-497.

Tousignant, M., & Siedentop, D. (1983). A qualitative analysis of task structures in required secondary physical education classes. *Journal of Teaching in Physical Education, 3* (1), 47-57.

Watson, D., & Lounsbery, M.F. (2000, July/August). D.A.P.S.I.S.: Strategies for phoning home. *Strategies*, 16-18.

Williams, E.W. (1995). Learn student names in a flash. *Strategies, 8* (5), 25-29.

11

培养批判性思考能力

有五种基本的跳跃和落地方式，你们能找到这五种方式吗？

> 在幼儿园的一节课上，学生在练习铅笔式滚动。我看到一个学生弯曲双腿和双臂滚动身体。我走过去提供如何正确进行铅笔式滚动的反馈时，那个学生回答：'嗯，我不是在进行铅笔式滚动，这是坏掉的铅笔式滚动。'

里奇·伍德（Rich Wood），
稻田山丘小学，
纽约罗切斯特
经体育中心许可后转载

阅读本章后，你应该能做到以下几点：

- 解释在体育教育中批判性思考能力的价值。
- 描述收潋式和发散式解决问题的区别。
- 试着分析那些能够提供高质量的批判性思考学习体验的教师有何技能和特征。

是时候转换方向了。假设在前 10 章中，教师主要使用直接教学方式（Mosston & Ashworth，2002），即教师直接告诉学生要做什么以及何时做，然后学生遵从教师的指导（Lee et al.，1992）。大多数教师在课程中使用这种教学方式。然而，有些教师可能会运用较为间接的教学方式，让学生随着教师提出的问题进行学习（Mosston & Ashworth，2002）。在这样的课程上，学生可以探索、发现和创造，通常用多种方式进行试验，让学生获得享受，并刺激学生进行关于体育活动和运动的批判性思考（SHAPE America，2014）。事实上，体育活动是提供批判性思考的一个极好媒介（Blitzer，1995；Cleland & Pearse，1995；Cone et al.，1998；Hautala，1996；Johnson，1997；Lodewyk，2009；McBride，1992；Mosston & Ashworth，2002；Schwager & Labate，1993）。

作为直接教学方式的替代选择，本章描述和分析了提问与呈现问题的间接教学方法。熟练的运动者经常需要在所参与的活动中做出决定。例如，一个经常踢足球的高中学生必须做出有关相关规则的决定，确定当时的最佳策略（防守或进攻），以及如何展现必要的技能来实现任务。在理想情况下，促进批判性思考的能力是从儿童早期开始学习的，不仅适用于体育教育方面，也适用于科学、阅读和数学等其他课程。

批判性思考的价值

在体育教育方面，随着学生不断探索和解决活动中的问题，批判性思考涉及通过运动激发学生高层次的思考能力（Blitzer，1995；Cleland & Pearse，1995；Hautala，1996；Johnson，1997；Lodewyk，2009；McBride，1992；Metzler，2000；Mosston & Ashworth，2002；Schwager & Labate，1993）。随着学生对学习活动的类型变得更加熟悉，通过他们的反应，观察他们在运动中的专注程度和互动作用，这些都是非常有意思的过程。尤其有趣和值得观察的是学生在课程中如何通过合作进行学习。

学会很好地使用提问或问题解决法需要时间和练习，灵活地使用这种方法可以为学生提供一个具有挑战性的学习氛围。然而，使用不当通常会导致学生感到困惑，引起混乱和最终的分心行为。优秀的教师应该能提供引导性的和发人深思的问题，提供有价值的经验，让学生能够明白并享受运动。

与任何其他方法或教学策略类似，这种方法对有些班级和学生会更有效。阿莉莎（Alyssa）是一项研究中的一名初中生，她针对教师的直接指导提出了以下见解："教师通常让我们坐在那里，然后对着我们讲课，例如'尝试这样，这样和这样'，然后他们一直讲很多，我们没有机会尝试。但是如果教师只是问我们，然后我们开始尝试去做，这样效果会更好一些，因为我们会开始思考而且很专注，这使得我们有机会尝试一下。"（Cothran & Kulinna，2006，p.176）。

间接的教学方式使用提问和问题解决办法来激发学生的好奇心、决策能力和创造性。体育教育的氛围自然有利于推动学生发展批判性思考能力，因为通过运动，学生很容易展现出决定性的行为表达。在课堂活动中，使用专注于学生的间接方式会让学生的思考彰显出来。通过给学生提供足够的支持，教授和塑造批判性思考方式，并给学生制订多种计划来解决问题和发现答案，推动他的批判性思考能力的发展，学生会在其他学科领域和整个人生中受益。

学生要身心同步发展

有时我（GG）会去参加学校关于体育教育价值的讨论，尤其在学校预算被削减时。在强调体育教育的重要性时，我使用了一个论据：学校负责的是学生的整体教育，而不只是学生的头脑。在讨论时我开玩笑地说，如果家长和监护人只把学生的大脑送到学校，然后把他们的身体留在家里，如果情况是这样，可以想一想从接送车辆和教室的空间上能节省多少预算吧。这个论据反过来可以证明一点，学生上体育课时，他们的身体和大脑都是在场的。显然，作为体育教师我们唯一的责任是专注在身体上，但一定不要忽视学生认知和感情上的发展（SHAPE America，2014）。提问和问题解决的方式可能需要更多的时间，但在高级教师教学技能中，它是可以在整个学年的适当时间中使用的一项有价值的技能。

这是一种新的方式。在体育课上学生把他们的大脑留在教室里。

在体育课上使用知识和技能解决问题，要求学生有批判性的思考和行动。本章强调使用收敛式和发散式思维解决问题，包括在每种方式中所运用到的具体教学行为。除此之外，我们还会探讨提问和展现问题的教学技能，以及使用语言解决问题的思考方式，而不是依靠动作解决问题。

收敛式解决问题

在运用收敛式思维解决问题的课堂上，学生在教师的指导下探索一个问题的一种或多种解决办法。有时只有一个正确答案，但有时是多个。与其简单地告诉学生答案，不如引导学生逐步发现答案（Blitzer，1995； Johnson，1997）。由于这个原因，收敛式解决问题的方式也称为引导发现法（Mosston，1981；Mosston & Ashworth，2002）。在问题解决式课堂上学习到的内容，可以是运动相关的（例如，当固定在地面上的那只脚位于球的后面，而不是靠近球时，踢出去的球会发生什么；S1.E21.1），或者是情感领域的（例如，小组成员想出多个解决问题的办法，如何决定首先尝试哪个办法？ S4.M4.7 ［SHAPE America，2014］）。

关于收敛式问题解决的例子，我们最喜欢的是莫斯托恩（Mosston）的经典斜绳课程（这一理念在第 8 章也进行过介绍，作为设计教学任务的一种方式，这种教学方式可能适合不同技能水平的学生）。想象一个班级的学生被分为几个小组，每组有两根绳子，分别平行地放在地面上，两绳分隔大约 30 厘米。这两根绳形成一条想象中的河，不用担心学生会弄湿或被鳄鱼吞掉，学生需要跳过这条河。所有学生都成功了。现在要求把"河"的宽度扩大到大约 60 厘米，看看学生是否仍然可以跳过去。继续扩宽"河道"，直到有些人跳不过去。现在小组人员准备聆听教师的问题：是否有办法调整一下绳子，让小组中的每个人都能跳过"河"？

这个问题至少有两种解决办法。一种办法是调整绳子，使两绳的一端靠近，另一端分开。另一种办法是将一条绳子拉直，让另一条绳子弯曲，这样河道的中间相对更窄一些，两端更宽一些。

这是一个收敛式解决问题的例子。以下是其他方面的一些例子：

• 跳跃时，起跳和落地的五个基本方法包括哪些？
• 在可以采用的姿势中，最平衡的和刚好能保持平衡的姿势有哪些？
• 如何在跳跃时轻柔安静地落地？
• 登上椅子（箱子、桌子、横梁、障碍物）的最快方式是什么？

- 以何种方式站立能让你随时快速移动？
- 在足球、曲棍球或速度球等体育项目中，防守人员采取什么样的姿势是最有效的？
- 使用一个指南针在特定的方位上移动时，哪个地方是最佳观看点？
- 在飞盘高尔夫运动中，飞盘位于一棵树的后面，把飞盘扔到哪个位置对下一次扔飞盘来讲是最佳位置？

技术秘诀 **学生创建各种练习**

在 7 年级的体育课上，考虑让学生以小组形式进行学习，开发各种混合健身练习。他们可以跟班上的同学分享这些练习，参与其他小组的练习。通过使用 iPad 的 iMuscle2 应用程序，学生可以记录正在进行的练习，以及在团队练习表中记录练习时所使用的肌肉。

不给答案

在收敛式解决问题方法中，最明显的指导原则就是教师决定不给学生答案。如果教师给出答案，学生就变得不太愿意主动去探索解决办法，因为他们知道教师最终会给出答案。事实上，学生没有发现答案时，其学习非常有效。猜想和好奇是具有价值的心理过程，通过体育活动很容易得到激发。毕竟教师没有给出答案就离开课堂并没有什么坏处，有些学生可能会在下节体育课上发现解决问题的办法！

回应错误方案

在收敛式问题解决方法中，至少有一个答案正确，有时更多。当学生的结论不正确时，不要直接告诉他们答案是错误的，你可以问，"你们还需要时间考虑吗？"或者"你们检查过答案没有？"或者"你可以给我解释一下你的答案吗？"试着通过提问揭示出不正确解决方法中的错误，引导学生自己改正错误。这可以保留学生发现问题和解决问题的氛围。

回到前面的飞盘高尔夫例子，学生可能认为他们可以在 8 棵树之间"穿针引线"，直接扔到洞里，其实更安全的路径是把飞盘扔到几棵树的旁边，为下一次扔飞盘做准备。教师可以提问，例如，"你得从多大的一个开放空间扔过去？"和"如果你没有扔过去，你还需要扔多少次才能把它扔进洞里？"这样的问题可能会帮助学生确定更安全的玩法。

换个角度看问题

以往的经验告诉我(GG),学生在解释问题方面更具有创造力和娱乐性。记得有一次，我让一个班上的学生用他们的身体摆出一个窄的形状。我看到一个小孩摆出的是一个宽形：双臂和双脚分得很开。我询问她什么是窄形，她说，"你的角度错了，要从侧面看。"她是对的！从侧面看，她的身体确实是窄形的。让学生用几处身体部位接触地面以维持平衡也是一件有趣的事情。例如，有些学生把一只脚作为一个部位；其他学生把每个脚趾头都算作一个部位，所以对于他们来说，用一只脚来平衡站立是全部五个部位实现的平衡。有些学生把臀部作为一个整体部位；然而有些学生则将臀部算作是两个部位。

对年龄偏小的学生来说，他们对某些具体问题没有或很少具有相关的知识或习惯，用收激式解决问题的方式可能相对容易些。他们急切地想探索活动。然而，对年龄大一些的学生来讲，他们的好奇心通常受到抑制，可能对找寻正确的答案更感兴趣。问题与他们相关而且他们感兴趣时，尤其在他们以小组形式进行学习时，小学高年级的学生和中学生从这种方式中受益最多。例如，询问中学生如何在入侵式运动中制造和减少开放空间，这提供了运用收激式解决问题的绝佳机会。在足球课上，运用收激式思维的课程可能帮助学生发现答案：可以通过离开球门封堵射门角度，以拦截更多的球。

讨论解决办法

在课程结尾（见第 7 章和第 13 章）以及在两个问题解决式活动期间，许多教师会与学生一起讨论，然而有些教师不会这样做。有些教师希望学生能够用语言表达他们的运动反应（例如，用语言描述一种稳定或不稳定的平衡）；其他教师对学生能够提供运动问题答案感到满意（例如，如何在一项入侵式运动中创造和减少开放空间）。团队建设活动通常需要在尝试解决难题后进行讨论或汇报。

技术秘诀 **反馈应用工具**

各个学生小组一起努力寻找解决办法时，使用移动设备和反馈应用是让每个学生拥有发言权的一种绝佳方式。反馈工具是一个数字化交流平台，与面对面的活动同时运行。即使幼儿园的孩子，也可以在 iPad 的 Padlet 墙面这类反馈应用上记录自己的想法（ Padlet 应用每月 5 美元，对学生免费，没有限制）。例如，教师向学生提出一个问题。学生们在 Padlet 墙面上输入自己的想法，讨论他们可能用来解决问题的策略，然后一起或单独通过运动解决问题。

发散式解决问题

相比收敛式解决问题，运用发散思维解决问题要求学生为解决一个问题探索多个备选方法和发现不同办法（Cleland & Gallahue, 1993; Mosston & Ashworth, 2002）。收敛式解决问题的方式会找到一个或几个正确答案；发散式解决问题可以带来无限数量的对策。答案的多样性和范围没有限制。然而，收敛式解决问题会引导学生关注某个答案的深度，发散式解决问题则强调对策的范围。运用发散式思维解决问题令人振奋的一点就是，在探索答案的同时，带来各种各样独特的解决方法。

在使用发散式思维解决问题的课堂上，可能采用不同方式完成以下内容：

- 在常规空间中移动
- 在地面或一个器材上保持平衡
- 安全地跳上或跳下长椅、桌子或跳箱
- 在一项运动中策略性地制胜对手
- 在对手防守时传球
- 创建体操动作序列或舞蹈式的运动
- 将球从球员 A 传到球员 B
- 创建一项游戏
- 为一项运动创建规则

提出发散式问题

有多种不同的提问方式可以引起发散式思维活动。其中有些方式比另外一些要更有效。摩斯托恩（Mosston, 1981）认为，常用的两种提问方式可能会适得其反：

- 提问"你可以……吗？"可能引起这样的反应"不，我不能。"
- 提问"……有多少种方法呢？"可能导致有些学生回应说只有一种，或者有些学生一种也想不出，更别提想出几个，他们因此变得很害怕。

摩斯托恩建议采取以下发散式提问方式："……三种可能的方式是什么呢？"

（如果）学生发现三种方法后，教师可以要求学生寻找更多的方法。这种形式的提问有助于学生找到三种解决办法。

教师开始使用发散式解决问题的方法进行教学时，提问的方式更重要。最终，学生将会适应在健身房中使用这种方式解决问题，那时提问的方式（不是内容）就会变得不再那么重要。年轻学生享受探索和发现不同运动方案的不确定性，而且也享受教师提出的有趣和好玩的问题。

学习氛围

为了使发散式解决问题的方法奏效，教师必须营造一种支持性的学习氛围，在这种氛围中探索新概念和新想法应该让人感到舒适。鼓励学生继续探索其他的可能性时，教师的反馈语言应该是中立的（见第 9 章）。例如，对一个找到两种低水平运动方式的学生，教师可能会说："这的确是两种不同的方式，你能找到第三种方式吗？"学生的对策不能解决问题时，讲解该对策为何不适合，这样学生就会清楚地知道要解决的问题。

正面定位

正面定位（见第 7 章）有助于向学生展示对策的多样性，这正是教师鼓励学生要做到的。起初，学生通常只是寻找正确的答案，却不了解教师并非在寻找一个答案。你可以指出几个提供适当对策的学生，这样其他学生会看到教师所鼓励的是寻找多样性。

如果教师要求学生在常规空间中以不同的方式移动，例如，许多学生可能用他们的双脚移动。教师可以指出那些用双手和双膝行动的同学，或者那些转移身体重量的学生（如借助车轮），鼓励学生探索其他的可能性。在这种情况下，教师应该说明自己正在寻找不同的行动方式，而不是那些已经确定的行动方式。如果学生不清楚这一点，他们会模仿前面已经指出来的学生动作，这就与在课堂上使用发散式思维解决问题的目的相悖了。

在游戏场景中，进攻模式（创造开阔空间）其实为创新提供了无数的可能性（S2.M1.6；S2.M2.6-8）（SHAPE America，2014）。特别是，教练的存在是为了给团队创造新的进攻可能性（发散式思维），为团队带来优势。中学生和小学的高年级学生在体育课上享受进攻的挑战，然后全力对抗对手。

语言式解决问题

到目前为止，我们都是假设学生的反应都涉及运动，而非语言。但是，显然有时教师需要学生用语言来回答问题。基于课堂上对问题进行语言式响应的研究，我们制定出两条原则：一个是学生快速喊出答案；另一个是等待答案。

喊出答案

我们发现，学生直接喊出答案（在这种情况下，学生快速并同步地给出回应）不像点名让举手的学生回答问题那样有效。我们曾向一个班级的所有学生提问，然后只有 8 个学生同时回答出来。向同一所学校的另一个班级的学生提出相同的问题，他们的反应可能是先举起手，但不会立刻说出答案。显然，学生的回应方式与教师在学年开始确定的班级规范有关（见第 2 章）。

教育工作者普遍认为，让学生通过举手向教师示意，比让学生直接喊出答案要有效（Johnson，1997）。那些没有活力的班级是个例外，此时用快速问答的方式会更好，但这种方式通常出现在关于有教学困难的教师的一些电影中。

等待回答

让学生举手回答问题的一个原因是，教师可以在喊出学生名字之前停顿几秒（建议停顿 3 秒），这使得全班在等待教师叫某个学生名字之前能思考答案。似乎当教师喊到某个学生的名字时，其他学生会立刻放松和停止思考。大约 3 秒的等待时间也让学生能够更好地组织语言。我们都观察过幼儿园和 1 年级学生，所有学生对教师提出的每个问题都举起手。没有给予学生时间思考（即使有时会留出思考的时间）时，教师点到一个学生时才发现他根本不知道答案，只是想看看自己是否会被选中，这也是很常见的情况。

在点名回答之前等待 3 秒或更长时间，是一个可以采用的有趣教学行为。起初，3 秒的等待可能让学生感觉非常漫长。然而，一系列的课程后，教师和学生会习惯等待，与立刻喊出学生的名字相比，学生会从等待中获得更多。显然，不留出思考时间，直接点名让一个学生回答问题的成功率更低。

技术秘诀　**文字云**

可以让学生创作文字云。有几个免费的站点允许学生选择一个形状或图像，然后使用某个主题的文字填写在图像中。学生在上体育课之前，可以采用这种方式作为一个预热性测试，从而开启有关某个话题或新单元的对话。

必要的教师特质

与教育学的任何方面一样，将教师行为和特质的多样性融合在一起，会形成有效的教学方法或技巧。提问和呈现问题同样也是如此。为了激励学生以富有创意和挑战智力的方式进行思考，教师需要有耐心，对教学内容有良好的知识储备，了解学生的运动发展水平，而且具备积极的态度和包容心。

耐心

使用问题解决的方法开展教学需要耐心。解决问题需要时间；这是一个比直接告诉学生答案要慢得多的过程。这可能就是我们经常在课堂上看到用其他类型的教学方式要多于用问题解决教学方式的原因——因为问题解决式教学的过程更长，而大多数教学内容有严格的时间限制。

起初，学生需要花时间学习如何探索问题的答案，他们不会立刻成为解决问题的能手，具体取决于他们对教学内容的习惯程度。如果在教学中使用问题解决的方式，期待学生熟悉擅长这个过程是合理之举。而如果只是用直接的方式进行班级教学，那么这个班级要花更长的时间学习如何更好地解决问题。

即使学生掌握了这个过程，他们仍然会花点时间自己去发现问题的解决办法，或探索其他可能性。然而，显然有些内容适合于使用问题解决教学方式，这就是为什么许多教师使用批判性思考方式的原因。问题解决教学方式可能要多花些时间，但学生可以从这个过程中获益。

判断学生适应问题解决方式到了哪种程度的一个标志，就是他们花在问题解决上的时间。最初，学生可能会满足于他们在几分钟内创造的动作序列、游戏或进攻方式。然而，随着他们对这个过程有更多的体会，似乎他们总是感觉需要更多的时间。随着学生运动体验的扩展，他们经常需要更多的时间来优化他们创作的体操动作序列或游戏，使自己真正感到满足。起初，5 年级的学生在 5 分钟内就能创作出一个团体舞蹈（S1.E5.4）（SHAPE America，2014），在了解创作和修正一套舞蹈动作所涉及的各方面内容后，他们完成这个过程可能需要花两三节课的时间，因为这个过程让他们觉得有趣和感到满足。

熟知教学内容

除了要有耐心，教师还需要拥有全面的教学内容知识。理论上，熟知教学内容适用于教师教授的每一节课，但似乎对于使用问题解决方式的教学来说尤为重要，因为教师要逐步引导学生找到一个或多个解决办法。这里给出了一个教师向学生教授平衡概念的例子，有助于阐明这一点（Mosston，1981，p.176）：

- "'平衡'这个词是什么意思？"
- "对，平衡的意思是说你没有跌倒，能够保持稳定。"

- "向我展示一种身体平衡的方式。"
- "现在让我看看你们如何使平衡姿势更稳定。"
- "这是你最平衡的姿势吗？"（有时在教师指导下，学生会认识到低位和伸展的姿势会带来更稳定的平衡。实际上有几名学生甚至可能会躺在地上）。
- "现在让我看看你们可以如何改变姿势，使平衡不那么稳定。"
- "更加不稳定是什么样的呢？"
- "向我展示你们最不平衡的姿势。"

在课程结束时（见第 7 章和第 13 章），教师可以就学生如何从最稳定的平衡姿势转变为最不平衡的姿势（即平衡的特征）展开讨论。这个基础概念只是作为一个例子，很好地展现了如何运用问题解决教学方式，因为学生通过这个过程很容易准确地掌握平衡的核心内容。

下面一个例子使用了具体的内容（肩上传球）和解决问题的方式，展现了可能导致学生误解的各个方面。这节课使用问题解决方式帮助学生理解在用力肩上传球时使用对侧脚。

- "使用肩上传球的方式，向墙面用力扔球。"多次尝试后教师可能会问，"你使用哪只脚踩住地面？"是扔球手同侧的那只脚？还是对侧的脚？
- "现在尝试用另一只脚（即之前不是踩住地面的那只脚）踩住地面并扔几次球，用哪只脚时的传球速度更快？"因为教师要求学生换脚，这个过程可能持续一段时间，学生有时使用扔球手对侧的脚，有时是同侧的脚。
- 在结束后，教师可能问，"用哪侧脚踩住地面时扔出的球速度更快，是用与扔球手同侧的脚时，还是用对侧的脚时？"

在上面的例子中，根据我们对其他教师的观察，教师可能会收到学生不同的反应。有些学生会认为使用对侧脚时球更快；有些则不这样认为。与教授平衡概念的时候不同，在使用引导发现法的课上，要求学生尝试使用对侧脚可能不是一个好主题。原因是，扔球时不习惯使用对侧脚踩住地面的学生在进行这样的尝试时不会很快适应，他们也不相信使用对侧脚可以提高其扔球水平。因为这让他们感觉不习惯并产生一种笨拙的感觉，他们不一定会扔得更远或更有力，然后学生得出结论，认为同侧脚踩住地面扔球对他们来说更有效。而后教师面临这样一个困境：如果告诉学生他们的结论错误，是否会导致他们不信任自己的能力，或怀疑自己的发现，或者是否让这个结论一直到学年中后期的某一课再揭示（Ainsworth & Fox，1989）。

显然，有多种方式可以引导学生发现使用对侧脚是有效的。然而多年来，我们观察了大量的教师教授这节课的过程，最终得出这样的结论：有些教学内容适合用解决问题的方式，有些内容则不适合。重点是，教师除了要有耐心，还需要知道如何设计教学内容和执行有效的问题解决式教学方法。

熟悉学生的发展水平

了解教学内容后，教师应该清楚学生的年龄和发展水平。此外，教师应该知道什么类型的提问或问题对不同年级水平的学生来说是有趣的和刺激的（见图11.1）。前面提及的与平衡和对侧脚有关的两个例子适合低年级的学生。然而，对于中高年级的学生，他们可能对此问题不是很感兴趣。如果学生没有了解这些概念，他们可能对花时间来探索问题解决办法也没有什么兴趣。

然而，高年级学生通常对小组设计动作以及让一系列动作合拍（如在体操或舞蹈中）或设计一项游戏更感兴趣，找出用于躲避防守人员的策略对许多高年级学生来说是另一个令人着迷的问题。以下例子通常会引起小学高年级的学生和中学生的兴趣（S1.E3.5）（SHAPE America，2014）：

- "与搭档一起设计一项运动序列，至少包括一次滚动、一次平衡、一次重

教师可以提出问题，促进各种不同认知水平的批判性思考，从低层次的思考水平（1级水平）到更复杂或高层次的思考水平（3级水平）（Schwager & Labate，1993）。批判性思考层级结构的三个水平如下：

- 1级水平：统计、描述、匹配、命名、背诵、回忆、选择和辨别。例子："你单腿跳过、跳跃或快速跳过绳子吗？""描述需要把球扔多高才算肩上扔球。"
- 2级水平：分析、对比、比较、分类、区分、讲解、推论、辩论、排序和解决。例子："莎拉（Sarah），你越过绳子的方式与汤姆（Tom）的有何不同？""你扔球的高度与约阿希姆（Joachim）和斯蒂安（Stian）刚刚展示的扔球高度相比有何不同？"
- 3级水平：运用一项原理，试着进行估计、评估、预想、假设、想象、判断、预测、类比和推测（S2.E3.5c）（SHAPE America，2014）。例子："你能想出一个办法让自己高空弹跳越过绳子吗？""为什么你认为快速跳起比单腿跳的高度更高？""为什么你大部分的发球都触网了？你认为你需要调整球拍的摆动吗？还是调整扔球的高度？或者两者都需要调整？"

图 11.1 批判性思考技巧：层级结构

源自：S. Schwager and C. Labate, 1993, "Teaching for critical thinking in physical education," Journal of Teaching in Physical Education 64(5): 24–26.

量转移，以及一个起始和结束姿势。重复三次，每次改变运动序列的执行速度。"

- "以 4 至 6 个人为一组设计一个游戏，这个游戏必须涉及踢球。使用锥筒确定活动范围。"
- "3 至 4 个人为一组，看看你们是否可以至少找到三种办法搭建平衡，每个人必须保持至少一只脚在地面上。完成后，我会拍一张照片给其他班级的学生看，还会在学校网站上上传一些照片给你们的父母和监护人看。"

积极的态度和包容心

　　教师除了要有耐心，熟知教学内容和了解学生的发展水平外，还要营造一个让学生感到舒适的学习氛围，学生在其中努力尝试新想法和解决办法，不会害怕失败。教师可以用积极的态度和包容的心态实现这一点。

　　学生提出问题解决方案时，无论是用语言表达，还是用运动的方式表达，他们一定会提出一些没有什么价值的想法，甚至一些愚蠢或没有新意的想法，或者表现得不够努力。然而，需要记住的一点是：你是经验丰富的解决问题的能手，知道许多解决方案，但学生不是。因此，在这个过程中，需要鼓励学生继续努力和尝试，即使他们的方法看起来与可行的解决办法相差甚远也应如此。

　　教师态度不够积极且没有包容心时，高年级学生更有可能会感受到，因此变得不愿意真正地参与这个学习过程。教师让学生感觉他们的对策不值一提或不合适时，情况更是如此。当然，教师的挑战在于区分分心的学生、只是消磨时间的学生与正在创造性解决问题的学生。教师需要使不专心的学生能够专注于解决问题；提高富有创意的学生的努力程度。

学生没有投入学习过程，可能他们正在与朋友说话，或只是在玩球，没有完全投入到任务中。以下问题可以让学生投入学习过程中：

- 如果学生说"如何做？"教师可以说，"你是怎么认为的？想一下，然后展示给我看。"
- 如果是一个懒散的学生，你可以问"你有什么办法？我很有兴趣听一听你的想法。"
- 如果看到某个学生感到挫败，不要为他解决问题，而是说，"让我给你提供一点信息，帮你厘清这个问题。"
- 为了鼓励学生继续解决问题，你可以问"你们还有其他想法吗？"或"你们能想出更多的解决办法吗？"

作为问题解决者的高技能学生

我（GG）的经验是，在体育课的解决问题方面，技能熟练的学生通常比技能水平低的学生会遇到更多的难题。这是有可能的，因为高技能学生通过大量练习的打磨和努力提高，已经形成了自己的运动反应。他们对问题有一系列的反应，因此觉得没有必要寻求其他可能性。我会特别提醒具备体操运动员特征的学生。在我要求这类学生创造一个运动序列时，他们当中的很多人完全依赖之前学到的技能，所以他们的运动序列与奥运会的自由体操动作非常类似。从个人的角度讲，我发现这些动作远不及那些技能欠佳的学生所发现的富有创造性的动作。我遇到依赖传统的滚动、平衡和重量转移动作的学生时，通常禁不住告诉他们不能在动作序列中使用这些动作。但是我也提醒自己，这是我的需求，我也需要尽量对他们的努力和付出保持耐心和包容。

直接或间接：哪种方式最佳

优秀的教师总是寻找更好的办法来帮助和激励学生学习。选择教学方式是教师不断面对的一个决定：这节课是用直接教学方法（提供答案），还是用间接教学方法（解决问题式）更好？

教师和学生都需要思考一些问题。安斯沃思（Ainsworth）和福克斯（Fox）1989 年进行了一项有益的分析，把它们所谓的传统方式（直接教学法）和认知过程法（间接教学法）在体育教育实践中进行比较。安斯沃思和福克斯（Ainsworth et al., 1989）的分析显示，传统的方式以课题为中心，教师通常告诉学生要做什么，而忽视学生的运动体验。在这样的传统方式下，学生在课堂上的角色相对被动，教师需要指出错误并提供正确答案。在认知过程方法（间接法）中，课题是以学习者为中心，学生需要探索课题。学生能够从自己的运动体验中进行学习，同时为自己的学习承担主要责任。学生要学会辨别错误和做出调整。以学习者为中心的教学方式在初期阶段可能会花费更多的时间，但通常的结果是学生能够更好地投入课堂学习，并对自主学习更感兴趣。虽然这个分析并非与本章讨论的方法完全相符，但在教师决定在课堂中使用哪种方法以及何时使用时，可参考这一总结。

根据国家标准的建议，我们希望教师认真考虑培养学生在体育运动和体育活动中的批判性思考能力（SHAPE America，2014）。在课程中使用这种教学方式的频率取决于教师上课的频率，以及在这个过程中教师指导学生不断发展这方面能力的意愿。

小结

高级教师擅长各种教学风格，直接和间接的教学方式都擅长。批判性思考能力对学生很有价值，提问和问题解决能力可以促进学生在运动中进行高层次的思考（间接的教学方式）。鼓励学生运用收潋式思维解决问题（探索一个问题的多个答案），教师要做到的两点是：绝对不要透露答案，以及恰如其分地同应学生不正确的对策。运用发散式思维解决问题的教学方式对教师的要求包括：提出发散问题，创建有助于发散式思维解决问题的学习氛围，以及使用正面定位（见第7章），从而鼓励学生学习发散思考能力。能促进问题解决的教师拥有的特征包括：耐心、熟知教学内容和了解学生发展水平，保持积极心态和包容心。安斯沃思和福克斯的关于传统方法（直接）与认知过程法（间接）的对比，有助于教师决定是用直接教学法还是间接教学法（Ainsworth et al.，1989）。

思考题

1. 列出在体育课上经常讲授的五个概念或技能。其中哪几个是使用发散式解决问题的方式进行教授的？哪几个是用收潋式解决问题的方式教授的？
2. 你认为解决问题的教学法在今天的体育课上是很普遍还是很少使用？原因是什么？
3. 为什么问题解决式的教学法比直接教学法需要更多的时间？
4. 思考一下你作为教师的特质，你是否或多或少倾向于使用某种解决问题的方法？你为什么会如此认为？

5. 任课教师似乎不愿意使用让学生参与运动的问题解决式教学方法。你如何让一个任课教师确信，高层次的思考能力可以在健身房以及课堂上得到发展？

参考文献

Ainsworth, J., & Fox, C. (1989). Learning to learn: A cognitive process approach to movement skill acquisition. *Strategies, 3* (1), 20-22.

Blitzer, L. (1995). It's a gym class . . . what's there to think about? *Journal of Physical Education, Recreation and Dance, 66* (6), 44-48.

Cleland, F.E., & Gallahue, D.L. (1993). Young children's divergent movement ability. *Perceptual and Motor Skills, 77* (2), 535-544.

Cleland, F., & Pearse, C. (1995). Critical thinking in elementary physical education: Reflections on a yearlong study. *Journal of Physical Education, Recreation and Dance, 66* (6), 31-38.

Cone, T.P., Werner, P.H., Cone, S.L., & Woods, A. (1998). *Interdisciplinary teaching through physical education.* Champaign, IL: Human Kinetics.

Cothran, D.J., & Kulinna, P.H. (2006). Students' perspectives on direct, peer, and inquiry teaching strategies. *Journal of Teaching in Physical Education, 25,* 166-181.

Hautala, R. (1996). Gym class with "Coach Piaget": How cognitive development theories can be used in PE. *Teaching Elementary Physical Education, 7* (1), 20-22.

Johnson, R. (1997). Questioning techniques to use in teaching. *Journal of Physical Education, Recreation and Dance, 68* (8), 45-49.

Lee, A.M., Landin, D.K., & Carter, J.A. (1992). Student thoughts during tennis instruction. *Journal of Teaching in Physical Education, 11* (3), 256-257.

Lodewyk, K. (2009). Fostering critical thinking in physical education students. *Journal of Physical Education, Recreation and Dance, 80* (8), 12-18.

McBride, R. (1992). Critical thinking—An overview with implications for physical education. *Journal of Teaching in Physical Education,* 11 (2), 112-125.

Metzler, M. (2000). *Instructional models for physical education.* Boston: Allyn & Bacon.

Mosston, M. (1981). *Teaching physical education. Columbus,* OH: Bell & Howell.

Mosston, M., & Ashworth, S. (2002). *Teaching physical education* (5th ed.). New York: Benjamin Cummings.

Schwager, S., & Labate, C. (1993). Teaching for critical thinking in physical education. *Journal of Teaching in Physical Education, 64* (5), 24-26.

SHAPE America. (2014). *National standards & grade-level outcomes for K-12 physical education.* Champaign, IL: Human Kinetics.

12

建立积极感受

永远困在这里!

我教的 1 年级学生正在学习运球。当学生在自己的位置上进行练习时，我提醒全班学生试着控制球，不要失去对球的控制。一个小女孩回应道：'我在努力，但是球不听我的话！'"

卡门·M. 冈萨雷斯（Carmen M. Gonzalez），
美国艺术文学学院，
纽约布鲁克林区
经体育中心许可后转载

阅读本章后，你应该能做到以下几点：

- 确定在体育课中出现的不合适行为和做法是否会引起学生对运动和体育活动的负面感受。

- 讨论教师影响学生自我感受和对体育活动感受的有意和无意行为。

- 分析体育课上所教的游戏和活动是如何影响学生的感受的。

- 讲解如何改进游戏，以减少竞争意识。

- 列出在体育课上避免学生对测试和测试结果感觉糟糕的方法。

- 描述可帮助学生了解他们参与体育活动的感受的各种方法。

在本章一开始，我们看到这样一幅画：汤姆·巴蒂尤克（Tom Batiuk）创作的卡通人物方科·温克比恩（Funky Winkerbean）悬吊在一根爬绳上。他没有掉下去，一整天都被困在绳子上。现在，所有人都走了，除了清洁工正在打扫体育馆的地面。你只能等到明天才知道这个难题会怎样得到解决。

上周的卡通动画主要讲一个超重、运动衫湿透、吹着口哨的教练在上课期间播放电影。一天，校长宣布说，今年这个教练已经烧坏了三台放映机。第二天，学生在讨论为什么教室的窗户被涂成了黑色，他们认为这是因为教练什么都不做，只会放电影。

对有些人来说，这些都是搞笑的剧情。然而，对于我们教师，感觉受伤多于娱乐。这是我们的专业，嘲笑的是我们的同行。显然，方科·温克比恩这个卡通人物的创作人汤姆·巴蒂尤克应该曾经在体育课上有过一些不愉快的经历。不幸的是，有这种经历的并非只有他一人。太多的成年人分享过他们在体育课上的感受。

本章的重点是关注学生在体育课上的感受，以及随着体育活动而发展的情况，包括以下内容：

- 对自我的感觉。
- 对其他人的感觉。
- 快乐的感觉。
- 满足感。
- 愉快的感觉。
- 自我成就感。
- 对能力的认识。

这个列表还可以继续加长。所有这些感受都可以归类到情感领域：人们对自我和对体育活动的感觉如何。我们对感觉有许多不了解的地方。然而，我们确实知道，参与体育活动具有形成强烈和持久印象的可能性，这种感受可能是痛苦，也可能是喜悦。

我们的目的是在体育课上营造愉快、温暖和受人关怀的氛围，使学生发展积极的态度。如果汤姆·巴蒂尤克能够在这样的环境中学习，也许方科·温克比恩会发现体育课更有趣，教练也会被描绘成一个关心人、有敏感度和受人尊敬的教师。

本章重点在于体育教师使用教学技巧来营造良好的学习氛围，使学生形成对体育活动和参与活动的积极态度。作为教师，我们关注日常的教学问题，以及这些事情如何影响学生的感受。

不恰当的做法

我们希望教师看到方科·温克比恩在教室中的挣扎，然后改变学习氛围，不挑出任何学生给予特殊对待，也不会在没有任何支撑的情况下把学生挂在绳子上。我们已经从过去的行为做法中学习到了很多。其实，对于上学时在体育课上的很多经历，现在来看，你会知道那是不恰当和无效的做法。不幸的是，在很多学校的体育课上，你可能仍然会看到一些明显不恰当的行为和做法。结果是学生的自我感觉不佳，对自己的能力表示怀疑，并认为体育活动和体育运动没有乐趣。

本节论述了体育课上的七大不恰当的做法，即通常被称为"羞耻堂做法"（SHAPE America, 2015a, 2015b, 2015c; Williams, 1994, 1996, 2015）：选出学生特别对待，对所有学生有不合理的期待，淘汰赛，等待时间过长，过度强调竞争，把练习作为惩罚，以及目标不明确。本章的第一部分描述了这些不恰当的做法；其余部分介绍了让学生产生积极态度的替代方法，积极的态度会影响学生一生的体育活动。

选出学生特别对待

第一个不恰当的做法是选出学生并给予他特别对待。想象一下，某个学生被教师叫出来，在全班 30 个同学面前进行一项他不擅长的技能，学生会有什么感受。如果是你，你会感到害羞吗？你能想象这种体验吗？或者你会想永远不再参加这项活动吗？如果你在没有人看着你的情况下尝试这个技能，那会如何呢？对使用运动技能不自信的学生来讲，被教师选出来，被大家关注着，他们很难享受这种体验。以下是在体育课上学生被教师选出来并给予特殊对待的几个例子。

- 就像方科·温克比恩，努力爬绳子的时候，班上其他的同学都看着他。
- 在体能测试时，在进行弯曲手臂悬挂或引体向上时，全部同学都在排队观看。
- 在游戏中，区分穿衬衫的学生与不同肤色的学生，并据此组队（Williams, 2015）。
- 一英里（约 1609 米）赛跑。体重超重的、速度慢的或技能欠佳的学生在后面努力完成剩下的路程，同时其他学生则在旁边观看。
- 公开张贴或展示测试结果（如笔试、体能测试）。
- 让队长挑选团队。这种做法是极其痛苦的，会给那些最后才被选中的学生带来持久和难以忘记的印象，使他们在体育运动和活动中显得很笨拙，这种影响甚至会延续到他们成年（Graham et al., 1992; NASPE, 2008; Williams, 1996）。

以下这些只是随便几个例子；你可能还会记起其他例子。

他们得学点东西

我（SP）记得观摩过一位教师上课，她从学生中选出两个运动型的男队长，让他俩选择同学组成团队。当我问那位教师为什么使用这种方式时，她回答说，"孩子们必须了解到有时候会最后一个被挑选中。"我吃惊不已。我们所有人在生活中都有艰难的功课需要学习，但体育教师这样设置课程是为了让学生"学习"如何受伤吗？这简直是虐待，绝对没有任何借口。学校应该禁止这种做法，这甚至是违法的。不仅仅是站立和等待，只是被最后选中或倒数第二个被选中就会带来太多伤害。悲哀的是，学生不了解被最后选中是因为缺乏技能；他们认为最后被选中是因为自己不受欢迎、很差、很丑，或其他一些自我认为的有害认知。

不合理的期待

第二个不恰当的做法是要求学生执行相对于他们技能或能力水平来说不合理的任务和活动。想象一下，如果让一个 4 岁大的孩子去接球。他将急切地伸出双臂，球轻轻地扔了过来，然后从双臂之间漏了过去。扔球稍稍延迟一点，双臂就合拢了。从发展的角度来讲，这个小孩无法追踪和接住球。

教授一项运动时，不合理的期待是一种常见的做法。让我们以篮球运动为例。根据以往经历，教师可能会在一个单元的开始几天教授静态技能，例如，在没有对手的情况下带球，以及在没有防守球员的情况下练习投球和传球。虽然学生从来没有机会在面对对手的情况下练习带球和投球，但会在之后进行游戏比赛的两三天中继续练习这些技能（例如，3 对 3 半场比赛）。

我们已经在"课程规划"章节中（见第 3 章、第 4 章和第 5 章）讨论过需要多长时间来学习以及提高技能，因此，相信经过一两天的带球或投球练习就能成为熟练的运球球员或投球手显然是不现实的。一旦比赛开始，通常是联赛，有些学生就会有很大的挫败感，因为当他们需要带球或投球时，对方紧密防守，他们几乎没有成功过。另一方面，那些在运动游戏中技能足够熟练的学生，也会在孤立的技能练习中接受到不适当的训练难度。不幸的是，这种情况也发生在足球、垒球、曲棍球以及快速运球类运动中。显然，这些挫折会导致青少年不喜欢甚至厌恶体育运动和活动，这种做法几乎无法使学生踏上第 1 章中讨论的实现良好体育素养的道路上。

淘汰赛

第三个不恰当的做法是淘汰赛。篮球投篮淘汰赛就是一个典型的例子。参与游戏的所有学生站成一排，并准备两个篮球。首先是第一个和第二个学生开始投篮，先投篮成功的学生站到队伍的末尾，继续比赛，没投篮成功的学生被淘汰。那么首先淘汰的是谁？当然是最需要练习的学生。这是一个需要在学校被禁止的陈旧做法，不仅仅是在体育课上（Graham et al.,1992; NASPE, 2008; Williams, 2015）。本章的后半部分中提供了这种不恰当做法的替代方法以及其他内容。

等待时间过长

淘汰赛是不恰当的做法，因为它会导致大量的等待时间，尤其对那些技能欠佳的学生。如第3章（规划）中所描述的，体育课上的时间有限，教师必须充分利用每一秒钟。认真分析你的教学程序有助于提高效率。例如，在哪里放置器材以及学生如何获取器材，不同的安排会产生极为不同的结果。与其把30个球装在一个箱子里，不如把它们装在6个箱子中，里面各装5个球，或者把球（或球拍、沙包）分开放置在开放的空间中。

接力赛是另一个导致大量等待时间的做法（Williams, 1992）。看下面的例子：从班中选择一个学生，学生每次执行活动时启动秒表（例如，来回带球运动）；当学生停止执行任务（例如，排队等待）时停下秒表。你很快就会认识到，如果有 8 分钟的课堂时间用于运球，那么你所观察的学生只有不到 1 分钟的运球时间。尤其是考虑到前面的建议：学生需要至少一半的课堂时间进行中度到剧烈的体育运动（CDCP，2010b），这是很好的利用课堂时间的方法吗？

过度强调竞争

竞争性的游戏比赛也会损害学生对自我能力的认知（Bernstein et al.，2011）。在体育课的不同阶段，学生都会参与竞争性比赛。分数会被保留，并决定出优胜者。然而，教师过度强调竞争会给学生带来压力，尤其是那些技能欠佳的学生。当取胜变得比享受运动和努力提高能力更重要时，低水平的学生在成年后不太可能保持运动的积极性，这通常是竞争性活动所导致的不良后果（Sidwell & Walls，2014；Spencer-Cavaliere & Rintoul，2012）。

把练习作为惩罚

另一个不恰当的做法是把练习作为惩罚措施（NASPE，2009；Williams，1996）。想一想体育教育的目的：鼓励学生在一生中保持运动活力。教师花几个小时来规划课程、设计任务，以及组织班级，所有的一切都是为了在体育活动中向学生灌输爱。现在假设有一个学生违反了规则，教师让学生跑两圈作为惩罚。正是将教师想要提高的某些方面作为惩罚措施，才强化了学生对跑步或体育活动是不好的感觉。用一个词形容这种做法：伪善。

另一个把体育活动作为惩罚的例子是，因为没有完成课堂上的任务或在课堂上行为不当而被剥夺体育活动时间。让我们回想一下第 10 章。如果建立良好的行为管理系统，学生清楚地了解这个系统，并且教师每天进行强化和练习，那么教师不必过多地向学生灌输惩罚和负面结果。但是在体育课上必须采取纪律措施，确保使用了合适的纪律措施（如暂停区），而不是规定学生去执行一种甚至不利于解决学生当前行为问题的体育活动。重要的一点是，不要剥夺孩子可以用来加强室内课堂学习的宝贵的体育活动时间（CDCP，2010a）。

孩子竞争：让怀疑论者信服

我（GG）遇到的一些人持有这样的观点，认为竞争对孩子是有利的。"他们需要学习如何面对失败！"通常是某个受过挫败的前运动员或想要成为明星的人发出的口号。孩子需要学习如何优雅且清醒地面对失败，这样的观点有些道理，但我依然相信，与学习如何与他人合作相比，学习如何面对失败并没有那么重要。偶尔的失败可能对孩子没有什么伤害；然而，每天都失败非常令人不快，而且可能造成伤害。如果教师不注意和不够敏感，有些学生很容易就会觉得每天的体育课就是一个漫长的痛苦历程。

人们反对我关于孩子竞争的观点时，我会向他们提到几本经典书籍：*Winning Is Everything: And Other American Myths*（Tutko & Bruns, 1976）；*Joy and Sadness in Children's Sports*（Martens, 1978）。我并不知道他们是否阅读过这些书，但我希望他们读过，因为这些书强有力且灵敏地描述出过度强调竞争对孩子正在形成的自我认知有何破坏力。

目标不明确

最后一个不恰当的做法就是对一节课或一个项目的目标不明确（Williams, 1996）。学生学习分为体育教育和体育活动，如果在体育课上玩游戏，或者执行任务或活动，却没有明确的学习目标，那么学生就只会进行"忙碌、快乐、不错"或"滚动球"这样的活动项目（Placek, 1983）。这些可能很有趣，但是没有一个学习重点，学生可能没有机会养成对体育活动的喜爱。

有意识努力和坚持下去

许多人认为，前面描述的七大不恰当行为，即使在最好的情况下，也会起到适得其反的作用；在最差的情况下，会使学生远离体育运动和活动。学生上体育课时，他们应该是对接下来的体验有所期待的，而不是忧虑或害怕出丑。学生应该感受到体育课拥有的充满关怀和温暖的氛围，老师鼓励和支持他们学习新的技能和活动。此外，他们应该了解自己会犯错，但这正是学习的一个重要部分。这些情感转化为学生对他们自己和体育活动的积极态度，理想情况下有助于他们终身享受体育活动。

教师可以通过以下方式帮助学生形成积极的态度：

- 每天有意识地努力，让你所教的每个学生都能建立积极的态度。这些态度的形成不是偶然发生的。
- 坚持你的努力。教师所有的努力行为需要坚持如一，而不仅仅是在几个比赛或活动中。

有大量文字材料（Flugelman, 1976; Glover & Midura, 1995a, 1995b; Grineski,

1996; Hichwa, 1998; Orlick, 1978a, 1978b; Rohnke, 1984; Turner & Turner, 1984）描述了游戏和活动会促进学生合作以及获得合作体验。然而，发展积极的态度不仅涉及拔河、木头人、丢手绢、抢椅子或跳远等游戏，还要营造一种氛围。教师说："你还不错；我很高兴你能在即使不是很熟练或不是很舒服的情况下来到课堂。上课是帮助你提高能力和享受体育活动，不是因为你无法完成某些任务而让你感觉糟糕。"有很多方法可以帮助教师营造出这样的学习氛围，避免使用不恰当的做法。有些方式比其他方式更微妙，但总的来说，应该告诉学生，"你属于这里，我的目标是帮助你在参加体育活动时有不错的感觉。"

体育活动的价值

体育素养部分（见第 1 章）与一个人对体育活动价值的态度尤其有关。积极的和体谅学生感受的项目，有助于学生重视体育活动，并促进学生养成健康的生活方式。一个具备体育素养的人"赞同体育活动在健康、享受、挑战、自我表达以及社交能力等方面的价值"（SHAPE America, 2014，p.1）。

技巧与策略

指出教学中的不恰当行为通常比提出替代做法和合适的做法更容易。有几个技巧与策略有助于教师帮助每个学生享受体育活动，而不仅仅是让高技能的学生享受体育活动（Reeve & Jang, 2006）。前面章节呈现的策略有助于教师避免出现本章前面部分所讨论的不恰当做法。通过明确地设计和说明课堂规则和要求，以及行为不当的后果（见第 2 章），教师可以避免使用练习作为惩罚。为处于不同水平的学生仔细设计课程内容（见第 4 章和第 5 章），并使活动时间最大化（例如，给每个学生一个球，而不是让他们轮流用球），避免大量的等待时间，不要过度强调竞争，避免选出某个学生给予特殊对待，以及没有课程目标。根据学生个人的需要调整指导（见第 5 章），这有助于避免对学生不合理的期待。

本节内容提供了传统的一般策略，在体育馆和操场上进行的体育课中，可以用这些策略来建立积极感受，包括提供选择、积极的教学责任感、分析与学生的互动、询问学生的感受，以及通过音频或视频分析教学行为。想要成为一名优秀的教师，你需要努力营造一个良好的学习氛围，可以对学生说"在课上犯错没有关系"，帮助学生了解学习运动技能和锻炼身体需要长期的坚持，而非仅仅通过一两节课就能实现。

　　学生 PSA（公共服务通告）通过公布教师在班级里教授的内容，让学生为自己正在体育课上进行的活动感到自豪，并向其他教师和职员通知你的计划。学生可以创建链接到学校网站的各种主题的周播报（例如，使用 Podbean 应用，大约每月花费 3 美元），例如健身的小建议，以及与课程计划和活动有关的信息。学生和教职人员会对你的班级上发生的情况感到振奋，从而营造一个积极的校园环境，尤其是在看到与学生相关的消息时。

提供选择

　　可怜的方科·温克比恩！他的教师没有给他任何选择，所以他只能爬上绳子顶端，然后被困在那里。考虑周到的教师会给方科提供几个选择，这样他可以避免因为去做自己不擅长但被迫去做的事情而陷于窘迫（见第 7 章）。

　　这是一个提供选项供学生选择的例子："我们打算进行两种游戏。一种游戏需要记录分数；另一种只为了好玩，不需要记录分数。"虽然教师可能认为两种游戏（任务内变化）同时进行会很困难，但这种做法在体育课上已经变得越来越普遍（见第 8 章）。

　　提供选择可以避免有些学生在全班面前被选出来而带来尴尬。在竞争性游戏中，所设计和教授的活动应该为学生提供其他选择，并且学生得到合理的挑战（例如，每个学生有 1 个球进行运球；在几个小型游戏中有 3 至 4 个击球手；在某个追击和触碰游戏中有 3 至 4 个学生）。通过邀请和任务内变化向学生提供选择（见

第 8 章），也可避免学生处于不舒适的氛围中。例如，方科可能会被邀请去看看他是否可以爬得比上一次更好，或者看看他是否可以爬到绳子的不同段位。用不同颜色的带子标注绳子的不同段位。

培养责任感

班上的学生如何对待彼此（社交）也深刻地影响着体育课为学生带来的享受感（Wallhead Garn & Vidoni，2013）。美国国家体育教育标准第四项指出，学生应该"表现出负责任的个人和社会行为，尊重自己和他人"（SHAPE America，2014）。这包括遵守规则，还包括在与他人一起共事时学习有礼貌地提供和接受反馈，以及为自己的行为负责。海尔森的情感发展水平（见第 10 章）提供了责任水平的样本准则。

你可以有意地设计机会，让学生学会如何与他人一起学习，然后强化责任行为。尝试使用选择性计分系统，例如，对良好的支持行为进行奖励加分（例如，"给黄队加 2 分，因为我听到维维安娜 [Viviana] 告诉特洛伊 [Troy] '不错的尝试'"）。起初，学生会发现很难适应选择性计分系统，但这些学生通常最需要了解竞争对行为的影响。

技术秘诀 奖章

根据学业成绩、积极行为或其他方面的进步而给学生颁发奖章，促进自我效能感。ClassBadges 提供大量的免费徽章，教师可以在课堂上直接发给学生。

教授责任感的另一个策略是让学生设计自己的游戏、舞蹈或体操序列（见第 11 章）。虽然所设计的活动通常会与教师设计的游戏不同，但学生将会从创造新的活动中获得满足感和享受。学生通常会根据能力的不同调整他们的活动。技能不熟练的学生通常很擅长创造有趣的动作序列、游戏和舞蹈。

教师应该确定让学生自己设计活动的合适时间。显然，在能够开始设计成功的活动之前，学生需要一些背景知识。以下是学生设计任务的三个例子：

- "和你们的小搭档一起设计一个游戏。需要在其中包含踢腿动作。你们可以使用一两个泡沫足球，如果需要的话，还可以使用呼啦圈和锥筒。"
- "你设计的游戏可以和三四个人一起玩（如击球、投篮、扔橄榄球），使用器材限于……"
- "在三人小组中，你们的挑战是创造一个舞蹈或体操动作序列，其中需要包括本周我们学习的三项技能。时长不能超过一分钟。"（如果有合适的一分钟音乐剪辑，也可以将其包括在动作序列中。）

小心分组

体育课上的分组既可能是一场耗时的噩梦，也可能是一次快速的重组，使接下来的活动等待时间减少。在理想情况下，让班级一分为二，然后相互比赛，这在体育课上非常少见。然而，有时为了活动的顺利开展，需要将班级分为两组。有几种方式可以完成分组，并且快速且不伤害学生的自尊。

技术秘诀　选组应用

使用智能设备下载一个用于组队的应用，如 Team Shake。把内容投影到墙面或屏幕上，让学生知道你并没有参与团队选择或挑选最喜欢的学生。这个应用是快速把班级分成你想要的组数的一个极好方式。

最简单的办法之一就是让学生寻找搭档（不要告诉他们你打算把他们分为几组）。让一个学生站在蓝线上，面对着站在红线上的一个搭档。所有学生会分别站在两条线上，彼此面对。站在蓝线上的学生组成一队；站在红线上的学生组成另一队。有趣的是，这是组成具备同等能力团队的一种最简单和最快速的方式，因为通常学生选择的搭档是与他们能力相当的。以下是一些其他策略：

- 拼图法：告诉学生会将他们分为 5 人一组的几组团队。每组中，每个学生分别从 1 到 5 报数。把报 1 的学生重组为一个组，报 2 的学生组成另一个组，以此类推。
- 让生日在前 6 个月（从 1～6 月）的学生站在一条线上；生日在 7～12 月的学生站在另一条线上；一般情况下，这种方法应该能组成偶数的组数。

使用生日月份分组法也可以把学生分为2组或6组。

- 让学生快速报数（1和2）。报1的学生组成一队；报2的学生组成另一队。或者让学生从1到4报数。例如，让报1和3的学生组成一队，报2和4的学生组成另一队。

排队和报数

要准备好应对以下情况：学生故意忘记自己的报数，选错队列，或者不知道自己的生日月份，以便可以同朋友组队。这时教师只需快速地将几个学生移到另一队并开始下一个任务即可。定期改变分组策略，始终让学生去猜测会同谁配对，让学生习惯于同随机的同学进行合作。

注意一些可能会导致学生被搭档选择法伤害的情况。例如，让学生选择自己的搭档是一个常见的组队策略。然而，如果某个学生没有一个同学愿意选择他做搭档，这个学生就会感到受伤。有时教师可能需要参与其中，主动地尽量以一种不唐突的方式让这个学生与某个学生结为搭档（例如，在给予组队指导之后让已组队的学生上前来）。经常改变选组策略也会有帮助，学生在选择搭档和组别时，你需要对学生有一个清楚的预期（见第2章）。

最后，培养责任感与教授运动技能相似。培养责任感涉及计划一项难度逐渐递增的任务，引导学生增强个人和社会责任感。表12.1展示了组建团队技能的一个发展过程，该表可用来设计学习成果。请注意，这些内容并不会用在某一节课上，而只是提供一个例子，你可以在整个学年或整个计划中使用它们。就像运动技能学习需要很长一段时间一样，教育学生展现出有责任感的个人和社会行为也需要很长一段时间。

表12.1　组建团队技能的发展过程

分类	描述
打破僵局	游戏和活动需要班级学生互动，要经常变换搭档。运用简单的追逐和触碰游戏，以及其他让学生逐渐相互开始了解的游戏
交流	进行需要参与者开展交流（讲话、倾听及其他交流方式）的任务
解决问题	将学生分成小组进行大型团队活动，让每个小组制订一个计划，然后达成共识，最后共同执行该计划
信任与风险	包括个人在小组的支持下挑战自我，例如参加一些信任背摔等对于团队合作非常有帮助的挑战

源自：Rohnkie-Butler 1995.

进行互动分析

避免在体育课上形成负面态度的另一种方法，是注意与你互动的人，以及互动方式。如果教师与技能不佳或不吸引人的学生互动，与跟那些技术熟练或具有吸引力的学生互动时方式有所不同，那么相当于教师向学生发出了某种微妙的信息，强化了这部分学生感觉自己没有能力的倾向。面对不同的学生，教师可能会有不同的互动方式。可能你还没认识到互动中的问题，但是学生察觉得到！当教师一天要面对数百个学生时，很难在数百次或者数千次的互动中都保持理想状态。

我们希望一次尴尬或不幸的事件不会立刻让学生形成负面态度。然而，数年的负面互动和体验肯定会导致学生对自己不满意和觉得自己没有能力。图 9.1 是一个反馈分析表单，可以给教师提供一些见解，让教师明白自己正在与什么类型的学生互动，以及该如何互动。

测量情感温度

另一个有益的教学工具是评估学生对体育课的感受，仅需询问他们对教师教学的感受，这就是测量课堂的情感温度（McCaughtry，2004）。简（Jan）是麦克科瑟（McCaughtry）的研究项目（McCaughtry，2004）中的一名教师，对于如何教学生扔橄榄球（美式橄榄球）的情况，她说道："学生对扔球的感觉可能关系到他们是否可以扔得很好。你知道，如果他们讨厌橄榄球，或者对扔球感到窘迫，或者一直感觉很糟糕，他们就会停止尝试学习……如果他们学习如何扔球，但又不在意这项运动，那么教这项运动的理由何在呢？如果没有对这些运动产生情感连接，他们就永远不会做这项运动"。

简还描述了测量班级情感温度的另一个例子。她曾要求一组学生进行小范围的触身式橄榄球游戏，然后问他们对这些游戏感觉如何。学生告诉她很无趣。简观察了几分钟他们玩游戏的过程，然后认识到接球员在前场跑得太远，以至于四分卫根本无法把球扔得那么远。她运用了娱 - 教 - 娱的教学方式（见第 7 章）让他们练习短距离传球，然后再回到游戏中。简运用了她的教学技能中的方法，评估学生情感状态，从而更好地让课程和内容适合学生的兴趣和能力。

录像录音

教师可以使用音频或视频记录上课过程，然后确定所营造的学习氛围类型。可以在体育馆的角落里安放一台 iPad，教师在腰带上系上一个小型录音器，然后把麦克风系在上衣上，通过这种方式进行录像录音。听录音时，试着听你与学生交流的重点。回答以下问题：

- 是否提供有关结果获知或表现获知的反馈（球进入了球门）。
- 是否太过严厉或太过挑剔？
- 是否以温暖和关怀的语气与学生交流？
- 是否给予学生支持、鼓励和理解？
- 你与男生和女生互动有什么不同？你对待高技能水平的学生与对待技能不足的学生有什么不同？你对待身体有残疾的学生与对待身体健康的学生有什么不同？

听（或看）记录时，把你听起来的样子与你所期待的自己的样子进行对比。你可能希望你信任的某个人听听录音的部分内容，帮助你解释你所传达出的感情信息。不要对自己太苛刻，要记住教学是一项复杂和艰辛的工作。

允许犯错

让学生认识到学习过程中犯错是难免的，这样他们就不会感觉很糟糕。教师可以解释说学生犯的错正是他们需要改进的地方，以此来帮助学生。我们试着避免错误，但当错误发生时，也是没有问题的。

考虑把操场或健身房营造成"允许犯错"的地带，告诉学生每个人都会犯错，包括你自己。出错是正常的，是学习过程的一个重要部分。发生错误时，鼓励学生不要去嘲笑或取笑，也不要单独地把某个学生选出来给予特殊待遇。帮助学生接受错误和理解错误。

显然，教师可以描述一下"允许犯错地带"，但仅仅描述是不够的。当某个学生确实犯错且被嘲笑或取笑时，要立刻阻止其他同学，然后回到原本描述的"允许犯错地带"的理念上来，让每个学生都知道，批评和嘲讽在你的班级上是不能被接受的。

学生看到你在努力学习自己尚未掌握的某些事情时犯错，也可以建立起"允许犯错地带"。显然，如何以及何时建立该地带取决于教师、班级和其他因素。但是让学生看到教师犯错是传达"学习会涉及犯错和失败"观念的一个重要方式。学生观察他们尊敬的人的努力学习过程，可以从中获益很多。他们开始意识到技能是通过不断学习而不是遗传获得的，犯错是学习过程中的一部分，不应是让自己感到沮丧的东西。

体育教师是超级英雄

许多学生，尤其是年幼的学生，把他们的体育教师当作超级英雄。学生相信体育教师可以做任何事情。他们没有意识到教师的熟练技能来自于大量的练习和艰苦的努力。他们想当然地认为教师天生如此。如果教师只是展示自己擅长的技能，就会强化学生的这种观念。你愿意让你的学生知道有些技能你也无法做得很好吗？还是你想继续维持超级英雄的形象呢？

使用"才不是呢"干涉法

艾格尼丝·斯蒂尔曼（Agnes Stillman，1989）描述了一种帮助学生在体育课上感受积极态度的方式。她诙谐地把这个方式称为斯蒂尔曼两部分"才不是呢"干涉法。

第一部分：当一个学生说"我做不到"时，斯蒂尔曼会在评语的后面加上"才不是呢"。她从 21 年的教学经验中得出这样的结论，"我做不到"这句话绝对不可能从学生的语库中消失。

第二部分：她与学生达成协定。要求学生尝试某项技能 37 次，如果之后仍然做不到，那么她就接受这个学生确实做不到。

37 这个数字是随意决定的。斯蒂尔曼的目的在于让学生去尝试，努力尝试。当学生充分尝试后，如果仍然做不到，她接受这个事实，然后建议学生尝试其他练习。有关谈话可能如下：

我做不到！
听到拉尔夫（Ralph）的声音后，我转向他说，"拉尔夫，你说什么？"
"我还是做不到……"
"谢谢，现在你已经尝试多少次了？"
"11 次。"
"所以，你还需要尝试多少次？"（我们可以算一下数！）
"26 次。"

我给予他一些鼓励，然后走向莎拉（Sarah）和山姆（Sam）。毫无疑问，我有时会继续观察拉尔夫，看到他很好地执行技能，其实他正轻松地不断进步。现在我了解他了。

最后我回到拉尔夫旁边。

"嗯，现在尝试多少次了？"

我们都知道，他已经记不清多少次了。他随便说出一个数字，33 次。他本来可以说 37 次的，但他真是一个诚实的孩子，说 33 次，他知道自己还有 4 次才能结束练习。然而，现在他不再试图证明我错了。他取得一些成绩，虽然他不愿意承认。我问他，我是否可以观察他进行最后的 4 次尝试，我想指出这是他最棒的努力。

当然，学生的成功努力非常值得表扬，可以拍他的后背和击掌以示鼓励和肯定。

拉尔夫带着成就感走向更衣室，我在心中表达"感谢"，然后准备迎接下一个"拉尔夫"。

源自："The 'yet' intervention," A. Stillman, *Strategies*, 1989, 2(4): 17, 28, adapted by permission of Taylor & Francis (Taylor & FrancisLtd

根据最有力的回答做决定

你是否观察过一个班级的学生回答这个问题：今天你们想玩什么游戏？总是会有一些学生快速且大声地回答"踢球"或"躲避球"或"杀手球"。尤其对新教师来讲，这种回应就像全班学生一致的回答。其实，只有少数几个学生会大声回应，通常是那些能力水平高的学生，他们很有魄力。不用说，那些真的不想玩这些游戏的学生会选择保持沉默。

测试

除了前面章节讨论的几大不恰当行为，另外一个可能会使学生感觉无能和身体笨拙的情况是测试。在教室里，测试通常相对隐私。例如，在数学考试中，只有教师和学生自己知道他们所犯的错误。然而在体育课上，结果都是公开的，所有学生都知道1600米跑中谁是最后一名，或谁没有接住球。教师需要对这个事实具有敏感性，小心地把可能影响学生感受的有害影响降至最低。幸运的是，我们已经开发出一些办法，避免学生处于不舒服的情况下，包括采用一些方式帮助学生了解测试结果和设定自己的目标。

技术秘诀 **制作和分享短片**

制作课程片段的视频剪辑，然后分享给家长和监护人或学校中的其他教师，这是分享体育课上各种美好事物的一个极好方式。使用你的 iPad 上的 iMove 记录短片，制作有趣且专业的影片是一个不错的方式，有助于你分享你的故事。

解读测试结果

如果教师选择与学生分享测试分数，以何种方式去做是一件很重要的事情。把测试分数张贴到墙上，让每个学生都可以快速地看到，这会导致有些学生嘲笑技能较差的学生，并扩大他们的无能感。当然，你可以要求学生不去讨论其他同学的分数，但这是天真的想法。学生确实会相互比较分数。

此外，标准化的规范和根据标准进行的评分，会给那些知道自己技能比不上班上其他同学的学生带来伤害。强化这种不足感有什么好处吗？

最具人性和敏感性的测试结果通报方法，是鼓励学生把目前的分数与自己过去的分数进行对比。他们是否获得了提高才是真正重要的，这是他们最能控制的事情。可能对技能不佳的学生来说，唯一的优势是练习会快速带来测试结果的巨大进步（也就是说，对技能较差的学生来说，取得进步比技能高的学生要更容易）。使用计算机有利于给学生提供测试结果，然后向他们展示他们与上次测试相比取得的进步。

制定自己的目标

帮助学生实现自我感觉良好的另一个方法就是帮助他们制定属于自己的目标（Grineski，1993）。对高年级的学生使用这个方法效果会更好，因为他们开始了解到取得进步需要花时间进行练习。无论学生年龄多大，在开始的时候，他们都需要帮助设定现实目标，这些目标是他们在相对较短的时间内可以实现的。增加他们可以完成的跳绳、运球或在 30 秒内进行仰卧起坐的次数都是比较现实的目标。然而，如果教师不够细心，学生会制定自己无法实现的目标，甚至在一年的时间里也无法实现。例如，10 次罚球进球 9 次，或在 6 分钟内跑完 1600 米，甚至对高技能水平的学生来说，这些目标也是很难实现的。

随着时间的推移，当学生认识到实现各种目标需要做些什么时，可以设定更难的目标。如果教师要求学生制定自己的目标，一定要花些时间讲解制定目标的过程，包括成功和失败的意义，以及制定目标是为了自己，而不是为了给教师或朋友留下深刻的印象。

理解感受

随着年龄的增长，我们可以更好地理解别人的感受。孩子们很难区分他们的感受与自我价值（比如，我只能做几个俯卧撑，我打球时经常丢球，所以我一定不是一个非常好的人）。慢慢地他们开始意识到，杰出的运动技能不等于自我价值，但这个过程需要花时间。通过让学生记日志并进行数次讨论，教师可以在体育课上促进学生了解这个方面。

学生日志

让学生写下自己在体育课上的感觉，可以帮助教师了解学生的感受（Cutforth & Parker，1996； Tjeerdsma，1997）。随着在小学阶段增加了对"课堂写作"的重视，在体育课结束回到教室后，更多的教师愿意给学生 5 分钟左右的时间立刻写下体育课日志。

诸如"你对跳舞的感觉如何？"等问题，你可以在学生日志的段落中得到最好的答案。日志让教师更加深刻地了解学生的感受，否则这些感受可能不会被发现。

不要提开放式问题，例如"你对体育课的感觉如何？"，学生对具体的问题、提示甚至几个句子的回应，可能会更加有效地激发他们写下体育课的感受（Wentzell，1989）。例如，教师可以提示 4 年级到 8 年级的学生回答这样的问题"我觉得这节课我做好了准备或我没有准备好，是因为……"（Wentzell，1989）。其他提示包括"我无法独立完成这项运动，因为……"，或者"我真希望教师可以……"这个想法鼓励学生以书面形式阐明他们的感受、取得的成绩或面临的挑战。给学生提供具体的提示可以让学生在日志中提供更全面的反馈。

一次只让一两个班级课后写下体育课日志，然后持续数周时间，这样做似乎最好。假设你在一周内教 400 名学生或更多，花整整一个星期阅读学生日志简直是一件费神（而不是享受）的事情。日志的目的在于帮助学生清楚自己内心的感受，也让教师更好地了解学生如何看待教学和计划。这个目的可以通过阅读一些学生的日志得以实现，而不需要阅读整整 400 个学生的日志。如果觉得合适且对学生有价值，教师也可以在日志中写评语。

学生的日志本应该是耐用的，尤其是学生在户外写日志时。这些日志需要保持数月，有些教师在马尼拉文件夹里夹纸张，另有其他教师使用大学答题本，或寻找办法来制作层压封面和在日志内绑定纸页（Cutforth & Parker，1996）。装订日记本的好处在于避免页面丢失，尤其是在户外多风的天气条件下。但不方便的地方在于很难增加纸张。日志可以保存在纸板箱内，按班级顺序或字母顺序进行排列。书写工具可以存放在杯子、鞋盒或包里（Cutforth & Parker，1996）。与你在体育课上所教的所有内容一样，教授日志书写规范也很重要，让学生了解如何拿到日志以及放回日志。

讨论圈

另外一个了解学生感受的方式就是讨论圈。同样，这种方式也是偶尔在一两个班级里进行，目的在于确定学生对体育课或训练计划的感觉如何。

让学生围坐成一个圈，谈论课上进行的事情（Tjeerdsma，1997）。类似以下的问题最有效：

- "你对来到体育馆后立刻开始训练有何感受？"
- "你对我要求你寻找搭档或组建团队的方式有何感受？"
- "离开体育课后感觉疲惫吗？"

- "有哪些活动是你希望我在课堂上教的？"
- "这周我们已经进行了壁球（网球）练习。在课后你们练习过这个技能吗？为什么会练习或为什么没有练习？"

如果你从来没有在班上使用过讨论圈的方法，有几个技巧需要特别注意。首先，为了使讨论圈富有成效，教师需要仔细地计划自己的问题，确定学生在讨论期间不会离题太远。另外，在开始讨论之前设定一个时间限制是很有用的。

男生总是霸占着球，这不公平。

其次，鼓励学生说出自己的感受。如果教师为自己辩解或生气，那么讨论不会取得什么效果。

最后，这些学生都是小孩，他们会说出自己的真实想法。如果教师只想听到有关课程好的方面的内容，那么使用讨论圈可能不是一个好主意。为了建立有效的讨论圈，教师一定要对学生所说的话保持客观态度，帮助他们表达出对课程的感受。

习得性无助感

通常，在学校任何一门课上表现不佳的学生会成为习得性无助感的受害者（Martinek & Griffith，1994）。他们认为成功或失败不在自己的控制范围内，所以他们很快就会放弃尝试，因为他们相信自己无法为进步或成功做任何事情。

习得性无助感在学生 3 年级时就会出现（Martinek & Griffith，1994）。以下评论很生动，但的确是习得性无助感的痛苦例子，显示出有些学生是如何看待自己在体育课上获得成功的机会的：

> "我总是掉球，因为我速度太慢。" "发球对我来说总是很难，因为我无法很好地击中球" "我总是很笨拙……这就是为什么我在做体操时会感觉困难。"（Martinek & Griffith，1994，p.119）

显然，这些学生认为自己无法在这些活动中取得成功是因为缺乏能力。把这些陈述与下面以掌握为导向的学生（Martinek & Griffith，1994）做出的陈述对比后，习得性无助感的概念认识会变得更清晰。以掌握为导向的学生会进行自我批判，但陈述却是积极的：

> "那个任务我完成得不好，但我认为如果我坚持练习，还是会成功的。" "在这个（跳跃舞）上我做得很糟糕。一开始我错过节拍，但我尝试一会之后……慢慢就好多了。" "上周我对头手倒立感到困难。我已经开始增强腹部肌肉，所以现在我可以做到了。"（Martinek & Griffith，1994，p.119）。

总结性思考

本章的教学策略例子介绍了要建立积极的感受，你不需要建立新的总课程，也不需要改变教学内容，虽然教师可能想改变他们在某些活动中的教学方式。

本章的目的在于，教师需要对班级上的所有学生保持敏感，让学生在课堂上感到舒适，感觉到教师对他们的支持。学生来到体育课上，他们应该觉得很安全。学生应该能够相信自己的教师不会试图为难他们，或令他们处于尴尬的境地。学生对他们自己以及对体育活动感觉良好，体育课应该成为这样一个地方。

方科·温克比恩在管理员的帮助下从绳子上下来，他觉得很尴尬，但是他做到了从绳子上下来；那个教练仍然只是给学生放电影。在有些学校，体育课仍然按照过去 30 年的做法进行着，但是体育教育正在经历着重大的改革。我希望本章内容有助于促进这些改变，所以未来的方科·温克比恩不会再处于尴尬处境中，使得他讨厌体育课，而且不利于自身的发展。

小结

体育课对学生如何感知自己有着巨大的影响力。教师必须尽一切努力注意到学生的感受，帮助学生在体育活动中建立积极的感受。注意一些不恰当的做法，例如，选出学生给予特殊对待、抱有不合理的期待、使用淘汰赛、学生等待时间过长、过度强调竞争、把练习作为惩罚，以及上课没有明确的教学目标。为了帮助学生建立积极的态度，教师应不断注意学生的感受，并有意识地调整和选择活动，对以下学生都会考虑到：高技能的学生和技能较差的学生、热情的学生和不太愿意活动的学生，以及身体健康和不太健康的学生。有助于实现这些目标的技巧和策略包括：给学生提供选择机会，积极地培养学生的责任感，分析与学生的互动，询问学生感觉，以及使用视频和音频分析与学生的互动。教师还可以通过建立"允许犯错"地带，以及使用"才不是呢"干涉法营造积极的学习氛围。

测试应以这样的方式进行，不要单独选出某些学生，也不要使学生之间相互对比。教师可以通过让学生记日志和建立讨论圈来更好地了解学生的感受。总的来讲，确保学生在离开体育课后对他们自己和体育活动的良好感觉，这样他们就会在今后的生活中保持积极运动的习惯。

思考题

1. 回想一下你在体育课上的经历。试着想起教师对技能不佳或身体不适的学生有何粗鲁举动，甚至是伤害行为的例子。为什么你认为这些教师没有觉察到学生的感受？

2. 你还记得在体育课上有哪些游戏和活动属于不恰当行为？你能做出哪些改变使它们变得合适？

3. 反思自己的教学。你认为自己倾向于喜欢任何特定群组的学生吗？他们是高技能水平的学生还是技能不足的学生？是有吸引力的学生还是没有吸引力的学生？是男生还是女生？在教学时，你可以做些什么来了解你对特殊群组学生喜欢或不喜欢的倾向？

4. 想想你的哪些朋友或熟人不喜欢体育活动，你知道原因吗？为什么他们觉得定期锻炼是如此困难？这些感受可以追溯到他们过去体育课上的经历吗？

5. 在体育课上，保持测试结果的隐私性很困难。使用哪些办法可以在体育课上确保学生的相对隐私？你认为学生可以相互测试吗？为什么？

6. 学生与成人在经历和理解力上的水平不同。你可以记起你作为儿童或在青少年期以及现在作为成人看待事物的角度发生变化的例子吗？简略地描述你的感受或态度上的变化。

参考文献

Bernstein, E., Phillips, S.R., & Silverman, S. (2011). Attitudes and perceptions of middle school students toward competitive activities in physical education. *Journal of Teaching in Physical Education, 30* (1), 69-83.

Centers for Disease Control and Prevention. (2010a). *The association between school based physical activity, including physical education, and academic performance.* Atlanta: U.S. Department of Health and Human Services.

Centers for Disease Control and Prevention. (2010b). *Strategies to improve the quality of physical education.* Atlanta: U.S. Department of Health and Human Services.

Cutforth, N., & Parker, M. (1996). Promoting affective development in physical education: The value of journal writing. *Journal of Physical Education, Recreation and Dance,* 67 (7), 19-23.

Flugelman, A. (Ed.). (1976). *The new games book.* Garden City, NY: Doubleday.

Glover, D.R., & Midura, D.W. (1995a). *More team building challenges.* Champaign, IL: Human Kinetics.

Glover, D.R., & Midura, D.W. (1995b). *Team building through physical challenges.* Champaign, IL: Human Kinetics.

Graham, G., Castenada, R., Hopple, C., Manross, M., & Sanders, S. (1992). Developmentally appropriate physical education for children: A position statement of the Council on Physical Education for Children (COPEC).

Reston, VA: National Association for Sport and Physical Education.

Grineski, S. (1993). Achieving educational goals in physical education—A missing ingredient. *Journal of Physical Education, Recreation and Dance, 64* (5), 32-34.

Grineski, S. (1996). *Cooperative learning in physical education.* Champaign, IL: Human Kinetics.

Hellison, D. (2011). *Teaching personal and social responsibility through physical activity* (3rd ed.). Champaign, IL: Human Kinetics.

Hichwa, J. (1998). *Right fielders are people, too: An inclusive approach to middle school physical education.* Champaign, IL: Human Kinetics.

Martens, R. (Ed.). (1978). *Joy and sadness in children's sports.* Champaign, IL: Human Kinetics.

Martinek, T.J., & Griffith, J.B. (1994). Learned helplessness in physical education: A developmental analysis of causal attributions and task persistence. *Journal of Teaching in Physical Education, 13,* 108-122.

McCaughtry, N. (2004). The emotional dimensions of a teacher's pedagogical content knowledge: Influences on content, curriculum and pedagogy. *Journal of Teaching in Physical Education,* 23, 30-47.

National Association for Sport and Physical Education (NASPE). (2008). *Appropriate practices for elementary physical education.* Reston, VA: Author.

National Association for Sport and Physical Education (NASPE). (2009). Physical activity used as punishment and/or behavior management [Position statement]. Reston, VA: Author.

Orlick, T. (1978a). *Cooperative sports and games books.* New York: Pantheon.

Orlick, T. (1978b). *Winning through cooperation.* Washington, DC: Acropolis Books.

Placek, J.H. (1983). Conceptions of success in teaching: Busy, happy and good? In T. Templin & J.

Olson (Eds.), *Teaching in physical education* (pp. 46-56). Champaign, IL: Human Kinetics.

Reeve, J., & Jang, H. (2006). What teachers say and do to support students' autonomy during a learning activity. *Journal of Educational Psychology, 98* (1), 209-218.

Rohnke, K. (1984). Silver bullets: *A guide to initiative problems, adventure games, stunts and trust activities*. Dubuque, IA: Kendall/Hunt.

Rohnkie-Butler, K. (1995). *Quicksilver: Adventure games, initiative problems, trust activities and a guide to effective leadership*. Dubuque, IA: Kendall Hunt.

SHAPE America. (2014). *National standards & grade-level outcomes for K-12 physical education*. Champaign, IL: Human Kinetics.

SHAPE America. (2015a). Appropriate instructional practice guidelines for elementary school physical education.

SHAPE America. (2015b). Appropriate instructional practice guidelines for high school physical education.

SHAPE America. (2015c). Appropriate instructional practice guidelines for middle school physical education.

Sidwell, A.M., & Walls, R.T. (2014). Memories of physical education. *Physical Educator, 71* (4), 682-698.

Spencer-Cavaliere, N., & Rintoul, M.A. (2012). Alienation in physical education from the perspectives of children. *Journal of Teaching in Physical Education, 31* (4), 344-361.

Stillman, A. (1989). The "yet" intervention. *Strategies, 2* (4), 17, 28.

Tjeerdsma, B.L. (1997). A comparison of teacher and student perspectives of tasks and feedback. *Journal of Teaching in Physical Education, 16* (4), 388-400.

Turner, L.F., & Turner, S.L. (1984). *Alternative sports and games for the new physical educator*. Palo Alto, CA: Peek.

Tutko, T., & Bruns, W. (1976). *Winning is everything: And other American myths*. New York: Macmillan.

Wallhead, T.L., Garn, A.C., & Vidoni, C. (2013). Sport education and social goals in physical education: Relationships with enjoyment, relatedness, and leisure-time physical activity. *Physical Education and Sport Pedagogy, 18* (4), 427-441.

Wentzell, S.R. (1989). Beyond the physical—Expressive writing in physical education. *Journal of Physical Education, Recreation and Dance, 60* (9), 18-20.

Williams, N.F. (1992). The physical education hall of shame. *Journal of Physical Education, Recreation & Dance, 63* (6), 57-60.

Williams, N.F. (1994). The physical education hall of shame, part II . *Journal of Physical Education, Recreation and Dance, 65* (2), 17.

Williams, N.F. (1996). The physical education hall of shame, part III: Inappropriate teaching practices. *Journal of Physical Education, Recreation and Dance, 67* (8), 45-48.

Williams, N.F. (2015). The physical education hall of shame, part IV: More inappropriate games, activities, and practices. *Journal of Physical Education, Recreation & Dance, 86* (1), 36-39.

13

评估和汇报学生进步

> 你记录学生学了哪些内容吗？

> 今天与幼儿园的学生在一起，在谈到什么方式可以让肌肉变强壮时，我问学生是否知道身体任何部位的肌肉的名称。我面前的一个学生举起手，指着他的肱二头肌回答：'炮弹'。

史蒂夫·康丹（Steve Condon），
伯尼斯·A. 雷（Bernice A. Ray），
汉诺威小学，
新罕布什尔州
经体育中心许可后转载

阅读本章后，你应该能做到以下几点：

- 解释为什么评估是体育教育质量计划中的一个重要部分。
- 讨论可替代评估与标准化评估的区别。
- 描述评估学生的方法，比如检查表、等级量表和评估准则。
- 讨论现实和实用的方法，评估学生运动技能的进步和对运动技能的理解。
- 描述切实可行的方式，用来评估学生对体育概念的理解程度。
- 描述切实可行的方式，用来评估学生在体育课上的态度和感受。
- 根据学生的评估情况，列出向家长和监护人汇报学生进步的方法。
- 提供各种使用理解检查的方式来最后评估学生的例子。

从第 5 章开始，每一章都介绍了一些积极的教学技巧，教师可以与学生在一起时使用这些技巧。本章的重点是教学的另一方面，由教师与学生共同在学校或学生在家中完成。关键的是，教师需要回答这样的问题，"我如何才能准确了解学生是否学会了我所教的内容？"

为什么进行评估

评估是对学生的技能、知识掌握情况以及性格倾向的一个简单汇总。为了教好一门课，教师必须不断评估班级和学生。做评估一般有三个原因：确定学生达到（或没有到达）教师的要求，引导自己的教学，以及评价课程计划。

学生学习

首先，评估能够促使教师仔细观察班上的每个学生，至少观察一会儿，确定学生学到教师所教的哪些内容以及掌握程度。这促使教师短暂地粗略回顾所有学生，回顾他们如何执行一项技能、展示已学会的片段（运动提示）或解释一个概念。大部分时间，教师或许能够对学生的能力进行相当准确的主观（非正式）评估，然而，正式评估会帮助教师看到令人惊讶的一面。

本章中所描述的评估，也成为教师自我施加的一种责任。在教学中，教师会经常对学生不知道的事情感到吃惊，即使在一节课后教师自认为已经教得很不错，而且讲述得很清楚，因而认为不可能有学生还没有学习到所教的内容。对所教内容进行测试，而不是自认为已经教会了学生，这会让教师看到真正令人吃惊的真相。

技术秘诀　**心率监测器**

美国国家体育教育标准的内容包括对高中学生（S3.H10）"计算靶心率（target heart rate），并将该信息运用到个人健身计划中"（SHAPE America，2014）。许多教师使用心率监测器教学生如何测量心率和计算靶心率。Polar 心率监测器实时显示学生心率，以不同颜色的方块在大屏幕上展示出所有学生每分钟的心跳和最高心率的百分比！

同样，表现性评估还提供了培养学生责任感以及反映学生学习情况的机会。为了真正地评估技能或知识，教师必须清楚地表达对学生的学习期望。例如，教师可能期待 4 年级的学生以熟练的方式把球踢到空中（S1.E21；SHAPE America，2014）。熟练的踢球形式可以描述如下（Graham et al.，2012）：

- 向前移动一步或多步；
- 做一次跳跃，不踢球的脚要落在球旁边的地面上；
- 腿向后摆时弯曲膝盖；
- 做随球动作时伸直腿；
- 在脚刚刚接触球和接触球期间，上半身略微向后倾斜；
- 支撑腿略微朝向目标方向跳起，分散冲击力。

教师可以录下学生关于这些关键踢球元素的执行情况，然后给学生提供反馈，报告给家长或监护人。与这种情况形成对比的是，如果学生家长询问学生的进展情况，而教师没有相关的记录，那么只能凭教师对学生的记忆进行说明，但是教师不可能记住所有学生的情况。

明智的指导

其次，教师可以在适当时运用评估系统，对学生取得的进步保留一些记录证据，教师就可以在计划中对个别学生提供更明智和更合理的指导。例如，教师通过评估了解所有学生，知道除了布鲁克（Brooke）、埃文（Evan）和图安（Tuan）之外，其他人在玩改进的足球时都会在还没有得到球的情况下不断向开阔空间移动。教师可以利用这个信息为这 3 个学生选择一项新任务（任务内的变化；见第 8 章），帮助他们练习无球跑动。评估数据可以用在单元和每日的课程计划中，也可以用在一节课中，以便对教学进行调整。

教学计划评价

评估的第三个目的在于评价课程计划。对小学 5 年级或 6 年级学生、初中 8 年级学生以及高中 12 年级学生进行评估，为成功实现体育教育计划提供全面的分析。评估可以显示出一项计划是否真正均衡有效，是否回答了那个最重要的问题"我是否实现了计划的目标和任务？"评估让教师对学生这些年在体育教育计划中所学习到的技能以及没有学习到的技能有一个深刻的认识（假设你一直在某所学校教体育）。评估还可以增加作为职业教师的可信度（Arbogast & Griffin, 1989; Collier, 2011a, 2011b; Doolittle, 1996; Hopple, 2005; Schiemer, 2000）。家长和监护人，以及行政人员希望教师能够评估和汇报学生的进步情况。

使用可替代评估和标准化评估方法是为了实现刚刚讨论的三个目标。可替代评估的方式通常由教师自己制定，与学生学习成果或局部计划目标相一致。标准化评估通常与国家标准相一致，或者用于评估某个具体课程体系的效果。

要评估什么

在第 3 章和第 4 章中，我们讲到用教学调整（倒序设计）确认教学内容。这显然是思考体育教育计划（见第 3 章）的目标与目的的起点，也是回答"在体育课计划中我想实现什么样的效果（Cave & Dohoney，2009；Hopple，2005）？"这个问题的开始。

下一步是确定评估哪些学习成果，因为根据美国大多数学区学校分配给体育课的时间，评估每个学生是不现实的（Graber & Locke，2007）。在制定评估决策时，美国国家组织颁布的所有学科领域的指南和标准是不错的参考，但因为时间有限，这些决定通常成了愿望清单。在决定评估哪些学习效果时，请考虑以下内容：

- 新主题；
- 被高度重视的基础运动技能；
- 用于项目评价的重要学习成果；
- 选择不同的心理运动评估、认知评估和情感评估；
- 价值取向；
- 学区或学校的教学大纲；
- 每年使用同样的结果进行比较，跟踪学生的进步情况；
- 多年来大比例占据成绩榜单的新学习成果。

一旦决定了评估什么，下一步就是选择评估方法。如前所述，评估通常分为可替代评估和标准化评估。

可替代评估

可替代评估让教师和学生对学习上所取得的进步有清晰的了解。可替代评估的技巧有以下六个特征（Lund，1997）：

1.可替代评估任务的设计宗旨对学生应该是有意义且真实的，而非人为的。例如，多项选择测试就不符合这些要求，传统的体育健身测试也是如此。良好的可替代评估对学生来讲更像是解决有趣的问题。

2.可替代评估需要学生使用高层次的思考能力，因为任务通常很复杂，需要用批判性思考能力（见第 11 章）来解决问题。

3.在评估之前，学生要了解评分标准。这个标准叫作评估准则，让学生评估自己的进步表现，因为学生知道他们需要学习的是什么（NASPE，1995）。根据要评估的概念或技能，教师通常会列出评估准则的不同类别（Schiemer，2000）。阿尔多维诺（Ardovino）和桑德斯（Sanders，1997）与谢尔哈泽（Shellhase，1998）和史密斯（Smith，1997）一样，在低手传球的评估准则中使用了三个类别：达到要求、发展中以及尚未达到要求。韦斯特福尔（Westfall，1998）建议在四分制量表中用质量等级、频率和专长类别来表现学生的成绩水平，从而记录学生的进步。

4.用可替代评估对教师正在使用的教学课程大纲进行评估。因此，对学生来讲，评估似乎成了常规课程的一部分。当评估能够真实地反映出一项计划的教学内容时，为了学生，教师会选择执行书面测试。

5.因为学生提前知道可替代评估的标准（评估准则），教师可以充当教练或搭档，这是与测试管理人员相对的角色。虽然角色有细微的不同，但许多教师很享受这个角色，因为他们可以积极地为学生的成功而加油。

6.最后，当可替代评估具有可信度时，许多评估结果会被公开。不用说，人们会将评估结果与其他人分享。

幸运的是，除了标准化的书面测试、体能与技能测试，教师还可以从大量的表现性评估或可替代评估方式中进行选择（Hopple，2005；Schiemer，2000；SHAPE America，2010，2011，2014；另外见第8章）。通常，是否使用评估取决于学生的学习成果。了解学生的运动技能学习成果需要某种形式的心理评估，涉及教师观察、视频或其他表现性评估和任务（Hopple，1997；Young，2011）。认知和态度评估可以采取观察的形式（即理解检查、教师观察）或书面的形式（课堂结束时的小测试、考试、题目表），还有项目展示、作品集或其他书面作品（Hopple，1997；Young，2011）。以下部分的内容对学生的运动技能、认识和情感评估进行了更全面的描述。

运动技能评估

有时教师可能会问自己，"学生是否掌握了这个概念？""我应该继续下去，还是应该继续停留在这个任务上？"在这种情况下，教师不用费力对每个学生取得的进步进行评估，而是就全班学生的进步提出一个更广泛的问题（见第5章）。仔细观察、利用录像和数字媒体，再加上表现性任务，可以帮助教师解决这些问题。

仔细观察

一种观察方式是为学生提供一项任务，然后在10~15秒的视觉扫视下观察某一个运动关键点（见第5章）。目标可能是观察学生用球拍向墙面击球的次数。

学生开始运动后，观测学生是否以合适的侧面（正手击球或反手击球）向墙面击球。采用这种方式，教师可以在短时间内估测击球方式正确的学生有多少。

有些定性方面的内容比其他方面的内容更容易通过观察进行评估。例如，在接球时，观察学生用手方式是否正确（拇指靠拢是高位接球；小手指靠拢是低位接球）是相对容易的事情。其他关键点，例如后续的髋部和肩部旋转，在现场情况下很难观察得到，除非教师对此进行过大量的练习。

丽兹（Liz）、约翰（John）和凯西（Casey）踢球时仍在使用脚趾。

录像

课堂录像可以帮助教师观察学生对关键点的掌握程度，尤其是在现场环境中很难观察的某个方面（Doering，2000；SHAPE America，2010，2011）。把广角设置的摄像机安放在体育馆或操场的某个角落里，在一节课中开启几分钟。然后，教师可以查看视频，评估学生掌握关键点的情况。特别有趣的是，学生正在进行游戏时，因为有些学生在兴奋的游戏中容易忘记某些关键点，教师可在之后的一节课上为学生播放视频，展示他们在游戏时忘记的要点。但是，为了避免技能不熟练的学生感到尴尬，展示的时候需要谨慎。

数字媒体

教师可以使用数字媒体（iPad、iPhone、平板电脑、数码相机、智能手机）来了解评估场所或学习中心；帮助自己记忆学生名字；以及改进学生的作品集、海报、公告板和学校网站的质量（Ryan Marzilli & Martindale，2001）。智能手机现在可以用来制作短视频或拍照，以回顾评估目标（确定已从家长或监护人那里得到了许可，并且符合学校的政策）。

Evernote

Evernote 是一个很棒的应用，学生可以用它拍照，然后同时表达他们所掌握的知识。例如，如果教师准备了技能练习场所，学生可以采用小组形式进行相互拍照，拍下执行技能练习的照片，然后输入技能的关键提示。学生可以登录教师的 Evernote 账号（如果教师使用的是学校器材，这已经设置好了），如果是处于 Wi-Fi 覆盖的区域，教师会立刻获得所有学生的回应。或者教师可以稍后查看这些回应。使用 Evernote，教师可以在整节课上监测学生的活动，确保学生专心执行自己的任务。

表现性任务

评估学生运动技能的第四个方式就是组织表现性任务，例如，音乐或喜剧表演；舞蹈、体操或一系列的运动；主持游戏；体能与技能测试；辩论和面谈；口头展示和报告；在游戏中检查技能；表演短剧或编剧；搭档指导（Hopple，1997；SHAPE America，2010，2011）。如果用视频录下学生的表现，可提高表现性任务评估的力度。

表现性评估的一个有趣例子是，对 13 个基础运动技能的进步情况进行评估（Shellhase，1998）。谢尔哈泽根据美国国家标准（NASPE，1995）和技能主题（Graham et al.，2012），以及每个技能的教学提示，以逻辑递进的关系为 K-6 年级的学生提供运动表现标准。她设计出一套汇报系统，为每项运动技能制定评估标准，然后把学生取得进步的报告单寄送到学生家中，以通知家长和监护人。*PE Metrics* 还列出大量使用录像的表现性任务，以便教师进行评价（SHAPE America，2010，2011）。

太酷了！和上次相比，我们都取得了进步！

学生表现性评估的结果，正如上图中两个学生的谈话所示，可以存储在 iPad、平板电脑或其他电子设备上（或纸上，然后录入到计算机中）。这可以帮助教师根据需要进行修改，下载或使用 Mail Merge（Microsoft Word 的一个功能）可避免海量的文书工作。当教师一周需要教数百名学生时，如此大量的文书工作是非常难以应对的（Wegis & Van der Mars，2006）。

体育中心评估

如前所述，体育中心是关于 K-12 体育教育的网站，其中包含大量的信息，还有许多评估方式可供免费下载，适用于所有年级的学生（Werner，1997）。首页上的目录表会指引教师进入评估页面。

认知评估

我们都知道，有经验的体育教师除了在意学生的体能，还会关注学生对概念的认知理解（SHAPE America，2010，2011）。快速笔试和理解检查是两个有助于教师对学生是否掌握重要概念进行非正式性评估的方法。

体育馆快速笔试

提到评估认知理解，我们就会想到标准的笔试测试。然而，这个过程不需要花太长时间（Cave & Dohoney，2009；Griffin & Oslin，1990； Lipowitz，1997，1997）。

在餐厅地面或沥青路的操场上，易于使用的一个技巧就是，让学生帮助他们的朋友。方法是这样的：在一节课或两节课开课之前（没必要每个班级都在同一天进行），在远离活动区的地方准备好纸张和笔。如果是在户外，用约 13 厘米 ×20 厘米的索引卡可能更实用。在课中的某个时候，让学生来到这个区域，然后提供一种情况让学生解决。例如，"你的朋友默加特洛伊德（Murgatroid）不知道如何运球，请列出五个提示告诉她如何成为一个不错的运球队员。"学生完成这项任务后，他们可以继续活动。这个方法费时不到 5 分钟，但对了解学生学到了哪些东西，会提供一些有价值的信息。图 13.1 所列出的内容是一群 4 年级学生在完成一系列用手带球课程的几天后所汇集的信息，这个信息让教师可使用一种衡量方法来了解学生掌握关键元素（提示；见第 4 章）的效果。

中学生可以在课堂上完成任务表或其他书面材料。这些材料也可以作为评估内容。例如，审阅学生有关夺旗橄榄球（美式）的书面作业成绩，可以了解学生对概念的掌握情况。

体育中心为儿童提供了一项有关接球的快速笔试评估（Werner，1997）。

	1. 使用指垫，而不是手掌	
	2. 不是向下击球，而是推动球，这样可以保持控球	
○	3. 手腕不要太过僵硬，但也不要太松弛，以至于无法控制手腕	
	4. 眼睛保持看向前方，确保你不会撞到任何东西	
	5. 不要让球猛击地面，使球弹起超过头顶，要让球一直处于腰部高度	

图 13.1　4 年级学生对教师提出的问题的回答，即"你的朋友默加特洛伊德不知道如何用手运球，列出五个提示帮助她成为一名优秀的运球手。"

学生涂画空白的"小脸"，以说明他们可以执行某些技能的能力水平（见图 13.2）。

理解检查

快速了解学生对某个概念的理解情况的另外一个方法是理解检查。可以在一节课的末尾，或快要结束时使用该方法，这种方法称为总结性评估（Marks，1988）。你可以要求学生展示他们对一个已经教授过的内容的提示（关键点）或概念的理解。例如，学生围在你的周围，让学生完成以下内容：

- "试图高位接球时，你的手看起来应该是什么样的？展示给我看。"
- "向我展示一个伸展下腰背肌肉的好方法。"
- "跳跃后下落时，你的膝盖应该是怎样的。展示给我看。"

让学生快速展示动作，能够让教师知道学生理解概念的情况。当然，仅仅因为学生可以向教师展示这些动作，并不意味着他们会一直这样做，但理解是必要的第一步。检查一两个运动提示（提示词；见第 4 章、第 5 章和第 7 章），也是总结课程的一个好方法。

学生姓名：＿＿＿＿＿＿＿＿ 　　年级：＿＿＿＿＿＿＿＿

如果你认为句子的表述有道理或者赞同这一说法，请将"小脸"画成一个开心的表情。如果你不是很确定，则在"小脸"中画一条直线。如果对句子表述的内容感觉不好或不同意，请将"小脸"画成一个不赞成的表情（难过）。

☺ 1. 我是一个不错的接球手。

☺ 2. 我认为我可以帮助其他人更好地接球。

☺ 3. 我的同班同学都是不错的接球手。

☺ 4. 接低位球时，我总是小手指靠拢。

☺ 5. 接高位球时，我总是大拇指靠拢。

☺ 6. 为了成为一个更好的接球手，我需要继续练习。

这是体育课上"接球"的情况。

图 13.2 接球评估

源自：P. Werner, 1997, "Using PE Central and the National Standards to develop practical assessment instruments," *Teaching Elementary Physical Education* 8(3): 12.

技术秘诀 **创建小测验**

有时教师可能想快速进行一次理解检查。Socrative 是一个免费应用，教师可以在一部智能设备上创建一个小测验或评估。学生登录进入教师指定的房间号码，选择评估，然后开始评估。教师可以控制开始时间和结束时间。学生可以收到迅速的反馈，教师可以将结果下载到自己的评分项目中。

展示项目

评估认知学习的另一个方法就是展示项目。采用展示或展览的形式，将学生自己创造的各种项目呈现出来，包括夺旗橄榄球策划、科学展览会、个人健身计划、示意图（即一张进入附近公园的地图）、视频和音频记录、模型、海报、幻灯片、拼贴画和旗帜广告等（Hopple，1997；Young，2011）。根据评估结果，你可能决定是否创建一个评估准则，以描述项目的评估标准。学生能以课外作业的形式完成你的项目时，或者以艺术、科学或写作项目的形式在其他课堂中完成你的项目时，你的项目就非常有价值。

作品集和其他书面作品

因为书面评估针对的是整个教学大纲所高度重视的技能，所以作品集和其他书面评估通常可以在课堂上完成（Fortman-Kirk，1997）。事实上，有些任课教师喜欢让学生写一些他们特别感兴趣的主题的短文或报告。书面评估包括短文、故事、诗歌、研究论文、作品集、学习日志、个人健身和活动计划、自我评估书面汇报、广告、手册、提示或关键点检查单、评论或意见书，以及报纸文章或建议书（Hopple，1997；Melograno，2006）。

技术秘诀 **创建学生作品集**

使用 Google Sites 从 Google Drive 中导入文件并创建在线作品集，是展现学生学习和宣传项目计划的一种极好方式。Three Ring 是另外一个在线制作学生作品集的应用，可以跨所有平台运行；而且教师可以在移动设备上轻松地进行更新。

情感评估

除了评估运动表现和认知理解之外，通过情感评估，教师可以深刻认识到学生对体育活动和自己是何态度。学生的态度是决定发展积极和健康的性格倾向的重要指标，性格倾向会延续到成年（SHAPE America，2014）。情感评估可以采用票站后调查，不需要花很多时间，也不需要用到纸和笔。

票站后调查

了解学生感受的一个简单但不太准确的方法是进行票站后调查。例如，教师可以准备很多种"小脸"表情：微笑、中立和难过。学生离开体育馆时，要求学生从门口的三个鞋盒子（一个盒子装有微笑的表情，一个装有中立的表情，第三个装有难过的表情）中选择一个能够代表他们对自己能力的看法、享受度或对课程的感受的表情，然后投到票箱中。另一个方法是要求学生用一只手遮住自己的眼睛，然后用另一只手的手指展示对问题的回答，共有 1~5 个等级。以下是一些问题的样例：

- "你对自己用球拍击球的能力感觉如何？"
- "在周末进行仰卧起坐练习，你觉得怎么样？"
- "在下节课继续设计你自己的舞蹈，怎么样？"
- "你觉得今天的课程如何？"
- "你对今天小组一起活动的感觉如何？"

笔试态度评估

和认知理解评估中的问题一样，态度问题也可以作为笔试测试中的部分内容。这些评估非常有启迪作用。

在一项研究中（Graham et al., 1991），要求学生圈出三个表情中的一个来表达自己对体育课上所教不同内容的感受（图 13.3 中的问题 6 至问题 11）。学生一致选择笑脸，直到回答舞蹈和体操让他们有何感受时，许多学生选出中立或难过的表情。这表示舞蹈和体操项目需要进行重新评估，因为这两项活动明显让学生感觉不太好。令人遗憾的是，男生在有关舞蹈的问题上倾向于选择难过的表情。图 13.3 中提供的许多问题为评估学生的感受和态度提供了建议性方法。

日志和讨论圈也为了解学生在体育课上的感受和学习掌握情况，或者了解他们是否正在学习等提供了有价值的认识（见第 12 章）。

1. 我宁愿锻炼或进行体育运动也不愿意看电视。

　　　　　是　　不是

2. 定期进行锻炼的人看起来很享受锻炼。

　　　　　是　　不是

3. 在学校里我期待上体育课。

　　　　　是　　不是

4. 在学校体育课上，我经常出一身汗。

　　　　　是　　不是

图 13.3　帮助教师了解学生对体育活动的感受和态度的问题

5. 我长大之后，可能因为太忙而无法坚持身体锻炼。

是　　不是

6. 你对自己用球拍击球的能力感觉如何？

☺ ☺ ☹

7. 你觉得自己用力朝向目标踢球的能力如何？

☺ ☺ ☹

8. 你觉得自己进行无间歇长跑的能力如何？

☺ ☺ ☹

9. 你觉得自己进行许多不同游戏和体育运动的能力如何？

☺ ☺ ☹

10. 你觉得自己的体操运动能力如何？

☺ ☺ ☹

11. 你觉得自己的舞蹈能力如何？

☺ ☺ ☹

图 13.3　帮助教师了解学生对体育活动的感受和态度的问题（续）

记录学生的表现

记录学生的表现数据时，教师可能发现自己将过多的时间花费在检查试卷或在 iPad 上，而没有真正观察学生。一个建议是开始时针对所有学生的预期制定一个分数（即达到标准），然后花点时间确认哪些学生在标准之上或之下，然后改变分数。

评价评估数据

记住，评估是收集有关知识、技能或态度方面的信息。对学生的作品或表现的质量做出价值判断叫作评价。评价评估数据有很多方式。目前有许多有关体育教育的评价和评估的资源，这些资源可能比本书中呈现的内容更为详细具体。然而，在这里我们暂时只关注体育工作者使用的三个方式：检查表、等级量表和评估准则。

体育教育评估与评价资源

Hopple, C. (2005). *Elementary physical education teaching and assessment* (2nd ed.). Champaign, IL: Human Kinetics.

Hopple, C.J. (1997). The real world process of assessment. Teaching *Elementary Physical Education, 8* (4), 4–7.

Lund, J., & Kirk, M. (2010). *Performance-based assessment for middle and high school physical education* (2nd ed.). Champaign, IL: Human Kinetics.

Lund, J., & Veal, M.L. (2013). *Assessment-driven instruction in physical education*. Champaign, IL: Human Kinetics.

National Association for Sport and Physical Education. (2010). *PE Metrics: Assessing national standards 1–6 in elementary school*. Reston, VA: AAHPERD.

National Association for Sport and Physical Education. (2011). *PE Metrics: Assessing national standards 1–6 in secondary school*. Reston, VA: AAHPERD.

PE Central

Schiemer, S. (2000). *Assessment strategies for elementary physical education*. Champaign, IL: Human Kinetics.

检查表

检查表是最简单的评估形式之一，列出项目列表，然后标注"是"或"不是"。例如，观察一个学生扔球时，教师指出他是否侧面朝向目标扔球，用对侧脚踩住地面，以及是否将重心从后脚转移到前脚，然后进行随球动作（见图13.4）。图13.5是重点评估进攻策略的检查表。

教师也可以使用在整个单元或学年中所教授过的运动提示来制作检查表。在单元末的评估中，按照检查表中所列的每个提示对每个学生进行评估。这些检查表制作和使用起来很容易，但通常缺乏足够的细节，包括是一次达到标准，还是偶尔达到标准，或者一直符合标准。

等级量表

与检查表相比，等级量表增加了衡量标准满足程度的指标。目前美国小学常用的基于标准的报告卡是一种等级量表。例如，可以添加对标准或满足标准的频

	侧面朝向目标	高抬肘	对侧脚的脚步	向前扔球	击中目标
艾莎（Aisha）	是 不是	是 不是	是 不是	是 不是	是 不是
阿里（Ali）	是 不是	是 不是	是 不是	是 不是	是 不是
戴维（David）	是 不是	是 不是	是 不是	是 不是	是 不是
贾马尔（Jamal）	是 不是	是 不是	是 不是	是 不是	是 不是
米格尔（Miguel）	是 不是	是 不是	是 不是	是 不是	是 不是
萨莎（Sasha）	是 不是	是 不是	是 不是	是 不是	是 不是
蒂萨（Tisa）	是 不是	是 不是	是 不是	是 不是	是 不是

图13.4 肩上传球检查表（S1.E14.4a）

源自：S. Westfall, 1998, "Setting your sights on assessment: Describing student performance in physical education," *Teaching Elementary Physical Education* 9(6): 7.

姓名：

标准	是	不是
在没有得到飞盘时跑向开阔空间		
至少使用两种扔飞盘方式（例如，低位传递和肩上传递）		
假装跑向开阔空间		
使用传切战术		

图13.5 进攻策略检查表（S2.M2.8）

率或程度的简要描述。图13.6中包含一套体操序列的标准。在这种情况下，检查表已经被四个能力水平的评估替代，这四个能力水平在表的上方进行了描述。图13.7是一个等级量表，用于评估8年级山地自行车的技能水平。

评估准则

定义期待要求的第三种方法就是评估准则：描述一项任务或运动的关键要点，包括能力水平。评估准则可以是整体型或分析型的：整体型评估准则包括对整个表现或多个标准的描述；分析型评估准则是把一项运动的多个组成部分分开，对不同水平的各种表现进行详细的描述说明。你可以把分析型评估准则看作是为每个水平要求提供更多具体描述的等级量表。评估准则经常用于许多学科领域中（例如，在语言艺术学科中评价写作），在体育教育领域中同样有效。图13.8和图13.9提供了两个体育评估准则。

名字：科迪·麦克罗伊（Cody McIlroy）

☐ 1级水平 = 没有展示出动作。

☐ 2级水平 = 动作展示不到规定时间的一半。

☐ 3级水平 = 动作展示持续规定时间的一半到四分之三。

☐ 4级水平 = 动作展示超过规定时间的四分之三。

标准	1级水平	2级水平	3级水平	4级水平
使用扭转、卷曲和拉伸动作进入平衡姿势	×			
保持静态平衡至少3秒钟				×
使用扭转、卷曲和拉伸动作退出平衡姿势		×		

图13.6　体操动作序列评定等级量表（S1.E10.3）

班级：第3阶段

☐ 持续（C）= 90%的时间或更多

☐ 经常（U）= 75%~89%的时间

☐ 有时（S）= 50%~74%的时间

☐ 很少（R）= 少于50%的时间

学生	越过障碍 采用坐姿直到前轮避开障碍；后轮越过障碍后进入预备姿势；脚放平；双臂略微弯曲	变速 快速推动曲柄准备变速；按动变速器进入新的速度时，轮子自由转动；正确推动或拉动变速器进入适当的高速或低速挡位；在爬坡之前提前调速	刹车 使用左手的两个手指，右手的三根手指按动制动杆；保持正确的身体姿势（下坡时刹车保持坐姿；平地上刹车保持预备姿势）
贾马尔	C	R	C
米格尔	U	S	R
萨莎	R	U	R
蒂萨	S	C	R

图13.7　山地自行车等级量表

学生	达到要求 – 低手传球时总是面对目标 – 总是向后摆动手臂（"嘀"） – 总是向前摆臂（"嗒"） – 总是用对侧脚踩住地面 – 总是看向目标	发展中 – 低手传球时，有时面对目标 – 有时向后摆动手臂（"嘀"） – 有时向前摆臂（"嗒"） – 有时用对侧脚踩住地面 – 有时看向目标	尚未 – 低手扔球时，没有面朝目标 – 没有向后摆臂（"嘀"） – 没有向前摆臂（"嗒"） – 没有用对侧脚踩住地面 – 没有看向目标
艾莎		X	
阿里	X		
戴维		X	
贾马尔		X	
米格尔			X

图 13.8　低手传球的分析型评估准则

源自：L. Ardovino and S. Sanders, 1997, "The development of a physical education assessment report," *Teaching Elementary Physical Education* 8(3): 24.

评估任务：进行一场改良版的三对二室内曲棍球

等级水平	基础技能	攻击性技能	无球移动	防御性技能
4	持续有效 * 地使用传递、接球和射门技能	比赛开始时，有效地传递球，移动到开放空间，接住传球 3 次	始终在合适的时机移动至开放空间，创造一条传球路线的意图很清晰	持续移动拦截对手的球，或者给对手传球制造困难
3	经常有效地使用传递、接球和射门技能	比赛开始时，有效地传递球，移动到开放空间，接住传球 2 次	经常移动至开放空间，创造一条传球路线	经常移动拦截对手，或者给对手传球制造困难
2	有时有效地使用传递、接球和射门技能	比赛开始时传递球，移动到开放空间，接住传球 1 次	有时移动至开放空间	有时移动拦截对手，或给对手传球制造困难
1	很少有效地使用传递、接球和射门技能	比赛开始时传递球，从来没有进入开放空间接住传球	很少移动至开放空间	很少移动拦截对手，或给对手制造困难
0	违反安全规程，没有完成评估任务，或者二者都涉及			

* 有效的定义是指成功接球或传球，对着目标准矩射门。
评分：持续 =90% 或以上；经常 =75%~89%；有时 =50%~74%；很少 = 少于 50%。
源自：Adapted from PE Metrics – secondary page 60

图 13.9　室内曲棍球整体评分

技术秘诀 分析评估

Google Forms 是评估以及分析形成性评估和总结性评估结果的一个非常受欢迎的方法。创建 Google Forms 非常容易，而且能迅速得到反馈。教师可以使用 Google Forms 和 Google Sheets 中的其他附加软件（Flubaroo 或 Super Quiz）。使用 Google Forms 中的回馈总结来评估学生的学习，然后分析在接下来的课程中需要进行哪些改进。

标准化评估

教师使用的大多数评估都是可替代评估，通常由教师自己设计。相比较而言，标准化评估的设计和使用是为了确保准确地衡量所期待的学习效果（有效性），并得到可靠的结果。SAT 和 ACT 考试是美国常见的标准化测试。美国每个州的 K–12 青少年都要接受标准测试。《通用核心课程标准》（The Common Core State Standards）在过去几年引起了巨大的争论，但现在已是被美国各州采用的国家标准。按照《通用核心课程标准》测试学生成绩的考试是标准化评估。

标准化评估也适用于体育教育。在 2010～2011 年，NASPE 颁布了《体育度量标准》，这是与国家体育标准相一致的标准化表现和书面测试集合体。虽然在 2013 年国家体育教育标准进行了更新，使《体育度量标准》的评估过时了，但教师依然可以使用《体育度量标准》（SHAPE America，2014）。为了反映最新的标准，SHAPE America 正在修订《体育度量标准》。

在美国体育教育中，最常见的标准测试形式是体能测试。无论合适与否，这种评估形式几十年来一直被用于体育教育中。

体能测试

虽然越来越多的教师开始使用可替代评估方法或其他标准化评估，但根据 SHAPE America（2014）的建议，美国许多州和学区仍然需要体能测试。然而，如果教师在运用体能测试时不够细心，这类测试会给学生带来不愉快和无意义的体验（Hopple & Graham，1995）。通常情况下，体能测试包括心肺健康评估，例如，步行或长跑，以及对柔韧性和上肢以及腹部力量的测试。无论教师使用哪种形式，都有许多种可节约时间的测试方法，使测试对学生来说更有价值。

自我测试

另外一个可节约时间的方法就是让小学高年级学生和中学生进行自我测试或

彼此测试。没错，教师需要花些时间教学生管理和执行测试的正确方法。这种方法对每个学校的每个班级都适用吗？不是。这对众多班级有用吗？是的，这取决于学生对自我测试的掌握情况。

最终，任何测试最重要的部分就是让学生知道，与过去相比，他们正在不断进步。学生在衡量自己的进步时，一定要强调诚实记录分数的重要性。在与班上其他同学进行比较且没有感觉到压力时，学生最有可能做到诚实（见第 12 章）。自我测试也让教师可以在整个学年中进行测试，而不是只在一年中的春季进行一次。在很多种情况下，让学生负责把自己的分数输入班上的计算机里，不用说，让学生自行负责此事可以节约教师不少的时间，同时也让学生更有责任感。

在学年的某些时候，教师可能需要上交一份正式的分数。这份分数需要由教师管理，或者至少要比学生自己进行的非正式测试受到更加严密的监管。

教学生自我测试的另一个好处是，在教师负责授课的几天时间内，学生可以自行完成测试。这让计划任务繁重的专业教师有更多的时间用于讲解和练习（Parker & Pemberton，1989）。体能测试单可以保存在教室中，教师不需要进行过多的归档工作。

整体分类

简化体能测试过程的一个简单方法就是将分数归入到整体类别中。例如，无论某个学生的一英里跑时间是 9 分 15 秒还是 9 分 25 秒，这对学生来说都很重要，但是对他的心肺健康评估来说并不是很重要（基于这样的假设：一英里跑是体能测试组成部分中一个有效的措施）。体能测试的分类对归档记录要求更少，但能更快地得出评估结果。例如，学生完成一英里跑时，他们的跑步时间可以归为三类：7 分 30 秒以下、7 分 31 秒至 9 分 30 秒，以及 9 分 31 秒以上。仰卧起坐的分数可以归类为：少于 10 个、11 个至 40 个，以及 40 个以上。

外界帮助

第三种用于体能测试中节约时间的方法不是新创的，但却很有效。招募家长和监护人、其他任科教师、高中或大学学生，或者退休人员自愿帮助测试（East Frazier & Matney，1989）。一旦教师联系，并培训了志愿者，就可以节约很多测试时间。

这些方法中的任何一种都可以节约时间，可能比教师独自一人对全部学生进行体能测试更有效，而且还让教师有更多的时间去运用其他类型的评估方法。最新的标准在许多方面弱化了体能测试，主要是因为很难仅仅通过体育课让学生的健康出现可衡量的变化。此外，如果体育课的关注重点是提升体能，代价通常是花费大量时间来练习，以提升国家标准中确定的许多其他重要的学习成果（SHAPE America，2014）。然而，大多数计划不仅能提高体能表现的分数，还有其他功能；许多教师和学生也想知道他们在其他领域取得的进步。

汇报和评分等级

评估是对学生表现信息的收集；评价是对学生的表现做出价值判断。评分等级是告诉家长和监护人他们的孩子在班级上的学习成果。当然，学生也会关注自己的评分等级（有些学生更加关注其他人的）。

许多学校会提供相对有限的机会让体育教师通知家长和监护人，使其了解孩子在校的学习情况。例如，有些小学体育教师通过检查以下三项中的一项内容来汇报学生的进步：

- 优秀。
- 符合标准。
- 需要提升。

中学体育教师通常需要进行评分（例如，A，B，C，D，F，包括 – 和 +），以总结学生课上的学习情况。这通常是家长和监护人接收到的有关孩子在体育课上的所有信息。

体育课评分与数学课评分有什么不同吗

想象一下，一个学生每天来到数学课上，带着他的铅笔、课本和计算器，然后上交所有课外作业。我们还假设这个学生的所有作业答案都是错误的。那么应该通过数学考试或他的分数反映他的学习吗？不幸的是，过去体育课的评分都是基于服饰、良好的行为表现和观察到的努力程度（非常好意味着表现好），而不是学习效果（Young，2011）。这样的评分方式促使学生产生了体育课不需要学习的想法，并且认为评分是没有意义的，因为所有的学生只需要表现出良好的行为、穿着合适的服装，不惹麻烦就可以了（Collier，2011b；Young，2011）。

我们希望教师根据学生的学习情况进行评分。如果教师决定这样做，那么关

评估和汇报学生进步

于如何评分需要做出许多决定。例如，每天评估和单元末评估对整体评分有什么影响？或者教师会更看重某些特定标准或学习结果吗？教师重视心理表现大于认知或情感表现吗？在评分中包括体能分数吗？前文中的"体育教育评估与评价资源"提供了更多关于评分等级的信息。

毋庸置疑，虽然人们要求教师对学生表现进行评分，但许多教师把学生表现的下滑简单地看作是"成绩不够令人满意"。汇报成绩的最理想方式就是向家长和监护人提供学生取得的进步，学生完成了哪些任务，以及他们需要继续努力的地方（评价信息）。最理想的办法是直接向家长和监护人汇报有关学生进步的评估（Shellhase，1998）。Microsoft Word 中的 Mail Merge 功能与其他评分程序中相似的功能都是极好用的工具，利用一学期或一学年期间收集的评估数据，制作个性化的详细汇报，快速发送到学生家中。因为每项评估的标准要求用红色标识，所以教师可以向家长和监护人以及管理者清楚地描述对学生的期待，以及学生取得的进步。

为家长和监护人提供更多的学生学习情况，以及平时学习情况与目前的分数如何相关（Melograno，2007），这是美国基于标准的报告单的一个最新动向。梅洛格拉诺（Melograno，2007）描述了使用体育教育标准制作的基于标准的报告单（见图 13.10），这个报告单使用了四个等级（等级量表的方法）：突出、达到标准、正在进步中以及进步有限。

学生姓名：_____   教师：_____

学校：_____   学年：_____

成绩标准的等级量表

☐ 4 超过年级水平要求

☐ 3 达到年级水平要求

☐ 2 朝着年级水平要求前进中

☐ 1 在年级水平要求方面取得的进步有限

☐ 一 表示这次没有进行评估

标准	表现指标	季度			
		第一季度	第二季度	第三季度	第四季度
1. 展现出运动技能和运动模式的多方面能力	将发动半场进攻配合的第一次传球扔给一个移动中的、没有带球或传球的搭档（S1.M5.8）				

图 13.10　基于标准的 8 年级体育课汇报单

标准	表现指标	季度			
		第一季度	第二季度	第三季度	第四季度
1. 展现出运动技能和运动模式的多方面能力	在小型游戏比赛中执行以下进攻性技能：持球转身、传切上篮、假动作（S1.M7.8）				
	至少在两个自我选择的表现性活动中，展现出基础技能的正确使用方法（S1.24.8）				
2. 运用与运动和表现有关的概念、原理、策略和技巧知识	在小型游戏比赛中，通过将移动的动作与运动的概念相结合来拉开场地和缩小场地（S2.M1.8）				
	根据目前位置与目标的关系，变换射门的速度、力量和路线（S2.M9.8）				
3. 在体育活动和健身中展现出知识和技能来实现和保持健康体能以及更好的运动水平	一周参加 3 次体育课户外活动（S3.M2.8）				
	在上课日以外的时间里，参加自己选择的一项终身性的体育运动、舞蹈、水上运动或户外活动（S3.M5.8）				
4. 展现出个人和社会行为的责任感，尊重自己和他人	为提升自己体育活动和健身水平承担起责任（S4.M1.8）				
	在没有教师的督促下，为搭档提供鼓励和反馈（S4.M3.8）				
5. 认识到体育活动对健康、愉快、挑战、自我表达以及社交的价值	分析坚持锻炼身体带来的结果（S5.M2.8）				
	确定和参加一项令人享受的活动，促进自我表达（S5.M5.8）				
A	优秀：远超过成绩标准				
B	优良：成绩标准之上				
C	符合要求：达到成绩标准				
D	提升中：成绩标准之下				
F	未达到要求：远未达到成绩标准				

源自："Grading and report cards for standards-based physical education," V.J. Melograno, *Journal of Physical Education, Recreation & Dance*, 2007, 78(6): 45–53, adapted by permission of Taylor & Francis (Tayler & Francis Ltd).

图 13.10　基于标准的 8 年级体育课汇报单（续）

可替代评估可以形成综合性报告，让家长和监护人轻松地明白和理解目前的情况（Allen，1997；Ardovino & Sanders，1997；Doolittle，1996；Fox，2012；Hopple，1997；Melograno，2007；Shellhase，1998）。图 13.11 包括阿尔多维诺（Ardovino）与桑德斯（Sanders）的标题为"让你了解我们在体育课上的学习情况"的报告内容。

学生姓名：_____ 日期：_____

这周我们学习了低手传球。低手传球包括以下的组成部分：

- 面对目标（K–2）。
- 向后摆臂"嘀"（K–2）。
- 向前摆臂"嗒"（K–2）。
- 用对侧脚踩住地面（1–2）。
- 踩地时弯曲膝盖（3–4）。
- 手指指向目标（3–4）。

对低手传球有用的提示包括：确保手臂刚刚过膝盖（"嘀"），然后向前（"嗒"）；使球朝着目标直线运动，手指正好指向目标

您的孩子：

- 尚未发展这项技能。
- 正在发展这项技能。
- 已经掌握这项技能。

下周我们将学习肩上传球。对肩上传球有益的提示包括：

- 用力扔球。
- 使手臂向后靠近耳部。
- 用对侧脚踩住地面。
- 随球动作。

请与您的孩子讨论这项技能，然后反馈给我。

家长签名：_____

图 13.11　给学生家长的学生进展情况报告

源自：L. Ardovino and S. Sanders, 1997, "The development of a physical education assessment report," *Teaching Elementary Physical Education* 8(3): 23–25.

赫普勒（Hopple，1997）建议给家长和监护人汇报情况时使用以下三个标准：

- M：学生掌握了这项技能或概念。
- P：为了掌握这项技能或概念学生正在努力练习中。
- B：目前，对于这项技能或概念，学生处于发展水平以下。

赫普勒给家长的汇报单中包括身体意识和空间意识的概念，还有踢球技能、踢空中球的技能以及动作。

在评估和报告中很容易迷失目标，从而放弃目标。还是应从对学生的期待开始，从这里开始，确定一个方法用以了解学生是如何朝着要求前进的。最后一步就是向学生和家长或监护人汇报进步情况。这些评估数据可以用来设计和提供更好的课程，还可以用来确定体育课计划的质量。理想情况下，体育教师会和数学教师、语言艺术教师和科学教师抱着相同的期待。现实情况是，情况并非一直如此，学生评估的价值和运用完全取决于教师。

可怕的想法

越来越多的人认为，学校应该对学生学习到什么或没有学习到什么负责。我们担心，如果教师没有设计自己的评估方式，而是采用成套的体育测试组合，比如当今许多班级使用的标准化测试，而且教师需要为每个学生管理这些测试。在美国的有些地区和州，这种情况已经在体能测试中出现。虽然体能是体育教育中的重要部分，但优秀的课程计划肯定不止能够提高学生的体能（SHAPE America，2014）。教师需要探索各种方法来评估学生的所有方面，而不仅仅是体能；不然，课程计划是否成功只能依据学生可以做多少个引体向上、跑一英里的速度或从事体育活动的分钟数来判断。这些是体育教育计划的重要措施吗？

小结

本章中的例子比任何教师在一学年中用到的例子都要多。有些例子可能是教师从来没有使用过的，其他的例子可能偶尔或经常使用，或几乎每天都在使用。任何情况下，教师都需要充满智慧地进行评估，评估要严格地收集有关学生的信息。用评估来测量学生的运动技能、认知学习和态度，方法包括仔细观测、数字媒体、录像、书面作业、票站后调查、理解检查，以及设计表现性任务。测量学生的表现是否让人满意通常会使用检查表、等级量表和评估准则。除了可替代评估，标准化测试（如体能测试）也经常在体育课上使用。如果必须使用体能测试，则应采用合适的做法和方法，例如，自我测试和搭档测试，以及招募志愿者。

汇报学生学习成果时，已经过时的依据服饰和参与率评分方式必须被替换掉，必须对学生的学习成果进行评价。除了评分等级，教师还需要为家长和监护人提供有关学生学习情况的额外评价数据。如今体能测试不像过去那样被重视，但仍然是许多计划中的重点。

虽然很容易被大量的评估弄得不知所措，但你只需记住一点，你的目的是根据评估提供更好的体育课计划，引导学生学习重要的技能。这些技能是为了引导学生养成终身保持运动的好习惯。如果教师不评估自己的教学情况，无论学生学习的好坏，或课程计划是否有效，教师都无法对学生的生活产生任何有意义的影响。

思考题

1. 人们普遍认为，小学体育教师通常没有在很大程度上测试学生。在这样一个讲究责任的时代，人们为什么会这样认为？你有什么证据证明这种情况正在发生变化吗？

2. 学生应该学习自我测试体能和运动技能。讨论这个过程的优缺点，以及在什么情况下会起作用（和不起作用）。

3. 通常，我们根据一些标准化项目实施体能测试。除目前所使用的方法外，描述其他几种我们可能用来评估体能的方法。

4. 评估运动技能的关键因素重要吗？为什么？

5. 本章描述了可能会实际用于评估学生体育课上有何进步的各种不同方法。在所有方法中，你认为最可能使用的是哪些？哪些你不太可能运用？为什么？

6. 如果不对学生进行评估，你认为会带来哪些潜在后果？

7. 你认为应该对体育课进行评分吗？评分应该包括服饰方面吗？你对心理运动学习、认知学习和情感学习的重视程度如何？你的评分中包括体能方面吗？为什么？

参考文献

Allen, V. (1997). Assessment: What to do with it after you've done it. *Teaching Elementary Physical Education, 8* (6), 12-15.

Arbogast, G.W., & Griffin, L. (1989). Accountability: Is it within reach of the professions? *Journal of Physical Education, Recreation and Dance, 60* (6), 72-75.

Ardovino, L., & Sanders, S. (1997). The development of a physical education assessment report. *Teaching Elementary Physical Education, 8* (3), 23-25.

Cave, C.C., & Dohoney, P. (2009). Assessment strategies that motivate students to learn: A success story. *Strategies: A Journal for Physical and Sport Educators,* 22 (6), 8-12.

Collier, D. (2011a). Increasing the value of physical education: The role of assessment. *Journal of Physical Education, Recreation and Dance, 82* (7), 38-41.

Collier, D. (2011b). The marginalization of physical education: Problems and solutions—part 2. Increasing the value of physical education: The role of assessment. *Journal of Physical Education, Recreation and Dance, 82* (7), 38-41.

Doering, N. (2000). Measuring student understanding with a videotape performance assessment. *Journal of Physical Education, Recreation and Dance, 71* (7), 47-52.

Doolittle, S. (1996). Practical assessment for physical education teachers. *Journal of Physical Education, Recreation and Dance, 67* (8), 35-37.

East, W.E., Frazier, J.M., & Matney, L.E. (1989). Assessing the physical fitness of elementary school children: Using community resources. *Journal of Physical Education, Recreation and Dance, 60* (6), 54-56.

Fortman-Kirk, M. (1997). Using portfolios to enhance student learning and assessment. *Journal of Physical Education, Recreation and Dance, 68* (7), 29-33.

Fox, C. (2012). How teachers can use PE Metrics for grading. *Journal of Physical Education, Recreation and Dance, 83* (5), 16-22.

Graber, K.C., & Locke, L.F. (2007). Chapter 7: Are the national standards achievable? Conclusions and recommendations. *Journal of Teaching in Physical Education, 26* (4), 416-424.

Graham, G., Holt/Hale, S., & Parker, M. (2012). *Children moving: A reflective approach to teaching physical education* (9th ed.). New York, NY: McGraw-Hill.

Graham, G., Metzler, M., & Webster, G. (1991). Specialist and classroom teacher effectiveness in children's physical education [Monograph]. *Journal of Teaching in Physical Education, 10* (4), 321-426.

Griffin, L., & Oslin, J. (1990). Got a minute? A quick and easy strategy for knowledge testing in physical education. *Strategies, 4* (2), 6-8.

Hopple, C. (2005). *Elementary physical education teaching and assessment* (2nd ed.). Champaign, IL: Human Kinetics.

Hopple, C., & Graham, G. (1995). What children think, feel and know about fitness testing. In G. Graham (Ed.), Physical education through students' eyes and in students' voices. *Journal of Teaching in Physical Education,14*, 408-417.

Hopple, C.J. (1997). The real world process of assessment. *Teaching Elementary Physical Education, 8* (4), 4-7.

Lipowitz, S. (1997). Integrated assessment: Sue Schiemer makes assessment a regular part of her program. *Teaching Elementary Physical Education, 8* (3), 16-18.

Lund, J. (1997). Authentic assessment: Its development and applications. *Journal of Physical Education, Recreation and Dance, 68* (7), 25-28.

Marks, M. (1988). A ticket out the door. *Strategies, 2* (2), 17, 27.

Melograno, V.J. (2006). *Professional and student portfolios for physical education* (2nd ed.). Champaign, IL: Human Kinetics.

Melograno, V.J. (2007). Grading and report cards for standards-based physical education. *Journal of Physical Education, Recreation and Dance, 78* (6), 45-53.

National Association for Sport and Physical Education (NASPE). (1995). *Moving into the future: National standards for physical education*. St. Louis: Mosby.

Parker, M., & Pemberton, C. (1989). Elementary classroom teachers: Untapped resources for fitness assessment. *Journal of Physical Education, Recreation and Dance, 60* (6), 61-63.

Ryan, S., Marzilli, S., & Martindale, T. (2001). Using digital cameras to assess motor learning. *Journal of Physical Education, Recreation and Dance, 72* (8), 13-16, 18.

Schiemer, S. (2000). *Assessment strategies for elementary physical education*. Champaign, IL: Human

Kinetics.

SHAPE America. (2010). *PE Metrics: Assessing National Standards 1-6 in elementary school*. Reston, VA: Author.

SHAPE America. (2011). *PE Metrics: Assessing National Standards 1-6 in secondary school*. Reston, VA: Author.

SHAPE America. (2014). *National standards & grade-level outcomes for K-12 physical education*. Champaign, IL: Human Kinetics.

Shellhase, K. (1998). Grades K-6 assessment system: A complete assessment package for the K-6 physical education teacher. Blacksburg, VA: PE Central.

Smith, T.K. (1997). Authentic assessment: Using a portfolio card in physical education. *Journal of Physical Education, Recreation and Dance, 68* (4), 46-52.

Wegis, H., & Van der Mars, H. (2006). Integrating assessment and instruction. *Journal of Physical Education, Recreation and Dance, 77* (1), 27-35.

Werner, P. (1997). Using PE Central and the national standards to develop practical assessment instruments. *Teaching Elementary Physical Education, 8* (3), 12-14.

Westfall, S. (1998). Setting your sights on assessment: Describing student performance in physical education. Teaching *Elementary Physical Education 9* (6), 5-9.

Young, S. (2011). A survey of student assessment practice in physical education: Recommendations for grading. *Strategies, 24* (6), 24-26.

14

教师继续深造

> **午餐过后，我一边沿着走廊散步，一边吃着一根形状有趣的奇巧巧克力。一个5年级男孩上下打量着我说，'威尔逊（Wilson）女士，你为什么吃巧克力？难道你不是健身教师吗？'**

艾莉森·威尔逊（Allison Wilson），
米尔克里克小学领导部门，
肯塔基州列克星敦
经体育中心许可后转载

阅读本章后，你应该能做到以下几点：

- 描述教学生涯的三个阶段及其对你教学方式的影响。

- 讨论你在整个教学生涯中提高能力和保持学习的方法。

- 解释持续保持与时俱进和提高教学能力的重要性。

在本书的开始，我们引用了萧伯纳的一句话"有能力的人，就去做；没能力的人，就去教。"本书甚至还提到有些人所信奉的"不擅长教书的人可以去教体育！"的观念。我希望到目前为止，你已经受到启发，开始思考已经被教师发现且用于避免儿童远离体育运动的许多方法，让学生享受学习和体育活动。

我们还希望你已经了解作为教师所使用的技能和方法，并受到启发开始使用本书所呈现的技巧和方法，从而提高你的教学技能。如第 13 章所述，做一名优秀的教师不是一件容易的事，而是一份很艰苦的工作！最后一章旨在描述教师发现的一些保持教学热情的方法，以及作为专业人员，教师应该继续提高自己。为什么这很重要？你的学生值得你带给他们最好的教学行为和做法，这包括新的内容、更好的教学能力，以及新的技术工具。另外，你应该热爱这份工作！能够保持与时俱进并继续发展专业能力的教师通常对他们所教科目和学生更加热爱。专业发展可以帮助你避免职业生涯中出现的停滞期和疲劳感，任何专业教师在年复一年不变的工作中进入舒适区后，最终会遭遇职业停滞期和疲劳感。

教学阶段

教授儿童和青少年，你需要了解他们是如何成长和发展的，使学生能够在不同的年龄和阶段学习你所熟悉的技能或运动。知道这一点后，你就可以设计和执行适合学生发展的任务。

了解教学发展的阶段也很重要，可以让你更好地了解自己的感受、态度和专业长进，你可能会思考以下问题：

- 为什么教学的第一年通常是最困难的?
- 为什么有经验的教师看上去知道得很多?
- 为什么新教师遇到的纪律问题似乎比有经验的教师要更多?
- 教师如何得到提升和发展?
- 教师如何在整个职业生涯中保持新鲜感和热情?
- 教学生涯中真的存在不同阶段吗?

本章是本书中唯一不会直接讲述如何教育学生的章节。但本章也是非常有意义的一章,因为这些内容是关于你(教学人员)的。

费曼－奈姆瑟(Feiman-Nemser)指出了教师发展的三个阶段。如果我们要讨论教师为了保持与时俱进和对教学的热情所做的各类事情,以及如何提升职业技能,那么她的分析提供了一个起点。

通过一种相对简单的概述方式,费曼－奈姆瑟建议教师通过两个阶段来实现精练阶段(第三阶段在她的发展分析中)。其中第一阶段是入职阶段,第二阶段是巩固阶段。

入职阶段

本科毕业后的在校实习、开始教学实践以及在校任职的第一年都属于入职阶段。对于许多人来说,教学的第一年最具挑战性,有三个原因:

- 在大多数情况下,你是独自一人,很少有甚至没有来自学院的支持。
- 你所做的大多数工作都是全新的:纪律、学生、学校和同事、老板(校长),以及长期和短期计划的内容发展(见第3章和第4章)。
- 完成日程表的工作需要大量的时间和精力。

入职那年所面临的一个难题,是学习如何与不同年龄段的学生进行交谈,让学生听你讲课并且理解所讲的内容。例如,你可能很快就认识到,告诉幼儿园的孩子在草坪以外的地方围成一个圈,对于你和对孩子来说都是无用功。例如像这样的指导"用你的身体右侧面对墙面"或"阅读黑板上写的指示。"当你看到他们疑惑的表情和对你的问题给予的无条理的回应时,你就知道他们还没有准备好,你知道教学工作有多难了。

在入职阶段,你要开始学习如何开展任务,帮助学生达到年级水平成果指标的要求;了解不同任务需要花多长时间;了解一个学生拒绝与另一个学生结伴时该怎么做;了解如何应对学生闲聊、不使用文明用语和打架;了解如何快速把学生组织起来，避免他们推推搡搡；了解如何解释不同运动和技能的质量。出于这些原因和其他许多原因，入职的第一年通常被视为过关年。

第一年总是最艰难的。

扫兴的人与导师

在担任教师的第一年，在校的前几天你经常会遇到至少一个经验丰富的教师告诉你"如今的教学实际上是什么样的"。这些经验丰富的教师通常对他们的职业不满意，很快他们会继续告诉你所有关于当今孩子的问题，以及校长和家长的问题。而且很快他们会加上理由，说目前在大学里所学的东西在现实生活中根本用不到。准备好接受这些扫兴的人。他们属于这类人：怀疑飞机是否可以起飞，怀疑每个家庭能否都拥有电视，以及质疑互联网会成为日常生活的一部分。我的建议是礼貌地倾听这些扫兴的事情，避免辩论，然后继续做你该做的事情。

并非所有经验丰富的教师都是如此扫兴的人。事实上，大多数教师并非如此。找到一个或多个真的与你保持联系的教师，把他作为导师，向他讨教你在开学前几周所想到的一些问题：你是如何完成这个表格的？哪些会议很重要必须参加？如何应对家长和监护人的抱怨？在小学任教，你的导师可能不是一名体育教师，但是他具有和学生相处的智慧和经验，对学校工作很了解，而且，与校长和家长和睦相处会为你提供无可估量的好处。你需要一位导师，无论你在入职第一年的准备如何充分，总会遇到很多问题。能够向一个你信任且心态积极的导师进行询问，你急于知道的事情可以得到快速回应，而不需要等到明天或下周才获得答案，这是一件令人欣慰的事情。

在整个入职阶段，尤其在从事教学的最初阶段，第 2 章和第 10 章所提到的两个问题似乎主宰着你有关教学的想法：

- 学生喜欢我吗？
- 我如何才能找到更好的方法来确保学生表现良好？

巩固阶段

教学的下一阶段是巩固阶段，此时上述问题已经不太常见，取而代之的问题是了解如何更好地适应一个班级中不同技能水平的学生，以及如何更好地利用时间来促进学习。如果你一个星期只能见学生一两次，情况尤其如此。

在这个阶段，你在教学方面的知识开始真正得到发展，那些在大学里无法学到的知识，在校与儿童和青少年一起的前几年里，你可以学到。这时你开始学习如何使用教学工具箱中的工具。以下是在巩固阶段所发生的变化：

- 你开始了解 5 岁大的孩子与 8 岁大的孩子有何不同，8 岁孩子与 10 岁孩子有何不同；初中生不是年龄较小的高中生。你的课程变得更适合学生的发展。
- 你开始认识到，对于 6 年级学生，有些任务可以完成，而有些任务无法完成。你不再依赖当天的前一节或前两节课来调整课程（见第 4 章）（Graham et al., 1993）。
- 入职阶段的"功能固着"减少，在探索器材和设施的不同使用方法时，你会变得更加自如（Housner & Griffey, 1985）。例如，当你发现课程在 5 分钟之后就要开始，而室内设施被冬季彩排项目占用时，你可能不会再感到震惊。
- 你认识到学生仍然喜欢你、尊重你，即使有时你很严格和要求很高（见第 2 章和第 10 章）。
- 你的观察变得越来越敏锐（见第 5 章）；可以快速扫视全班，然后分析正在进行的课堂教学（Housner & Griffey, 1985）。
- 你越来越了解教学内容，因为这些课程是你反复教授和思考过的；你较少变换任务，而是更多地注重学生的学习。你变得擅长进行细微的任务变化，使学生能够积极地参与练习任务和技能学习（Graham et al., 1993）。

随着你的经验的不断增加和你不断地努力，从出色的工作中获得满足感更多的时候来自教学的巩固阶段。你知道当一节课因为教学质量不佳和外部环境（临时调课，万圣节前夕或操场上有狗或蜜蜂等）而不成功的时候（Tjeerdsma,

1995），你会认识到自己仍然有许多需要学习的地方，同时还意识到，自从入职阶段以来，你已经学到了很多东西。

精练阶段

费曼－奈姆瑟（1983）指出，几年的教学之后，有些教师开始走向精练阶段。他们有效地使用前 13 章中介绍的许多教学技巧。

高级教师通过经验和努力工作，开发出让学生喜爱和受益的课程。他们的课程有明确和具体的目标，符合教学计划的长期目标要求（见第 4 章）。无论教舞蹈、游戏、体操还是健身概念，高级教师都掌握了提供教学内容的步骤和过程（见第 4 章和第 7 章），以便让学生产生兴趣，接受挑战并取得成功（见第 5 章、第 8 章和第 11 章）。高级教师在学生运动时进行观察和了解（见第 5 章），并根据早些年的教学经验所积累的大量知识和信息储备进行适宜的即兴发挥（Borko & Livingston，1989）。纪律问题很少出现，即使偶尔发生，高级教师也知道如何有效和人性化地进行处理（见第 2 章和第 10 章）。反馈法不仅有用而且应用普遍（见第 9 章）。学生把体育课看成是一种温暖和给予支持的体验，这样他们就会享受和期待上体育课（见第 12 章）。

与处于巩固阶段的教师相比，高级教师所教授的大部分课程对教师和学生来讲都很有效且让人满意。也会有令人意外的事情发生，但高级教师的过往经验和努力可帮助他应对每个教师都会遇到的许多问题，用有益学生的方式处理问题，同时教师还能获得个人成就感。

高级教师并非天生如此。或许他们身上的某些特质会帮助他们在教学上取得成功，但是他们也是通过经验积累和不断努力才实现了精练且熟练的教学。成功教师的一个普遍特质就是他们的求知欲以及分析和反思自己教学的能力（Schon，1990），有时他们可能会感到满足，但他们会不断尝试提升教学能力和改善教学计划。大卫·霍金斯（David Hawkins）在观察一位从事教学工作 35 年的资深教师以及一位实习教师后，深刻地指出了这一点：

资深教师说，她这些年持续探索教学，是因为发现仍然有许多东西需要学习。实习教师惊讶地回应说，她认为两三年内就可以掌握这些能力（Feiman-Nemser，1983，p.150）。

教学是一个动态的过程，没有终点。虽然可能反复教授相同的内容，使用同样的步骤，甚至重复 30 次与第一年任职时相同的教学，但我们大多数人对该职业会有更多的要求。我们想去提高、学习、发展和改变；我们想去探索新的想法和方法，成为比前一年更优秀的教师。那么体育教师该如何做呢？

教师继续提高的方法

优秀的教师会努力工作！他们带着目标去搜寻各种方法，以保持对年复一年教学的新鲜感和热情。遇到没有保持与时俱进的教师是一件可悲的事情。他们只是不了解最新的进展，他们知道这一点，他们的高年级学生也知道这一点。不幸的是，校长以及学生的家长和监护人都知道这一点。不用说，这伤及了体育教师这一职业，因为它反映出我们作为体育教师的形象问题。喜剧演员随口讲的笑话和漫画家的插图，证明了因为这些教师差劲的教学能力而给课堂教学带来的不利影响。

那么，作为教师该如何不断进步呢？本书这一部分内容简略地描述了一些方法，可以让你在教学中保持与时俱进和充满活力（Docheff, 1992; Markos Walker & Colvin, 1998; Raxter, 1992），这些方法包括：阅读和研究，加入支持团体，参加专业学习，分享专业技能，职业奉献，以及继续教育。

阅读和研究

保持与时俱进的一个方法就是阅读。每年买一本与体育教育、体育活动或普通教育相关的书，以了解新的或不同的教学策略、技巧和内容。例如 *Strategies*、*Journal of Physical Education*，以及 *Recreation and Dance* 等期刊都是非常不错的资源。如果你更喜欢通过视觉资源进行学习，那么可以考虑看DVD和视频播客。

毕业 17 年以来，我从来没有看过一本关于体育的图书，但情形并没有太大变化。

现在网络上有大量的图书、影像资料以及信息网站，你可以在几秒钟内找到关于任何主题的新信息。这些信息触手可及，定期查阅让你没有理由不保持与时俱进，新的信息可以帮助你提升教学能力。

无系统的教学大纲

虽然能够以更简单的方式进行教学，但许多专家相信，本书前13章的内容可能让儿童和青少年一生都活跃地参加体育活动（SHAPE America，2014）。

如果你刚刚从事体育教育职业，我们真诚地希望你能成为一位具有教学目标的体育教育者，这个目标是希望学生发展自信，让他们一生享受参与体育项目和体育活动的乐趣。要知道，并不是每个体育教育者都是为了学习而教学。有些教师只是为了给学生提供一系列的游戏，或许还有舞蹈，这对有些学生来说可能是种享受，但这与其他活动没有直接的联系，这些教师的教学计划缺乏循序渐进性。

这样的教师有很多，他们总是寻找新鲜的、有趣的游戏活动，让学生保持忙碌、开心和遵守纪律。你可能会在会议室或讨论会上遇到他们。他们可能会因为发现一个新的游戏而激动，认为他们班级的学生都会喜欢。如果游戏没有考虑到提高学生的不同技能水平或把学生活动时间最大化，我们通常会想：这与他们的教学大纲有何联系。难道这些教师每天早上醒来就问自己，今天我可以做些什么让我的学生保持快乐？

真心地希望你已经是或正在成为一个通过慎重思考为学生筛选活动的体育教育者。有些你在网上、书中或在讨论会上发现的活动方式只会浪费学生的时间。它们可能看上去很有趣，但不会引导学生成为有体育素养的人。希望本书加上SHAPE America（2014）提出的适用于不同年级水平的学习成果，可以让你做一个明白的消费者。希望你的教学大纲在课与课之间、主题与主题之间，以及学年与学年之间是相互关联的，希望在你的整个教学生涯中足够幸运，能够为成千上万的学生带来正面的影响。

加入支持团体

在校内成立专业的学习社团，为教师提供相互学习的机会，一起合作找到解决问题的办法，并将学习到的东西运用到体育课中（Armour & Yelling，2007；Beddoes，Prusak & Hall，2014）。同其他人分享想法和疑虑对体育教师尤为重要，因为他们通常都是独立的人群。另外，任课教师每天都可以有机会宣泄自己的情绪，庆祝他们小小的成功，经常和与自己有类似处境的其他教师进行交流。对于许多体育教师来说，在校期间，他们与成人的互动大部分是和餐厅的厨师或管理员。

最近的研究显示，教师在专业学习团体中选择相互支持的同事，可促进专业学习和同事间的合作与支持（Armour & Yelling，2007）。当然，也因为体育教师需要在他们的领域上与其他教师进行合作，有些体育教师与其他专家跨区组建支持团体（Beddoes et al.，2014）。他们每月，有时每周见一次面或通一次电话，分享想法和提供情感支持。我们越来越相信，提供获得支持和给予支持的机会，对体育教师充分发挥潜能至关重要。支持可能来自配偶或朋友，但考虑到体育教育中遇到的困难，保持教学热情的教师应寻找办法获得专业支持。

互联网提供了大量可以相互交流的方式。有趣的是，本书的第一版本在1992年出版，其中甚至没有提到互联网。现在我们看到这个世界和我们面临的选择有了多大的变化！许多社交网站可促进教师间的交流和支持。有些网站为教师提供有注册用户管理的论坛。这些论坛上每天都有新的讨论主题，一群专业人员会提供建议、支持和资源推荐。这成了SHAPE成员的另一个特殊待遇！

技术秘诀 **联系同行**

许多教师很享受使用社交媒体创建在线专业学习网络（PLN）。使用社交媒体开发属于你的专业学习网络，可以让你和没有机会见面的其他体育教育者进行联系与交流。

正如我们前面提到的，可能对于 K-12 体育教师来说，最全面和运用最广泛的网站是 PE Central。这个网站包括数千个有关课程的想法、评估示例，以及最佳行为的描述。PE Central 网站也有许多与体育教育有关的出版作品和音乐。

参加专业学习

要想成为一名优秀的体育教师，你需要不断地参加专业学习（Bechtel & O'Sullivan, 2006）。继续职业发展（CPD）可增加内容知识，提升教学技能以及技术能力；最重要的是，能帮助你积极地影响学生的学习。过去，学年开始会进行一天的职业培训，教师自愿通过阅读图书和期刊进行提升，对许多教师来说，是否把握这些提升机会都与他们对 CPD 机会的重视程度有关。现在，越来越多的教师和管理者认识到 CPD 对体育教师的重要性，包括参加全国性会议和研讨会，以及他们自己所在学区专门针对体育教学的 CPD。真正具有价值的 CPD 应包括从专家那里获得最新信息，与同行协作、交流思想和分享故事（Armour & Yelling, 2007; Keay, 2006; O'Sullivan & Deglau, 2006）。

希望作为预备教师的你已经受到鼓励，会去参加全国性会议继续专业学习。已有记录显示，教师在职业早期参加全国性专业组织，有助于教师在整个职业生涯中保持参与性（McPhail et al., 2014）。在学习团体中担任各种不同的职位可促进学习和参与动机，不仅是出席会议，还要参与组织会议、发表评论和提供帮助。你建立的关系有助于你获得学习团体中的某个职位。与组织的发起者谈话后，你可能会意识到，她的领导能力来自她长期的努力和对职业的奉献精神，以及一些你未来会去做的事情。或者，你可能会去听一场学习课程中的一本重要书籍的作者的演讲，然后这本书可能变得与你更加息息相关和更加重要！你也会遇到同你一样的新任职教师，你们正在为相同的问题感到困惑，同时体验过一些相同的快乐。所有这些经历使得参加会议变得非常有意义。

我们希望你所教授的学校由这样的校长带领，他把参加会议和研讨会视为教师成长以及激励教师成为优秀教师的方式。可惜的是，当人们认为 CPD 方案不能有效利用时间或预算的时候，教师可能也会持有同样的看法（McCaughtry et al., 2006）。不要让这样的事情发生！

除了参加研讨会和会议，你还可以参加有关实时话题的每周在线研讨会。许多这类研讨会都是免费的，而且可以在直播之后随时观看。例如，SPARK 为体育教师和管理者提供了有关体育教育当前趋势的免费在线研讨会。SHAPE America 提供有偿在线研讨会，收取很少的费用，以满足教师执照更新需求。只要日程安排得当，教师、学校和不同学区都可以利用这些在线 CPD

机会。

技术秘诀 整理网络资源

如此之多的网络资源触手可及，你可以使用各种方法组织这些网络资源，帮助自己快速找到它们。Portaportal 具有书签功能，会帮助你节省时间和快速获取所需的信息。你还可以使用 Portaportal 来标记让学生访问的网站（例如，将其作为一项课后作业）。

分享专业技能

如前所述，网络可以让整个世界的体育教育者共享最新信息。你可以提出与你的教学相关的问题，也可以回答这方面的问题，以及参加支持团体，在 PE Central 和其他网站上分享你的课程心得。以下章节提出的一些想法是关于如何与他人分享你的专业能力。无论我们处于教学的哪个阶段，我们都需要进行分享。你认为你的专业能力是什么？你会如何与人分享？

教师拜访教师

其实除了在网络上分享你的想法之外，你可能足够幸运，附近住着你的同行。如果是这样的话，拜访他们并观察他们的教学是极其有意义的事情。事实上，有些教师发现拜访同行比参加会议或阅读书刊更有价值。这类拜访会强化一些你已经做过的事情，同时激发新的想法。一位教师说，"我认为走进其他学校简直棒极了，我认为如此多的体育工作者或体育教师用切实可行的方法让我领悟到一些东西，而不是坐在阅览室等着他人告诉我该如何做"（Armour & Yelling，2007，p.189）。可惜许多学校的管理者还没有看到让教师相互拜访学习的价值，所以找到拜访时间很困难。

录像

分享课程的录像是获取教学新鲜感的另一个办法。你可以同其他教师交换有关舞蹈课、任务单或任务内变化方面的课程录像。这种方法的一个好处就是，不需要同行住在附近，通过邮件、电话或社交媒体就可以进行讨论和提问。教师甚至还有录像俱乐部，俱乐部的成员彼此协作解决问题；教师之间相互学习，增加了教学经验（Sherin & Han，2004）。

如果你观看了几个视频短片，然后建立了支持团体，那么你可能愿意冒险尝试一种新的教学方法。例如，许多经验丰富的教师发现很难应对分散阵形，其中每个学生都有一个球，然后所有学生同时移动。学生从队列阵形到分散阵形，教师适应这个过程很不容易。教师观看录像，与其他同事建立信任关系，这样他可能会更愿意尝试采用分散阵形或另外一种新的方式。

你可能读到过一种新的想法或在一次会议上听到一种新的想法，但是不愿意尝试。然而，如果你看到这个想法在录像中被具体生动地表现出来，然后你知道你可以就这一想法请教朋友，你可能会变得更愿意尝试。PE Central 有一个文库，里面是与体育教育相关的视频短片。这些视频由 SchoolTube 托管，大多数学校允许教师访问这些资源。很多其他网站也允许教师上传录像短片进行分享。

演讲展示

做演讲展示对许多教师来讲是一种激励。有些教师想到演讲就会感到厌烦。虽然演讲展示很伤脑筋和耗费时间，但偶尔进行一次关于成功想法或活动的演讲展示对个人成长会起到促进作用。很多教师无数次地告诉我们，他们没有什么有价值的东西可以分享。在得到一些激发和鼓励后，他们认识到他们的一两个想法可能对其他教师有利。如前所述，无论什么角色职位，参加会议对你的专业发展都很重要。单独或与其他教师一起做一次演讲展示是一次有益的体验，听众也会受益。希望作为师范生或新任教师的你有机会让你的一位大学教授或其他同事与你一同构思并呈现一场专业的演讲。

除了会议出席人，还要考虑其他对你的专业知识会有帮助的人，例如家长和监护人、学校的其他教师，以及支持学校健康文化建设的社区组织。要记住一点，你是体育活动方面的专家，你有重要的信息可供分享。

技术秘诀 **演示软件**

除了 PowerPoint，尝试其他一些演示软件，例如，PowToon（第 6 章提到过）和 Prezi。Prezi 是一个基于网络的软件，你可以在其中加入视频短片、文本和图片，它还提供了一个协助功能，你可以与一个同事远程进行操作。为了对你的演讲展示进行保密，需要每月付费使用。

监督实习教师

监督实习教师和督导新任教师，与这些刚离开大学校园的新教师一起工作是获得新想法和新见解的机会。如果你认真地与一名实习教师一起工作，你会反思自己是如何教学的、在教什么内容，以及这些年为什么用这种方式进行教学，从中体察自己的学习经验。有效的指导虽然耗费时间，但能起到职业激励作用。

在线分享课程想法

以下这些是分享课程想法的网站（你会因分享而得到好评）：

- PE Central
- Active Academics
- Share My Lesson

职业奉献

另外一个促进职业发展的重要因素是提供职业服务。除了前面讨论过的方法以外，还可以在学校和学区以及在全国性组织中开展你的职业服务。

委员会

为地区性或全国性的体育教育委员会提供服务性工作可以使你保持与时俱进。有时委员会工作本身就具有激励作用；而经常与其他教师互动也是委员会工作中有价值的一部分。当然，价值在于让你了解到其他观点和想法。哪怕一份不起眼的委员会工作，对开阔新视野也会有非常大的帮助。司空见惯的是，想为委员会提供服务通常不难，但参加委员会工作的志愿者却是凤毛麟角。

学校和社区领导

让你保持与时俱进并与人分享专业知识的另一个专业性服务，是为你所在学校的综合性校园体育活动项目提供领导力。所有学校都应该有这样的一个人，没有人比你更了解体育活动！如果你的学校是 Let's Move! Active Schools 的参与者，就需要一个冠军来担任体育活动的领导者。你的角色可能就是提供专业知识，帮助学校体育团队，为学生在校期间提供更多的体育活动，从而确保所有年级的学生一天有 60 分钟的活动量。

继续教育

继续教育是我们讨论的最后一个方法，可帮助作为教师的你得到提升。虽然你可能把它看作是赚钱或获得更好的工作机会的一种方式，但继续教育真正的益处是获得一套新的技能和知识、强化旧的技能、建立良好的人际关系，以及进行基于研究的工作，把自己定位为该领域内的专家。即使你完成继续教育的目的是保住教师资格证，你也需要根据前面提及的益处选择研究生院校，或者仅仅因为你觉得学习有趣和享受挑战自我。

技术秘诀　保持与时俱进

Flipboard 是一个不错的应用，你可以在上面了解与职业有关的实时动态。设置账号，选择你感兴趣的内容，然后让这个应用为你服务。Flipboard 可以帮你收集与所选主题相关的所有现有文章，你还可以同其他人分享这些文章。

研究生院

研究生课程起到的激发作用取决于课程的内容，以及你选择课程的个人动机。执教几年后的教师回到校园学习所收获的益处似乎比刚本科毕业的那些教师要多。他们知道自己想问的问题，并对重新回到校园充满感激。如果发现课堂上所运用的方法适合他们的教学，他们通常在这时会取得进步。回到学校攻读研究生学位的一个障碍就是异地求学。不过，还有另外一个选择，那就是取得在线学位。

在线教育

许多大学现在都提供在线就读硕士学位或混合学位的机会，在学年期间参加在线课程学习，然后在夏季进入校园接受几周的面对面授课。显然，这种方法的优势在于，你可以在家工作，然后在自己的学校进行基于教学活动的研究。缺点是缺乏来自学习者社区的社会支持，或者至少缺乏一种不同类型的社会支持。

继续教育学分

美国许多州越来越多地为想获得再认证的教师提供研究生课程的替代方案。这为充电学习的你提供了一些有趣的方式（例如，有些州给参加会议、撰写论文或任职国家委员会的教师给予认证学分）。当然，这种方式的吸引人之处是学生能轻松毕业，以最快速度完成学业，工作量也是最少的。这是可以理解的，但它确实无法实现职业提升。

高效教师的七大习惯

你可能已经读过史蒂芬·科维（Stephen R. Covey）写的一本畅销书 *The 7 Habits of Highly Effective People*。这本书介绍了成功人士是如何平衡他们个人和职业生活的。马丁（Martin，2004）把科维所描述的七大习惯运用到体育教育者身上，具体如下。

1. 积极主动。根据目标进行工作，对结果负责；事情不顺利的时候不指责他人，而是要问自己以后可以做哪些改进。

2. 先有目标，然后再行动。问自己一个关键的问题："在我的职业生涯结束时，我想成为哪一类教师被人们记住？"，然后在一年年的教学中朝着目标不断努力。

3. 把重要的事情放在首位。要有明确的目标，确定能够腾出时间朝着目标前进。对课程计划特别繁忙的教师来讲，这一点特别困难，但要想成为你理想中的教师，这一点很重要。

4. 考虑双赢。尝试发现问题的解决办法，让每个参与的人都对解决办法感觉良好。与其他教师和管理者一同工作时，这一点尤其重要，应该让所有人都觉得你们是同一个团队的。

5. 首先努力理解对方，然后寻求他人的理解。这个习惯涉及学习倾听他人、理解他人，然后反过来让他们理解你。这是取得双赢局面至关重要的一步。

6. 协作。这个习惯可以总结为总体大于部分，涉及与其他人一起实现共同目标。

7. 不断更新。最后一个习惯涉及照顾好自己，包括身体、心理、社交、情感和精神方面都保持活力。这会帮助你在工作中更加高效。

你想成为什么样的教师

为发展和提高职业技能而努力工作的教师自然会参加我们前文所描述的那些活动，从而提高其教学能力。毫无疑问，他们也会寻找其他方法来提高自己。很明显，并非每一种建议都值得每个教师花时间去做。

教师职业与其他大多数职业一样，保持与时俱进和继续发展基本上取决于个人。有简单的方法满足国家认证机构所要求的职业发展要求，但这对于你作为教师的职业发展方面没有实际的帮助。这一点同样适用于医师、律师和会计。因而，为了真正实现成功，你必须在职业生涯中继续学习和尝试新的想法，并不是因为不得不，而是因为你想如此去做（Martin，2004）。那些不愿意继续学习和提高的教师，其教学效率会下降，或许他们可能从来没有擅长过教学。甚至有些教师终身都是体育教育羞耻堂的成员（Williams，1996）。有些教师因擅长打球而出名，但却没有为学生树立榜样（Spencer，1998）。有些人吹捧自己是伟大的教练，却只是平庸的教师（Konukman et al.，2010）。

帮助孩子在正确的方向上开始是如此重要。

观点分享

做好教学工作需要努力地工作。作为一名教师，努力工作的部分含义是继续成长和发展。有时，我们都会问以下这些问题："这值得吗？"和"其他人似乎并不在意，我为什么如此努力？"

三句引述可能有助于激发你为学生付出自己最大的努力，第一句来自约翰·肯尼迪（John F. Kennedy）："孩子是我们最重要的自然资源，是未来最美好的希望。"我们希望用这句话提醒你，你的工作是多么重要，你该如何奉献出自己的力量。想到这些话，你可能会认识到，无论薪水多少、地位如何，没有什么工作比教育更重要。

当你在想"究竟是为什么？为什么我要如此努力？"时，第二句引述可能有助于提醒你，你并不是一个人在奋斗。鲍比·肯尼迪（Bobby Kennedy）在担任美国议员时写道：

有时对于我来讲，无论我做什么，都能活下去。例如，坐在公园的任一个地方，观察那里发生的任何事情。

有时，我意识到有些人，可能很多人，会因为我所做或我所不能做的事情而受到影响。我对此负有责任，我们所有人都是如此，为了共同的利益，我应尽一切可能地运用我的才能。

不管怎样，坐在公园里可能会让我感到安静或愉悦，但我能做的远不止于此。这个世界有太多未解决的问题和不确定的局面，需要采取谨慎、理性和明智的行动。

最后一句引述配上了一张照片，照片中是一个望着湖面的小男孩。

　　一百年后，到那时无论我的银行存款曾经有多少，也无论我住过什么样的房子，或开过什么款式的车，这些都不重要，重要的是世界可能因为我的存在而发生的变化（Witcraft，1950，p.2）。

作为体育教师，每年你都会影响着几百个学生。当你足够优秀和努力时，你会尽自己的力量为儿童和青少年营造一个更有利于成长的环境。我们希望通过这部分内容，帮助你成为更优秀的教师，在教学过程中为学生带来积极的影响。

小结

　　本书最后一章是唯一一个没有直接讲述如何教授学生的章节，而是讲述与作为教师的你有关系的内容，即你如何在职业上继续发展。了解教学的三个阶段（入职阶段、巩固阶段和精练阶段）会对你有所帮助。作为教师，继续提升的方法包括阅读和研究、加入支持团体、参加专业学习、分享专业技能、职业奉献，以及接受继续教育。本章还介绍了高效教师的七大习惯，以及这些习惯如何帮助你成为优秀的教师。

思考题

1. 在职业生涯中继续提升为什么如此重要？无法保持与时俱进和职业热情的后果有哪些？

2. 本章描述了教学的三个阶段：入职阶段、巩固阶段和精练阶段。你同意这些划分吗？为什么同意或为什么不同意？你会如何把它们扩展为五个或六个阶段？

3. 一幅漫画提及一位教师多年来没有读过一本体育教育书，并描绘出这位假想中的教师眼中的体育课上的变化。你可能想对他说些什么？

4. 本章提供了一些保持与时俱进和教学热情的不同方法。哪一种方法最吸引你？哪一种方法最不吸引你？为什么？你认为你的观点会随着你的职业发展而发生改变吗？

5. 考虑到网上有许多资源，使用网络资源时哪些是考虑的重点？如何确定你阅读的文章是可信的或是合适的课程理念？

6. 本章末尾描述了高效教师的七大习惯。从你的个人生活中选择三个例子，说明你是如何培养这些习惯的，或者为了拥有高效的习惯，你会做出哪些改变？

7. 在本章的最后一部分，我们分享了激励人心的三句引述。你有其他你觉得具有鼓励作用的引述吗？你会与其他教师分享吗？

参考文献

Armour, K.M., & Yelling, M. (2007). Effective professional development for physical education teachers: The role of informal, collaborative learning. *Journal of Teaching in Physical Education, 26* (2), 177-200.

Bechtel, P.A., & O'Sullivan, M. (2006). Effective professional development: What we now know. *Journal of Teaching in Physical Education, 25* (4), 363-378.

Beddoes, Z., Prusak, K., & Hall, A. (2014). Overcoming marginalization of physical education in America's schools with professional learning communities. *Journal of Physical Education, Recreation, and Dance, 85* (4), 21-27.

Borko, H., & Livingston, C. (1989). Cognition and improvisation: Differences in mathematics instruction by expert and novice teachers. *American Educational Research Journal, 26* (4), 473-498.

Covey, S.R. (1989). *The 7 habits of highly effective people.* New York: Fireside.

Docheff, D.M. (1992). Are you a good teacher? *Strategies, 6* (2), 5-9.

Feiman-Nemser, S. (1983). Learning to teach. In L. Shulman & P. Sykes (Eds.), *Handbook of teaching and policy* (pp. 150-170). New York: Longman.

Graham, G., Hopple, C., Manross, M., & Sitzman, T. (1993). Novice and expert children's physical education teachers: Insights into their situational decision-making. *Journal of Teaching in Physical Education, 12,* 197-217.

Housner, L.D., & Griffey, D.C. (1985). Teacher cognition: Differences in planning and interactive decision-making between experienced and inexperienced teachers. Research *Quarterly for Exercise and Sport, 56* (1), 45-53.

Keay, J. (2006). Collaborative learning in physical education teachers' early-career professional development. *PE and Sport Pedagogy, 11* (3), 285-305.

Konukman, F., Agbuga, B., Erdogan, S., Zorba, E., Demirhan, G., & Yilmaz, I. (2010). Teacher-coach role conflict in school-based physical education in USA: A literature review and suggestions for the future. *Biomedical Human Kinetics, 2,* 19-24.

Markos, N.J., Walker, P.J., & Colvin, A.V. (1998). Professional practice: Elementary "think tank." *Strategies, 11* (4), 7-8.

Martin, L. (2004). The seven habits of highly effective physical educators. *Journal of Physical Education, Recreation and Dance, 75* (2), 47-52.

McCaughtry, N., Martin, J., Kulinna, P.H., & Cothran, D. (2006). What makes teacher professional development work? The influence of instructional resources on change in physical education. *Journal of In-Service Education, 32* (2), 221-235.

McPhail, A., Patton, K., Parker, M., & Tannehill, D. (2014). Leading by example: Teacher educators' professional learning through communities of practice. *Quest, 66,* 39-56. doi:10.108 0/00336297.2010 826139

O'Sullivan, M., & Deglau, D. (2006). Chapter 7: Principles of professional development. *Journal of Teaching in Physical Education, 25,* 441-449.

Raxter, L.M. (1992). Keeping your edge: Maintaining excellence. *Strategies, 5* (8), 24-26.

Schon, D. (1990). *Educating the reflective practitioner.* San Francisco: Jossey-Bass.

SHAPE America. (2014). *National standards & grade-level outcomes for K-12 physical education.* Champaign, IL: Human Kinetics.

Sherin, M.G., & Han, S.Y. (2004). Teacher learning in the context of a video club. *Teaching and Teacher Education, 20* (2), 163-183.

Spencer, A. (1998). Physical educator: Role model or roll the ball out? *Journal of Physical Education, Recreation and Dance, 69* (6), 58-63.

Tjeerdsma, B.L. (1995). "If-then" statements help novice teachers deal with the unexpected. *Journal of PhysicalEducation, Recreation and Dance, 66* (6), 22-24.

Williams, N. (1996). The physical education hall of shame, part III. *Journal of Physical Education, Recreation and Dance, 67* (8), 45-48.

Witcraft, F.E. (1950, October 2). Within my power. *Scouting Magazine,* 2.

关于作者

乔治·格雷厄姆（George Graham）博士是一位屡获殊荣的大学教授，还是一所公立学校的体育课指导员，被评选为 2007 年 NASPE 名人堂成员。他的作品 *Children Moving* 一书目前已发售第 9 版，这本书在美国 250 多所大学作为教材使用。格雷厄姆在《CBS 今晨》（*CBS This Morning*）、CNN 和美国全国公共广播电台（National Public Radio）上详细地阐述过关于积极体育教育的主题。另外，他的作品曾多次被《今日美国》（*USA Today*）、《哈佛评论》（*Harvard Review*）和《美国华盛顿邮报》（*Washington Post*）引用。

埃洛伊丝·艾略特（Eloise Elliott）博士是西弗吉尼亚大学的一名特聘教授，她积极引导人们敦促儿童参加体育活动，致力于发展和教授大学体育教育教学的课程，并进行教师培训工作，开发和监管网络资源，帮助教师把体育活动纳入到 K-8 以下的课堂中。作为一名曾执教于公立学校的教师，艾略特被任命为美国国家健康、运动和营养科学委员会的主席。

史蒂夫·帕尔默（Steve Palmer）博士是位于弗拉格斯塔夫的北亚利桑那大学（Northern Arizona University，NAU）的副院长。他拥有 15 年的体育教师教育与研究经验，曾经教过中小学体育。帕尔默指导和协调 NAU 的体育教师教育项目，还曾发表过多篇有关体育课与体育教学的论文。

关于译者

张旎，北京体育大学文学学士、体育教育训练学硕士；艺术体操国家一级运动员、健美操二级运动员、艺术体操国家一级裁判；现为北京市十一学校体育教师，所教课程有体育舞蹈、街舞、啦啦操、乒乓球、体能训练、器械健身与塑体等。曾担任 2008 年北京奥运会开幕式、闭幕式仪式引导员，2009 年国庆 60 周年群众游行方阵管理负责人，参与全国第十届运动会开、闭幕式表演活动；曾参与《身体功能训练动作手册》的编写工作，是国家重点课题《青少年体能素质"课课练"持续与拓展研究》课题组主要成员，并多次获得北京市及海淀区体育教育类优秀论文奖。